長安都市文化と朝鮮・日本

矢野建一・李浩編

目次

はじめに

本書は、二〇〇四年八月末、中国西安市において開かれた専修大学と西北大学との第二回共同国際学術会議「長安都市文化と朝鮮・日本」の報告・討論の成果と、二〇〇五年八月下旬に会場を専修大学生田校舎に移して開かれた第三回共同国際会議「文学と宗教からみた長安と朝鮮・日本」のうち本書のテーマに関連する論考をまとめたものである。

専修大学と西北大学の交流は、一九九九年に両校の学術交流と留学生の交換に関する大学間協定が締結されたことにはじまる。当初は語学研修の留学生の派遣を主としたものであったが、次第に両大学の教員による学術交流を積極的にすすめようとする気運が盛り上がっていった。これをうけて松原朗、土屋昌明両教授と西北大学の李浩文学院長を中心に準備がすすめられ、二〇〇三年夏に第一回の学術会議が西北大学で行われた。その成果については、すでに「特集　長安の都市空間と詩人たち」『アジア遊学』六〇号・勉誠出版として刊行されているのでご参照いただきたい。

本書のベースとなった第二回学術会議「長安都市文化と朝鮮・日本」は、古代の朝鮮や日本の文化に大きな影響を与えた唐代の長安都市文化を長安城の故地である西安市において、日中両国の最新の研究成果や発掘調査などの情報をふまえて共同で討議してみようというものであった。本会議には専修大学と西北大学のほかに陝西師範大学・西安交通大学・西安外国語大学など近隣の大学から五十名近い研究者が参加し、活発な討論が行われた。

西北大学のある西安市は、かつて長安とよばれ、紀元前二世紀から十世紀初頭まで漢・隋・唐などの歴代王朝が都としたところである。わけても西北大学は、唐代には長安城の太平坊西南隅に位置し、日中交流史に関する多くの史跡・文物の残る実際寺の遺構の上に位置していた。実際寺は隋の太保・薛国公長孫覧の室鄭氏の喜捨によって創建され、唐代には西明寺とならぶ名刹のひとつに数えられたが、日本仏教史に大きな足跡を残した鑑真和上が恒景律師等から具足戒を受けたのもこの寺であった。また、実際寺とは指呼の間にある西明寺（延康坊西南隅）も、空海と橘逸勢が入唐直後に仮寓していたと伝えられる。西明寺で学んだ日本の学問僧には、空海の他に永忠・圓珍・圓載・真如・宗叡などがいるが、一方、唐を代表する玄奘・道宣・道世・圓測・慧琳（カシュガル僧）、それに天竺の高僧である善無畏・不空・般次若、カシミールの僧般若三蔵などがこの寺に居住していた。まさに西安市は東西文化と人々の行き交う十字路に当たり、長安都市文化を考えるにふさわしい会場であった。この数年の日中関係は政治的に微妙な状況にあったが、本来、学問はその時の国家の政策や感情に左右されるものではなく、あくまでも真実を追究すべき性格のものである。このことを殊更に主張される報告者はおられなかったが、心中ひそかに期すものがあったように思われる。

本書に収録した論文は、日中合わせて計一七本にのぼり、分野も歴史・文学・宗教・思想・歴史地理など多岐にわたっている。それ故、ここでの個々の論文を要約することは差し控えたいと思うが、専門分野をこえた共同議論の成果はそれぞれの論文に色濃く反映されている。長安都市文化が古代の朝鮮や日本にもたらした影響を考える際に是非ご参照頂ければ幸いである。

なお、本書が第二回の学術会議から刊行までに二年半の歳月を費やしてしまった事情についても触れておかなければなるまい。それは学術会議の最終日に李浩文学院長と西北大学歴史博物館副館長の賈麦明氏のご好意で、同館が収集して間もない日本の遣唐留学生「井真成墓誌」を実見する機会を与えられたことに起因する。この日本の遣唐留学生の墓誌が日中両国の研究者に与えた衝撃の大きさについては、あらためて述べるまでもないであろう。われわれは西北大学と協議し、そのすみやかな公表と両大学による墓誌共同研究プロジェクトのたちあげ、そしてその成果を東京においてシンポジュウムの形で公にすることを提案し、了承された。さいわい朝日新聞社の共催をえたこともあって、二〇〇五年正月二十八日二十九日の両日、朝日ホールと専修大学神田校舎でおこなわれたシンポジュウムには二五〇〇人の申し込みがなされた。その研究成果については朝日新聞社から専修大学・西北大学共同プロジェクト編『遣唐使の見た中国と日本』として刊行されているのでご参照頂きたい。この思いもかけない事態は、大学間の学術交流にとって白眉ではあったが、そのために多くの時間と労力を費やす結果となったことは否めない。第二回の共同国際会議直後に論考をお寄せ頂いた執筆者の皆さんに心よりお詫び申し上げなければならない。しかし、今あらためて読み直してみても、その清新さはいささかも失われていないように思われる。忌憚ないご批評をお寄せ頂ければ幸甚である。

専修大学・西北大学の三回にわたる共同国際会議の開催に当たっては、日高義博学長・理事長と富山尚徳専務理事、荒木敏夫前文学部長には全面的なご支援を頂いた。また本書の編集・翻訳などの作業には専修大学の土屋昌明教授と西北大学の張弘教授の手を煩わせた。両教授のご尽力がなければ本書はいまだ日の目を見ることはなかったであろう。さらに汲古書院をご紹介頂いた元専修大学教授中村平治先生、出版を快くお引き受け頂いた汲古書院の坂本健彦相談役にも心より感謝申し上げたいと思う。

二〇〇七年二月

専修大学文学部長　矢野　建一

はじめに

ここ三十年にわたり、西北大学は日本の学界との学術交流を不断に発展させ、豊富な成果をあげてきた。人文科学の分野では、専修大学との交流が最も特筆に値する。この間の交流に参与した者として、いささか知るところをここに追記し、学術上の友誼を記念するとともに我々の営為を学界に広く知らせたいと思う。

私の知るかぎり、両校の姉妹関係締結の後しばらくは、学長レベルの相互訪問と留学生の交換以外の、研究者間の交流は決して広範ではなかった。土屋昌明教授が二〇〇三年夏に五人から成る学術団を率いて、我々と共同で「長安都市文化と朝鮮・日本」第一回学術会議を開催した。会議自体は大いに成功し、論文・特別寄稿ともすばらしいものが集まったが、後から省みると、我々の国際会議開催の経験不足から、運営に至らぬ点も多々あった。その年の秋には一時的に学生運動が発生し、日本からの留学生派遣が取りやめになるなど交流は減退した。私は第一回の交流における心残りを解決するすべもなく、心の晴れない日々を送った。

幸いにも暗雲はすみやかに過ぎ去り、両校の上層部の賢明で正大な判断により、学術交流は大きな影響を受けることもなく、人文科学の協力と交流は着実に発展していった。松原朗・土屋昌明両教授の企画により、両校の学者が共同分担した一連の「唐代長安文化」の論文が日本の著名な雑誌『アジア遊学』に特集され、広範な影響をひき起こした。矢野建一教授を代表とする九名の大型学術団が西北大学での第二回国際会議に参加し、会議は大成功して好評を博した。これにより、第一回会議のいささかの不足を補ったのみならず、両国の参加者に深い感慨を与えた。続いて二〇〇五年秋には、張弘教授を代表とする西北大学文学院の六人から成る学術団が、専修大学を訪れて関連する研究発表をおこなった。これは西北大学における国際学術交流に新局面を開き、西北大学学長の重視と支持を得ることにもなった。前後三回にわたる学術会議では、毎回の具体的な論題はそれぞれ異なるが、すべて長安文化というキーワードをめぐって広範かつ活発な議論が交わされた。二〇〇五年初めには、専修大学の招請により、両校の文学歴史および考古学の研究者が東京において新発見の遣唐留学生「井真成」墓誌のシンポジウムを挙行し、関連の成果が出版された。このことは日本の学界の注目を集めただけではなく、マスコミの熱心な報道により、一般国民の大きな関心を呼び起こし、西北大学と専修大学の協力関係に注目が集まった。

こうした成果に対し、両校の研究者は決して自己満足にとどまることなく、二〇〇四年の会議の論文をまとめて相互に翻訳し、日本語・中国語で東京と西安で同時出版するほか、さらに広範かつ長期的な共同研究計画、例えば国際研究プロジェクトへの共同参加、両校の有名研究者の学術著作の共同翻訳出版などの計画が、現在進行中である。

ここに、両校の学長および国際交流部門が国際学術交流を重視し、現実的な支持を賜り、我々の学術活動が順調に進められたことに、心から感謝の意を表したい。同時に、矢野建一・荒木敏夫・李健超・閻琦の各教授をはじめとする両校の研究者に感謝したい。参加者の熱心な協力なくしては、ここまでの共同研究事業は成しえなかった。本論文集の編集・翻訳・出版は、土屋昌明・張弘両教授の精力的な取り組みと多大な努力によって結実したものであり、特に感謝を表するものである。

『詩経』に「始めは常にあるが、有終の美を飾ることは難しい」という意味の言葉がある。学術交流、とりわけ国際間の学術交流は、社会運動でも政治ショーでもないのであって、一度や二度しか続かない派手な活動や、公衆の注目を集めることを目指すものであってはならない。率直な心をもって切磋琢磨しつつ、容易には解答できない疑問を討議してこそ学術活動なのである。幸いにも両校の責任者が高所からの広い視野を持つことによって、学術交流のための基調が定められ、順調にスタートして数々の成果を得ている。近い将来、両校の人文科学の交流が更に深く持続的なものとなって、ますます豊かな成果を挙げ、両校の国際交流に新境地を開くばかりか、ひいては二十一世紀の日中学術交流史に画期をもたらすであろうことを信じるものである。

西北大学文学院院長　李　浩

長安都市文化と朝鮮・日本

地域空間と文学の古今変遷

李　浩（三田村圭子訳）

中国文学の古今変遷は非常に重要なテーマである。近年、国内外の学術雑誌では関連の論文がたびたび発表されており、多くの学術機関がそのテーマで会議を開催し、数年に亘って踏み込んだ討論を展開し、価値ある成果を数々産み出した。たくさんの問題の認識を更に深め、細分化し、理論化した。多方面において、共通の認識が形成された。これは二十一世紀の中国文学研究にとって非常に喜ばしい第一歩となった。

古代・近代・現代・当代ひいては中国・外国文学のこれらの垣根と隔絶を覆し、更に大きな時空という範囲で中国文学を俯瞰し、中国文学の学問体系を再構築する。これは、方法論の調整だけではなく、文学史に対する観念の転換であり、学会ではそれを「大文学史観」あるいは「宏観的（マクロ）文学史観」と称している。[1] 私は、これは「文学的広譜研究」に属すると考えている。[2]

文学の変遷は、外部の影響を受ける他に、内部の要素によっても引き起こされる。ただし、長期にわたって文学部門の専門に限定され、部分的に分断されてきたために、これらの要素の連続性は容易に整理できない。例えば、空間・地域的な要素は、人間と地理の関係・地域系統における重要な側面であり、歴史的人物の活動の場、歴史的事件発生の現場というだけでなく、歴史における文学芸術の創作者たちが歌詠する対象であり、比喩を作る素材であり、理想の帰すべき場であった。[3] 文学変遷におけるこうした文化的要素というのは、変異性が比較的小さいので、文学変遷の遺伝的要素とみなすべきであろう。

一つの遺伝子には二つ基本的な性質―遺伝と変異―があるのを私たちは知っている。遺伝によって、遺伝子は基本的な諸特徴を維持し保存し、そして保守する。変異によって、遺伝子は基本的な諸特徴を改変し、それによって環境に適応し、生存を獲得するのである。中国文学の時代的変遷の過程においても例外ではなく、この二つの基本的特性―遺伝と変異―が存在する。変異は革新・創新とより多くの関連性があるため、議論に取り上げられることが多かった。しかし、遺伝性については論じられることが少なかった。

遺伝は、継承と完全に同じというわけでもない。継承というのは、後の世代が前世代から摂取したものだ。しかし、遺伝は前世代の残存で、後の世代に保留されたものである。継承は、主体性・選別性を持っているが、遺伝は自動性・受動性を持つ。中でも空間・地域に関する遺伝性については、いまだ十分に重要視されていないようである。前回の討論会の論文集（勉誠出版『アジア遊学』六〇「長安の都市空間と詩人たち」二〇〇四年二月）に収めたもの、また今回の会議（二〇〇四年八月、於西安・西北大学）で提示された論文では、題名から見る限り本稿に対応するテーマについて扱っているものはない。

金克木氏は、文学史研究は主に歴史的時系列の研究に重点をおき、地域的立体的研究を見落としていると指摘したことがある。[4] 私は浅学ではあるが、近年、文学の変遷における地域空間の要素に比較的関心をそそぎ、つたない研究をしている。[5] この成果は断片的・個別的・特定なテーマについての研究にとどまっているが、地理空間の視点から、文学現象を考察する契機となったのである。

私は、中国文学の時代的変遷における地域空間の要素というのは、少なくとも以下のいくつかの視点で理解できると考える。

第一に、地域空間の一貫性である。

人事有代謝　人事　代謝有り
往来成古今　往来　古今を成す
江山留勝跡　江山　勝跡を留め
我輩復登臨　我が輩　復た登臨す（唐・孟浩然「与諸子登峴山」）

指点六朝形勝地　指点す　六朝　形勝の地
唯有青山如壁　唯だ　青山　壁の如き有るのみ（元・薩都剌「念奴嬌・金陵懐古」）

いずれも世間の慌ただしさ、瞬く間に過ぎ去ってゆくことを嘆く。対して江山の景勝は、むしろ人と事物の変遷と時間の推移を超越し、時間の流れにそびえ立つ。この一貫性は歴史の変遷の中の不変的・恒常的な部分となる。具体的には、二つの側面から理解することができる。

先ず、同時代ではない作者たちが同じような地域空間において生き、かつ創作したということである。

長江之南　大江の南
世有詞人　世　詞人有り（唐・陶翰「送恵上人還江東序」）

風流呉中客　風流　呉中の客
佳麗江南人　佳麗　江南の人（唐・白居易「郡斉旬仮始命宴呈座客示郡寮」）

と述べられるように江南呉越では、昔から文学家を輩出し、各時代に文学家がいる。

その次に、同時代ではない作者、あるいは作品が、同一の空間や景観、名所旧跡を描写し表現し続け、また感慨を述べ続けることで、興味深い序列を形成し、重厚な文化層を構成していることがある。我々が古代から作品を懐しむ理由がこれである。アメリカの中国研究者 Stephen Owen の『追憶』が取り上げているのも、このような現象である。(6)私たちは、物は不変で人は変化すると言うことがあるが、それも一貫性に対する認識に基づくものだ。欧陽修「峴山亭記」の中では、「其の左右山川の勝勢と、夫の草木雲煙の杳靄と、空曠有無の間に出没し、以て詩人の登高に備え、離騒の極目を写すべき者の若きは、宜しく其の覧る者自ら之を得べし（若其左右山川之勝勢、与夫草木雲煙之杳靄、出没於空曠有無之間、而可以備詩人登高、写離騒之極目者、宜其覧者自得之）」とあり、同様の景色・風物が、それぞれの人に各々違った感動を引き起こすことを述べている。

第二に、地域空間の仮定性である。

只今惟有西江月　只だ今　惟だ西江の月有るのみ
曾照呉王宮裏人　曾て照らす　呉王宮裏の人（唐・李白「蘇台覧古」）

人世幾回傷往事　人世　幾回か往事を傷まん

山形依旧枕寒流　山形　旧に依り寒流に枕す（唐・劉禹錫「西塞山懐古」）

山囲故国周遭在　山は故国を囲んで周遭として在り
潮打空城寂寞回　潮は空城を打ちて寂寞として回る
淮水東辺旧時月　淮水東辺　旧時の月
夜深還過女墻来　夜深けて還た女墻を過ぎて来る（劉禹錫「石頭城」）

人生代代無窮已　人生代代　窮まり已むこと無し
江月年年只相似　江月年年　只だ相似たり（張若虚「春江花月夜」）

中国古代文学の時空観はとても興味深い。時間の観念から見る場合、海が桑畑となるごとく、万物は常に移り変わると考える。その一方で、空間の観念から見ると、仮に固定された空間の景色風物は、まるで芝居で演出する舞台道具のように、俳優たちはわいわいと騒がしく、おまえが歌い終わればおれが舞台に上がるというように、次から次へと入れ替わるのだが、環境と道具は変化しないのである。このような仮定性によって、文学の変遷に参照物と証人を提示することになった。

前水復後水　前水は復た後水となり
古今相続流　古今は相続流す

新人非旧人　　新人は旧人に非ず
年年橋上遊　　年年　橋上に遊ぶ　（李白「古風五十九首」其十八）

「流水」は時間観であり、変化をこれに見る。「橋」は空間観で、不変をこれに見るのである。
唐宋以来、詩詞の中の不変的要素にあたる参照物は、巨大な山々や天体の月であった。

青山依旧在　　青山　旧に依りて在り
幾度夕陽紅　　幾度か　夕陽の紅なる　（楊慎「臨江仙」）

「青山」は不変の空間で、「夕陽の紅」は大きな変化をあらわす時間だ。変化する時間と固定された不変の空間があって、中国文学は、詩的インスピレーションと哲学的深慮を用いて存在を証明する相対論たる「珠玉の宇宙意識(7)」を備えるようになったのである。

この仮の固定性は空間的要素の不変の変をも暗示する。西洋哲学では、同じ河に二度跨いで入ることはできないと言う。実際、古人を照らしていた明月は、いま照り輝いている月とはやはり違いがある。この違いは天体物理学的な意味を持つ以外にも、更に深く広い文化的意味がある。時間の積み重ねによって、空間的な景色・風物は、歴史的に文化の体積が厚くなっている。羊祜・杜預・孟浩然・李頎・聞一多らが次々と追憶することによって、峴山は絶え間なく「歴史的舞台の色合いを加味」し、「時間的な立体性を備え、その一草一木は自然・悠久の生命を表現することとなるだろう(8)」と今道氏は述べる。唐の李頎は次のように歌っている。

峴山枕襄陽　峴山　襄陽に枕し
滔滔江漢長　滔滔として江漢長し
山深臥龍宅　山深し　臥龍の宅
水浄斬蛟郷　水浄し　斬蛟の郷
元凱春秋伝　元凱　春秋の伝
昭明文選堂　昭明　文選の堂
風流満古今　風流　古今に満ち
煙島思微茫　煙島に思い微茫たり(9)

また柳宗元も「邕州馬退山茅亭記」で次のように述べている。

夫れ美なるは自より美ならず。人に因りて彰らかなり。蘭亭なるや、右軍に遭わずんば、則ち清湍修竹も、空山に蕪没せしならん。是の亭なるや、閩嶺に僻介し、佳境到ること罕なり。作る所を書かざれば、盛跡をして鬱堙せしめて、是に林潤の媿を貽さん。」(「夫美不自美。因人而彰。蘭亭也、不遭右軍、則清湍修竹、蕪没於空山矣。是亭也、僻介閩嶺、佳境罕到、不書所作、使盛跡鬱堙、是貽林潤之媿」)

李洞「留題鳳州王氏別業」には、

野人陪賞増詩価　野人陪賞して詩価を増す

太尉因居著谷名　　大尉居るに因って谷名を著す

宋の李覯撰『盱江集』巻三六「遣興」でもこう歌う。

境入東南処処清　　境は東南に入りて処処清し
不因辞客不伝名　　辞客に因って名を伝えざるにあらず
屈平豈要江山助　　屈平は豈に江山の助を要さん
却是江山遇屈平　　却て是れ江山　屈平に遇うなり

美しい景色は人によって表わされ、名園は文によって後に伝えられ、江山は屈原に遇ってこそ有名になった。文人が遊歴し、各時代の詩人の激賞によって景観には新たな付加価値がつけられ、より多くの文化的内包が注入される。そして題詠が続くと、景観の文化的意味も深まってゆくのである。程千帆氏は、風俗の差違の解釈でこの「同中の異」「不変の変」を説明している。

文学には地方色があり、これを分析すると、先天・後天の違いがある。先天とは、班氏（班固）の言う「風」で、自然地理に基づくものである。後天とは、班氏の言う「俗」で、人文地理に基づくものである。前者は根本となり、後者はたびたび変わる。山川風気は同じであるが、政教習俗は時に習いを受けて変化する。山川は古より同じだが、政教は歳月とともに新しくなる。(10)

この点で、羊祜が峴山に登ったことと、私たちが今日峴山に登るのとでは、文化的同調性が異なり、美的次元もまた違うのである。

第三に、地域空間の制約性。私たちは長いあいだ「地理環境決定論」[11]を批判してきたが、「その土地はその土地の人を養う」というように、人類の経済活動と社会文化活動は、自然地理的環境と人文地理的環境に制約される。

凡そ民材を居くには、必ず天地の寒暖燥湿に因る。（凡居民材、必因天地寒暖燥湿）（『礼記』「王制篇」）

地者は、万物の本源にして、諸生の根菀なり。美悪賢不肖愚俊の生ずる所なり。（地者、万物之本源、諸生之根菀也。美悪賢不肖愚俊之所生也）（『菅子』「水地第三十九」）

夫れ人、行いを以て天を感ぜしむる能わず、天も亦た行いに随って人に応ぜず。（夫人不能以行感天、天亦不随行而応人）（王充『論衡』「明雩篇」）

凡そ民は五常の性を函むも、而れども其の剛柔緩急、音声の同じからざるは、水土の風気に繋く、故に之を風と謂う、好悪取舍、動静に常亡く、君上の情欲に随う、故に之を俗と謂う。（凡民函五常之性、而其剛柔緩急、音声不同、繋水土之風気、故謂之風、好悪取舍、動静亡常、随君上之情欲、故謂之俗）（班固『漢書』「地理志下」）

『紺珠集』では、次のように記載している。

東南は、天地の奥蔵、其の地は寛柔にして卑《ひく》く、其の土は薄く、其の水は浅く、其の生物は滋り、其の財は富み、其の人は剽にして重からず、靡食して生を偸み、其の士は懦脆にして剛少なく、之を笮して則ち服す。西北は、天地の勁力、雄尊して厳、其の土は高く、其の水は寒なく、其の生物は寡なく、其の財は確き、其の人は毅にして愚に近く、食は淡にして生を軽んじ、士は沈厚にして慧く、之を撓して不屈。（東南、天地之奥蔵、其地寛柔而卑、其土薄、其水浅、其生物滋、其財富、其人剽而不重、靡食而偸生、其士懦脆而少剛、笮之則服。西北、天地之勁力、雄尊而厳、其土高、其水寒、其生物寡、其財確、其人毅而近愚、食淡而軽生、士沈厚而慧、撓之不屈）」

明の謝肇淛は右の文について「此の数語は南北の風気を言い尽くすに足る、今に至るも大略は甚だ異ならざるなり。（此数語足尽南北之風気、至今大略不甚異也）[12]」と考えを述べている。

明の唐順之は次のように言う。

西北の音は慷慨、東南の音は柔婉、蓋し昔人謂う所の「水土に風気に繫く」なり。（西北之音慷慨、東南之音柔婉、蓋昔人所謂繫水土之風気）

（唐順之撰『荆川集』巻六「東川子詩集序」）

草原民族が水草を追って住居を移し、農耕民族が定住する、というのは地理環境が決定するのであり、稲作民族と畑作民族というのも環境が決定するのである。

第四に、地域空間の相違性。異なる地域空間は、人々の経済・文化・生活を制約するだけでなく、文学にも地域色を濃厚に表現させることになる。「駿馬は秋風の塞北、杏花は春雨の江南」と言われるように、この点について古人はすでに多く語っている。『礼記』「王制」には次のようにある。

広谷大川は制を異にし、民其の間に生ずる者は俗を異にす。剛柔・軽重・遅速、斉を異にし、五味は和を異にし、器械は制を異にし、衣服は宜しきを異にす。……中国戎夷五方の民、皆性有りて、推移すべからず。東方を夷と曰い、被髪して身に文し、火食せざる者有り。南方を蛮と曰い、題を彫み交趾して、火食せざる者有り。西方を戎と曰い、被髪して皮を衣て、粒食せざる者有り。北方を狄と曰い、羽毛を衣て穴居し、粒食せざる者有り。…五方の民、言語通ぜず、嗜欲同じからず。（広谷大川異制、民生其間者異俗。剛柔軽重遅速異斉、五味異和、器械異制、衣服異宜。……中国戎夷五方之民、皆有性也、不可推移。東方曰夷、被髪文身、有不火食者矣。南方曰蛮、彫題交趾、有不火食者矣。西方曰戎、被髪衣皮、有不粒食者矣。北方曰狄、衣羽毛穴居、有不粒食者矣。…五方之民、言語不通、嗜欲不同）

十六国の後秦の国君である姚興曾も言っている。

古人に言有り、関東は相を出し、関西は将を出し、三秦は儁異饒かに、汝穎は奇士多しと。（古人有言、関東出相、関西出将、三秦饒儁異、汝穎多奇士[13]）

秦箏発西気　　秦箏は西気を発し
斉瑟揚東謳　　斉瑟は東謳を揚ぐ（魏・曹植「贈丁翼詩」）

秦箏何慷慨　　秦箏何ぞ慷慨たる
斉瑟和且柔　　斉瑟和にして且つ柔なり
陽阿奏奇舞　　陽阿は奇舞を奏し
京洛出名謳　　京洛は名謳を出す（曹植「箜篌引」）

妙舞起斉趙　　妙舞は斉趙に起き

悲歌出三秦　悲歌は三秦に出づ（晋・張華「上巳篇」）

これらの詩は、各地の風俗習慣・服飾飲食・人材のタイプ・芸術の風格それぞれに違いがあることを説明している。阮籍「楽論」では、「八方は風を殊にし、九州は俗を異にす。乖離文背して、能く相通ずる莫し。音は異なり気は別れ、曲節斉しからず。（八方殊風、九州異俗。乖離文背、莫能相通。音異気別、曲節不斉）」と、風俗と音楽は突出して地域差があることを指摘している。現代の学者では劉師培「南北学派不同論」、汪辟疆「近代詩派与地域」、劉永済「十四朝文学要略」、程千帆「文論十箋」などがこの点を論述している。最近の研究者では、袁行霈、王水照、曾大興、陳尚君、戴偉華、胡阿祥、梅新林らもこの関連の成果をあげている。西洋芸術史では、モンテスキューやターナー『芸術哲学』などが種族・環境・時代といった要素で、芸術の性質と風格を解釈している。中国中古文学の研究においては、地域の差違は南北の違いに表われるだけでなく、東西の違いもある。分裂した時期に地域の特色があるばかりでなく、統一された時期にも地域の差違はある。このようなことから、私はかつて「大唐の音は、和して同ぜず」という観点を考えたことがある。[14] この種の相違性は当代文学にまで脈々と続いている。譚其驤もかつて次のように論じたことがある。「中国文化は異なる時代・異なる地域で大きな相違があり、各々の時代を貫く同一の文化などないのみか、更には、広く各地域を覆うような同一の文化もない。中国文化の重要な構成成分である儒家の学説ですら、天下における統一性を確立したことはなかった」という。[15] これも明らかに地域の差違に論拠を持つ説である。

第五に地域空間の矛盾性。元来の作品には、もともと地域性が保留されているのに対して、作品の伝播は地域性に対する一種の克服である。また、左遷や転任などの流動で作家の居住環境が変化すると、地域性は弱体化していく。[16] 古代の作家は科挙に応じたり、皇帝の命令で奉和したりして、主流たる価値観念に同化し、流行の形式と体裁を選択することによっても、地域性を絶えず解体し、統一性を追求していくことになる。グローバル化・一体化も事実上、地域文化の克服であり消失なのである。

文学の立場では、私たちはグローバル化と現代化の甘い陥穽に警戒しなくてはならない。フランスの研究者は、強大な勢いの英語がフランス語に侵入し汚染していることを憂慮し、消失しかけているフランス語の語彙一〇〇個を救おうと呼びかけている。中国語に関わる研究をする中国人研究者も、危機感を持って中国語の成長の生態環境を保護するべきであろう。というのは、地域は文学・言語の土壌である上に、また文学・言語が栄養を与えられる場である。生き生きとした文学・言語を備え持つこと、際だった個性の作家を備え持つことは、その地域にとって永遠に切っても切れない臍の緒を持つようなものだ。作家たるもの物質的な貧困に陥ったとしてもかまわないだろうが、もしも精神的にいたたまれず、自分の拠り所をなくし、本来の面目を失い、自らの土地の風光をなくしてしまったら、路上の乞食に成り下がってしまう。文学における地域の城塁を防衛することは、文学の水土の流失を防ぎ、文学の砂漠化を防止することになるのである。経済的活動において、林を破壊して開発したり、埋め立てやダムを築いたり、古い城壁を毀して道路を作ったりなどという愚かな行為が少なくない。文化建設においては、そのような轍を踏まずに、子孫にもとの生態の民族文学を残し、より豊かな文学の沃土を保護したいものだ。このような「古きよきものを固守る」仕事は最も重要なことで、これは時代遅れではなく、文明史が指し示す大きな智慧である。

そのようなことから私は、文学の古今変遷の研究においては、時系列的変化を研究するだけでなく、空間的な不変（常数）に注意すべきであり、同一時代の共通性に注意するだけでなく、異なった地域の個別性と相違性、その豊かさに注意すべきであり、空間的要素の不変に注目するだけでなく、これらの要素の不変の変についても深く分析しなければならないと思う。グローバル化と一体化といった大きな潮流の衝撃を見るだけでなく、文学の地域的特色を流失させないように防衛すべきであろう。このようにして古今の文学を論じることこそ、私たちの文学観の成熟と認識の深まりを明示するものであろう。

注

（1）謝無量氏『中国大文学史』が「大文学史」という概念を最も早く提出した。一九九〇年代に、傅璇琮氏らが数人で「大文学史叢書」を編纂したことがある。陳伯海氏の論文「雑文学・純文学・大文学及其他」でも大文学史の観念がふたたび強調されている。

（2）拙論「古代文学研究的困境与学術突囲」『河南社会科学』二〇〇三年第五期。

（3）私はかつて「吟詠の材料」「山水の比喩」「江山の助け」という点から園林別業と詩文の創作との関係を概括したことがある（『唐代園林別業考録』第四章）。また、銭鍾書が謝霊運の詩を評して「風物天然に取材しつつ、自然を風格としない」と言っている（『管錐篇』第四冊、頁一三九三）ことから、「風物天然」「風格自然」「返帰自然」の三層によって孟浩然の詩の自然観を解釈したことがある（『唐詩的美学闡釈』頁二二二―二二四、安徽大学出版社、二〇〇〇年）。

（4）金克木「文芸的地域学研究設想」『読書』一九八六年第四期。

（5）拙著『唐代園林別業考録』西北大学出版社、一九九八年、二〇〇五年再版。『唐代関中士族与文学』台湾文津出版、一九九九年。『唐代三大地域文学士族研究』中華書局、二〇〇二年。

（6）斯蒂芬・欧文『追憶—中国古典文学中的往事再現』鄭学勤訳、上海古籍出版社、一九九〇年［原書：Remembrances: The Experience of the Past in Classical Chinese Literature, Harvard. U.P, 1986］

（7）聞一多「唐詩雑論・宮体詩的自瀆」の説を借用している。『聞一多全集』第三巻、頁二〇、三聯書店、一九八二年。

（8）今道友信『関于美』中国語版、頁一二。［原書：今道友信『美について』講談社現代新書、一九七三年］

（9）李頎「送皇甫曾遊襄陽山水兼謁韋太守」『全唐詩』巻一三四。

（10）程千帆「文論十箋」『程千帆全集』第六巻、頁一二一、河北教育出版社、二〇〇一年。
（11）地理環境決定論（environmental determinism）とは、一九世紀後半に Friedrich Ratzel, Ellen Churchill Semple, Ellsworth Huntington らが提出し、一九五〇年代以後、中国においては長期にわたって批判された。詳細は趙逸麟主編『中国歴史人文地理』科学出版社、二〇〇一年、「総序二」を参照。
（12）『五雑俎』巻三「地部一」所引。
（13）『晋書』「載記第十八　姚興下」所引。
（14）拙著『唐代三大地域文学士族研究』第一章・第二章に関連の論述がある。
（15）譚其驤「中国文化的時代差異与地区差異」『復旦学報』一九八六年第二期、また『長水粋編』河北教育出版社、二〇〇〇年、頁三七八を参照。
（16）たとえばよく議論される永嘉の乱・安史の乱・靖康の変の三大事件では、北方の中原人士らが家族ごと南に移動した。これは、北方の先進的な技術と文化をもたらしただけでなく、南方の経済・文化の断続的な繁栄を促進し、その後一千年にわたる中国の経済・文化の枠組みを形成したが、かつ地域的な差異を弱化させもして、文学の地域的風格と独自性を流失させていった。

漢大賦に見える漢代長安の社会風俗と都市精神

方　蘊　華（鈴木崇義訳）

中国古代の政治制度や社会形態は、秦漢の時に転換点を迎えた。戦国時代の天下の動乱、諸侯の覇権争い、「百家争鳴」という情勢は、この時「儒術独尊」の統一政治にとって代わられた。初期の文人である蘇秦（?～前三一七）と張儀（?～前三〇九）の合従連衡策は、外交軍事活動によって君王に覇権を奪取させた。しかし、秦漢の時代になって、このような状況はすでに歴史舞台から姿を消していた。天下が統一された事により、文人が諸侯に遊説し、才能を自由に発揮するという機会を失ったのである。彼らの地位は、戦国時代の君主の師という立場から下って、君主の「俳優」となった。このことについては司馬遷の「任安に報ずるの書（報任安書）」に「文史星暦、卜祝の間に近し。固より主上の戯弄する所、倡優の畜ふ所、流俗の軽んずる所なり。（文史星暦、近乎卜祝之間、固主上所戯弄、倡優所畜、流俗之所軽也。）」と述べられている。しかし、このような変化を、漢初の文人はまだ完全には受けとめられなかった。賈誼（前二〇〇～前一六八）は自分の才能が発揮できない現実に何度も涙を流し、何度もため息をつき、ついには恨みを抱いて死んでいった。武帝（前漢第七代天子　前一五六～前八七）の時代になって、文人はようやく現実を受けとめはじめた。「縦横既に黜《しりぞ》けられ、然る後　退きて賦家と為る。（縦横既黜、然後退為賦家。）」（章太炎『国故論衡』辯詩）とあるように、多くの文人は辞賦や著作を以て後世に名を残そうと考え、天子の権力にこびへつらうようになり、宮廷文人あるいは文学侍従となった。班固の「両都賦序」に「故に言語侍従の臣には、司馬相如・虞丘寿王・東方朔・枚乗・

王褒・劉向の属の若き、朝夕に論思し、日月に献納す。而して公卿大臣には御史大夫 倪寛・太常 孔臧・太中大夫 董仲舒・宗正 劉徳・太子太傅 蕭望之等、時時《じじ》間《まま》作《つく》る（故言語侍従之臣、若司馬相如・虞丘寿王・東方朔・枚皋・王褒・劉向之属、朝夕論思、日月献納。而公卿大臣御史大夫倪寛・太常孔臧・大中大夫董仲舒・宗正劉徳・太子傅蕭望之等、時時間作。）」とある。『漢書』芸文志には賦家七八家、作品一〇〇四篇。そのうち武帝の時のものだけでも四〇〇余篇が記録されている。これらの賦の作家の多くは長安に生活し、天子の側近くに集っていた。そのため漢賦の大部分の作品はみな長安と関係がある。司馬相如（前一七九～前一一七）の「上林賦」・「子虚賦」、班固（三二～九二）の「西都賦」、揚雄（前五三～前一八）の「甘泉賦」・「羽猟賦」、張衡（七八～一三九）の「西京賦」などは様々な角度から長安の社会の風潮と都市の景観を描き出している。これらの作品の内容は、あるものは天下統一の威風が世界に及ぶことを褒め称え、あるものは帝都の風物・四方の山水の景勝を一つ一つ描き出し、あるものは天子の宮殿や園林での狩猟の盛大な様、宮廷生活の豪奢な様を大げさにほめたたえた。とりわけ客観的な世界を描く態度、精度という点では古今を通じて抜きん出ていると言える。本論は漢代における長大な賦に描かれた宮殿建築・帝王の畋猟・山水の園林の描写を通して、作品の風格の背後に隠された漢代の社会の主流な価値観における傾向と都市精神を検討しようとするものである。

一、「国を体し野を経す」、「義は光大を尚ぶ」の大美傾向

大を美とするということは、中国人の伝統的な審美的精神である。『説文解字』羊部に「美は、羊に从ひ、大に从ふ。（美、从羊、从大。）」とある。『孟子』尽心下に「充実せる之を美と謂ひ、充実して光輝有る之を大と謂ふ。（充実之謂美、充実而有光輝之謂大。）…」とある。『荘子』（外篇「知北遊」）も「天地は大美有れども言はず。（天地有大美而不言。）」

ということを尊ぶ美意識を有していた。このような大を美とする考えは、儒家においても、道家においても尊ばれてきたのであるが、漢賦のそれは、儒家のいう道徳的な人格とも、道家のいう物外に逍遙することとも違い、漢賦においての美意識は大の極地のレヴェルまでおし上げられているものをもっとも尊んだ。それは立意・体制・規模・気勢が大きいことにとどまらず、時空を超え、自由に羽ばたくことができるものであった。大を美とする、という精神を培った主なものは、武帝の時にきわめて発展した物質的な基盤と不断に増強されていった経済力である。それらが国家勢力の上昇期にあって、統治者の意気込みは高まり、あふれ、同時に広大な国家の大気・豪気・覇気も、統治者の外向的な欲望を不断にかきたてたのである。そして、天や地に分け入って新しさを求めて征服するということは、奢り高ぶった皇帝の、新たな漢代の時代の気風を展開する心理的な刺激となった。それは、国庫の充満・版図の拡大をもたらし、輝かしい繁栄の時代の到来に対して、「天下の士、雷動雲合、魚鱗雑襲、咸《みな》八区に営み、家家自ら以て稷契と為し、人人自ら以て皋陶と為す。…五尺の童子も、晏嬰と夷吾とに比するを羞づ。（天下之士、雷動雲合、魚鱗雑襲、咸営于八区、家家自以為稷契、人人自以為皋陶。…五尺童子、羞比晏嬰与夷吾。）」（揚雄「解嘲」）という状況になった。

司馬相如を代表とする宮廷文人たちも、世界をはじめて征服した新鮮な感激を、「普天の下、王土に非ざるは莫く、率土の浜、王臣に非ざるは莫し。是を以て六合の内、八方の外、浸淫衍溢し、懐生の物に沢に浸潤せざる者有れば、賢君之を恥づ。（普天之下、莫非王土、率土之浜、莫非王臣。是以六合之内、八方之外、浸淫衍溢、懐生之物有不浸潤於沢者、賢君恥之。）」（「難蜀父老」）と言い放っている。そこで、物質世界に存在するすべての題材を、漢賦の作者たちは描き尽くすことを厭わなかったのである。なかでも、その描写に力を注いだのは、狩猟・宮殿・園林といったものであった。

「猟」はもともと北方の遊牧民族の伝統的な習俗であった。彼らは「地固沢鹵にして、五穀を生ぜず。（地固沢鹵、不生五穀。）」（『史記』巻一一二「平津侯主父列伝」）といった劣悪な自然条件のために、草原や砂漠地帯の流浪者とならざるを得なかった。ゆえに「獮」には、遊牧民族にとって「水草を逐って居る」という移動性と「飢うれば来掠す」という攻撃性の二つの意味があった。ところが、農耕を生活の中心としていた中原では、狩猟というものは早期には各国でわずかに王侯貴族の娯楽としてあったに過ぎなかった。春秋時代になっては、絶えず遊牧民族が南下して侵入したため、中原の農耕民族は、自衛のために軍事訓練を始めなければならなかった。戦国時代にあっては、諸侯の覇権争いが絶え間なく起こり、戦争を優先することがその時代の気風となった。ここにいたって田獮は軍事教練、武力の称揚によって、国威を顕示するという意味を持つようになった。『詩経』小雅の「吉日」・「車攻」や秦風「駟驖」には、一篇一篇にいきいきとした田獮の描写がある。方玉潤の『詩経原始』では、はっきりと田獮の目的や動機を「諸侯を会するに在るを重んじて、田獮を事とするに在るを重んぜず。田獮に藉しては以て諸侯に会するに過ぎず……田獮に仮るに非ずんば列邦を慴服するに足らず。（重在会諸侯、而不重在事田獮、不過藉田獮以会諸侯……非仮田獮不足慴服列邦。）」と指摘している。(1)確かに、「駟驖孔だ阜なり、六轡手に在り。公の媚子、公に狩するに従ふ。（駟驖孔阜、六轡在手。公之媚子、従公于狩。）」（秦風「駟驖」）、「蕭蕭として馬鳴き、悠悠たり旆旌。（蕭蕭馬鳴、悠悠旆旌。）」（小雅「車攻」）という田獮の盛況さは、人の心をゆったりとしたよい心持ちにさせ、「彼の小豝に発し、此の大兕《たいじ》を殪す。（発彼小豝、殪此大兕。）」（小雅「吉日」）というような弓矢の技芸は、さらに天子の偉大さが世に広まっていることをあらわしているのである。『詩経』の中に述べている田獮に、天子の権威を知らしめるという政治的目的が含まれているのであれば、漢賦の中の功利性は更に顕著になってくるのである。班固の「西都賦」の中に「爾して乃ち娯游の壮観を盛にし、泰武を上囿に奮ふ。茲に因って以て戎を威し狄に夸り、威霊を耀かせて武事を講ず。（爾乃盛娯游之壮観、奮泰武乎上囿。因茲以威戎夸狄、耀威霊而講武事。）」とあるが、これは威徳を称揚し、四方を服従させるために、「武事を講」じたのだから、必ず気勢の面で人を恐れさせなければならなかったのである。枚乗の「七発」は、漢大賦の田獮場面の複雑な描写を初めて鋪陳したものである。

将た太子の為めに騏驥の馬を馴らし、飛軨の輿に駕し、牡駿の乗に乗る。夏服の勁箭を右にし、烏号の彫弓を左にす。雲林に游渉し、蘭沢に周馳し、節を江潯に弭《とど》む。青蘋に掩はれ、清風に游ぶ。陽気陶《の》び、春心蕩《うご》く。狡獣を逐ひ、軽禽を集む。是に於て犬馬の才を極め、野獣の足を困しめ、相御の智巧を窮む。虎豹恐し、鷙鳥を慴れしむ。逐馬 鑣を鳴らし、魚に跨がり麋は角とる。麕兎を履游し、麖鹿を踏践し、汗流れ沫墜ち、冤伏陵窘し、創無くして死する者、固に後乗に充つるに足る。此れ校猟の至壮なり。（将為太子馴騏驥之馬、駕飛軨之輿、乗牡駿之乗。右夏服之勁箭、左烏号之彫弓。游渉乎雲林、周馳乎蘭沢、弭節乎江潯。掩青蘋、游清風。陶陽気、蕩春心。逐狡獣、集軽禽。於是極犬馬之才、困野獣之足、窮相御之智巧。恐虎豹、慴鷙鳥。逐馬鳴鑣、魚跨麋角。履游麕兎、踏践麖鹿、汗流沫墜、冤伏陵窘、無創而死者、固足充後乗矣。此校猟之至壮矣。）

天子の戦車やそれを引く馬の壮大さ、狩り場の広大さや獣の多さ。ひとたび矢を放てば、飛ぶ鳥や走る獣は矢に当たって命を落とす。同じような遊猟の描写でも、司馬相如の「子虚上林賦」は、視覚・聴覚・感覚の上で「七発」を大きく上回っている。「上林賦」は、天子の上林園の壮麗な様子や、水陸の様々な現象、たくさんの珍奇な宝物、猛禽について自由に筆をふるっているだけではなく、特に天子の校猟の壮大さを誇示している。

是に於てか秋に背き冬を渉り、天子校猟す。鏤象に乗り、玉虬を六にす。蜺旌を拖き、雲旗を靡かす。皮軒を前にし、道游を後にす。孫叔 轡を奉じ、衛公参乗す。扈従横行して、四校の中より出づ。厳簿に鼓うち、猟者を縦ち、河江を陸と為し、泰山を櫓と為す。車騎雷起し、天に殷《ふる》ひ地を動かす。先後陸離として、離散して別れ追ふ。淫淫裔裔として、陵に縁り沢に流れ、雲のごとく布き雨のごとく施す。貔豹を生けどり、豺狼を搏つ。熊羆を手どり、野羊を足ふむ。鶡蘇を蒙り、白虎を絝にす。班文を被り、野馬に跨る。三嵕の危に凌り、磧歴の坻を下る。峻を径り険に赴き、壑を越え水を厲る。蜚廉を椎《う》ち、獬豸を弄ぶ。蝦蛤を格《う》ち、猛氏を鋋《つ》く。騕褭を羂《ほだ》し、封豕を射る。箭 苟に害せず、脰を解き脳を陥る。弓 虚しく発たず、声に応じて倒る。（於是乎背秋渉冬、天子校猟。乗鏤象、六玉虬。拖蜺旌、靡雲旗。前皮軒、後道游。孫叔奉轡、衛公参乗。扈従横行、出乎四校之中。鼓厳簿、従猟者、河江為阹、泰山為櫓。車騎雷起、殷天動地。先後陸離、離散別追。淫淫裔裔、縁陵流沢、雲布雨施。生貔豹、搏豺狼。手熊羆、足野羊。蒙鶡蘇、絝白虎。被班文、跨野馬。凌三嵕之危、下磧歴之坻。径峻赴険、越壑厲水。椎蜚廉、弄獬豸。格蝦蛤、鋋猛氏。羂騕褭、射封豕。箭不苟害、解脰陥脳。弓不虚発、応声而倒。）

（司馬相如「上林賦」）

漢の武帝が自分自身で狩りをする場面に及んでは、ただ「軽禽を流離し、狡獣を蹴履す。白鹿を轊《す》り、狡菟を捷る。赤電を軼《す》ぎ、光耀を遺す。（流離軽禽、蹴履狡獣、轊白鹿、捷狡菟。軼赤電、遺光耀。）」と言うだけでなく、「怪物を追ひ、宇宙より出づ。（追怪物、出宇宙。）」と言い、「虚無に乗り、神と倶にす。（乗虚無、与神倶。）」とまで述べている。これは天も地も自分の司るところであり、人間世界にあっても仙界にあっても自分だけが主宰者であると言っているのである。

この他に、班固の「西都賦」や張衡の「西京賦」は、武帝の田猟の場面を一つ一つ描き出し、さらに微に入り細にわたってきめ細かい描写をしている。

鑾輿に乗り、法駕を備へ、群臣を帥す。飛廉を披き、苑門に入る。遂に酆鄗を繞り、上蘭を歴。六師発逐して、百獣駭殫す。震震爚爚として、雷のごとく奔り電のごとく激しくす。草木地に塗れ、山淵反覆す。（乗鑾輿、備法駕、帥群臣。披飛廉、入苑門。遂繞酆鄗、歴上蘭。六師発逐、百獣駭殫。震震爚爚、雷奔電激。草木塗地、山淵反覆。）

（班固「西都賦」）

是に於て天子乃ち陽晁を以て、始めて玄宮を出づ。鴻鍾を撞き、九旒を建て、白虎を六にし、霊輿に載る。蚩尤轂を並べ、蒙公先駆す。歴天の旂を立て、捎星の旃を曳く。……千駟を方馳し、狡騎万帥あり。虓虎の陣、従横に膠輵たり。猋のごとく拉ぎ雷のごとく厲しく、驞駍駖磕たり。洶洶旭旭として、天動き地岋《うご》く。（於是天子乃以陽晁、始出乎玄宮。撞鴻鍾、建九旒、六白虎、載霊輿。蚩尤並轂、蒙公先駆。立歴天之旂、曳捎星之旃。……方馳千駟、狡騎万帥。虓虎之陣、従横膠輵。猋拉雷厲、驞駍駖磕。洶洶旭旭、天動地岋。）

（揚雄「羽猟賦」）

天子乃ち彫軫に駕し、駿駮を六にす。翠帽を戴き、金較に倚る。璿弁玉纓、遺光儵爚たり。玄弋を建て、招揺を樹つ。鳴鳶を棲まわしめ、雲梢を曳く。弧旌枉矢、虹旃蜺旄あり。華蓋 辰を承け、天畢前駆す。千乗 雷のごとく動き、万騎 龍のごとく趨る。（天子乃駕彫軫、六駿駮。戴翠帽、倚金較。璿弁玉纓、遺光儵爚。建玄弋、樹招揺。棲鳴鳶、曳雲梢。弧旌枉矢、虹旃蜺旄。華蓋承辰、天畢前駆。千乗雷動、万騎龍趨。）

（張衡「西京賦」）

上林苑以外にも、前漢の諸皇帝は長楊宮（いまの盩厔県城東）に行って狩猟を行い猛獣を射ったりするようなことも多かった。このため、揚雄は「長楊賦」を作って、成帝につきしたがっての遊猟の情景を詳述している。しかし皇帝たちは、本当に猛獣と力比べをしたかったわけではない。田猟という舞台において彼らの獲物とは、人々を恐れさせる猛獣ではなく、むしろ鼎の軽重を問うような勇猛さや強い壮志であったのだ。

宮殿の建築や苑囿の構造の配置、都市の規模に至っては、さらに王室の風格を最も直感的かつ外在的に体現している。それゆえ、それを述べる賦の体裁や規模もすべて巨大で壮麗な審美的傾向に満ちている。班固の「西都賦」には、最初に長安城の規模を「金城の万雉なるを建て、周池を呀にして淵を成す。三条の広路を披いて、十二の通門を立つ。内には則ち街衢洞達し、閭閻 且に千にならんとす。九市開場して、貨別れ隧分る。人は顧みるを得ず、車は旋るを得ず。（建金城而万雉、呀周池而成淵。披三条之広路、立十二之通門。内則街衢洞達、閭閻且千。九市開場、貨別隧分。人不得顧、車不得旋。）」と述べている。王室の園林たる上林苑は「周袤三千里」と言われ、内には十二の庭園への門が開いていて、庭園の中には三六に区分された小さな庭園があり、それぞれ宮殿・池沼・園林によって構成されている。宮殿は漢の長安城の主要な建築群であり、城市の約二分の一を占めていた。長楽・未央・建章・甘泉などの諸宮が有名である。長楽宮・未央宮は長安にあったが、建章宮は長安城の西にあった。甘泉宮は長安を西に去ること三〇〇里（今の淳化県の北）にあった。未央宮は前漢王朝の皇宮であり、天帝の居る紫宮にあたる。それゆえ張衡は「西京賦」で「紫宮を未央に正し、嶢闕を閶闔に表し、龍首を疏して以て殿を抗げ、状 巍峨として以て岌嶪たり。（正紫宮於未央、表嶢闕於閶闔、疏龍首以抗殿、状巍峨以岌嶪。）」と表現し、そのほかの宮殿は群星がめぐり囲むように、「周廬千列し、徼道綺錯す。輦路経営し、脩涂飛閣あり。未央自りして桂宮に連なり、北のかた明光を弥りて長楽に亘る。隥道を凌いで西墉を超え、建章を捪《あ》はせて外属に連なる。……（周廬千列、徼道綺錯。輦路経営、脩涂飛閣。自未央而連桂宮、北弥明光而亘長楽。凌隥道而超西墉、捪建章而連外属。……）」（班固「西都賦」）と描いている。未央宮が王者の象徴というだけではなく、宮殿内部の観闕・台館さえも、豪奢を追求する時代の風潮に染め上げられている。この点は、漢の初めに蕭何が未央宮を建築する際に明言している。「天子は四海を以て家と為し、壮麗に非ざれば以て威を重くする無く、且つ後世をして以て加ふる有らしむる無からん。（天子以四海為家、非令壮麗亡以重威、且亡令後世有以加也。）」（『史記』高祖本紀）高大さの美や巨麗さの美は、大統一政治に対して漢代の人々が感じていたことへの表現であり、皇帝の権力の至上性が城市精神・建築文化において全面的に反映したものである。

　皇宮畋猟の迫力や宮殿建築の広大さについては、文人は万物を具備し、筆墨を踊らせ、様々に形容して文章を作っている。「七発」は七つの事柄を、二〇〇〇余字をつかって敷き並べており、司馬相如「子虚上林賦」は遊猟のことを洋々と三五〇〇余字で描き、張衡の「二京賦」は、篇幅が八〇〇〇字にもなる。その規模は漢賦の冠と言えよう。ただし、これらの作品の多くは、応召の作であるか、もしくは文人が君主に献上し、君主の機嫌を取ろうという目的で作られているので、テーマは重複し、描写は単一的である。描き出した対象は「千門相似し、万戸一の如し。（千門相似、万戸如一。）」（王延寿「魯霊光殿賦」）というように、本質的には、このような文学は王室の文学、帝王の文学に過ぎず、作家は独立した人格と個性に欠け、ただ巨大な文章制作の技巧を披露し、文字の遊戯を弄しているに過ぎない。しかし外在的な表現・イメージとしては、客観的な物質世界の描写、都市情景の追究、漢代の人々の世界観、自然観の形成に対して重要な影響があることが見て取れる。

二、「宇宙を包括し、人物を総覧する」時空意識

時空観念について論じようとすれば、必ず宇宙意識についても考えなければならない。この二者は基本的に大よそ区別しにくいものだ。『淮南子』斉俗訓には、「往古来今、之を宙と謂ひ、四方上下、之を宇と謂ふ。（往古来今、謂之宙、四方上下、謂之宇。）」とあり、時間上の古今を包括するものを「宙」、空間上の四方を包括するものを「宇」とみなしている。『荘子』庚桑楚には、「実有れども処無き者は、宇なり。長有れども本剽無き者は、宙なり。（有実而無乎処者、宇也。有長而無本剽者、宙也。）」とあり、「有実」は有形の存在を指し、「有長」は時間の長くのびる様を指している。いずれの方法にせよ、宇宙や時空を切り離すことはできない。司馬相如は「盛攣の賦を作るに答ふるの書（答盛攣作賦書）」の中で「綦組を合して以て文を成し、錦繡を列して質と為す。一経一緯、一宮一商、此れ賦の跡なり。（合綦組以成文、列錦繡而為質。一経一緯、一宮一商、此賦之跡也。）」と、宇宙世界に向かって精神世界を広げるという思いを述べている。しかし、漢代の長大な賦の作家の生活圏は、宮廷の園林であり、天子に従って生活していたにも関わらず、限られた狭い空間と短い時間の範囲の中にいたわけではなく、むしろ彼等の時空に対する感覚は、それ以前

の文学作品に比べて広大でテンションが高い。彼等の作品にあっては、宇宙時空と生命時空の対比は感傷を生むこともなく、自然や季節の変化に対する悲しみも無い。人々は、天地自然と人間社会を貫く大宇宙の思惟構造を打ち立てるのに、五行・四時・六合を用いて天道の意志を解釈しようと試みた。本来、陰陽は万物生成の変化の原理であり、五行は万物を構成する元素であり、両者が結ばれたものこそが宇宙万物の全体としての図式なのである。しかし漢代の人々はこれを神秘化した。班固は『漢書』五行志に『易』繋辞伝の「天象を垂れ、吉凶を見、聖人之に象る。河は圖を出し、洛は書を出す。聖人之に則る。（天垂象、見吉凶、聖人象之。河出図、洛出書。聖人則之。）」を引用しているし、『漢書』天文志には「凡そ天文の図籍に在るは昭昭として知る可き者なり。経星 常宿 中外の官は凡そ一百八十名、積数は七百八十三里、皆 州国官宮物類の象有り。（凡天文在図籍昭昭可知者。経星常宿中外官凡一百八十名、積数七百八十三里、皆有州国官宮物類之象。）」とある。漢代の人々の目には、天体の運行や自然災害は人間の事と関連していると映ったのである。「聖人 能く万物を一に属して之を元に繋く（聖人能属万物於一而繋之元）」（『春秋繁露』重政第十三）と考えていた。それゆえ、未央宮については「其の宮室たるや、天地に体象《かたど》り、陰陽を経緯す。坤霊の正位に拠り、太紫の円方に倣ふ。……煥として列宿の、紫宮を是れ環るが若し。（其宮室也、体象乎天地、経緯乎陰陽。拠坤霊之正位、倣太紫之円方。……煥若列宿、紫宮是環。）」（「西都賦」）と述べ、建章宮については「千門を張りて万戸を立つ、陰陽に順いて以て開闔す。爾して乃ち正殿崔嵬として、厥の高きを層構し、未央に臨む。（張千門而立万戸、順陰陽以開闔。爾乃正殿崔嵬、層構厥高、臨乎未央。）」と述べる。魯恭王の宮殿ですら「坤霊の宝勢に拠り、蒼昊の純殷を承く。陰陽の変化を包《か》ね、元気の烟熅を含む。（拠坤霊之宝勢、承蒼昊之純殷。包陰陽之変化、含元気之烟熅。）」（王延寿「魯霊光殿賦」）とまで述べている。宮殿の設計や建物の配置から見れば、その区域の位置や、順列を天象陰陽と同調させるだけでなく、同時に「規矩 天に応じ、憲は觜陬より取る。（規矩応天、憲取觜陬。）」という政治秩序の正当性をも述べたのである。王者による統一がなされ、皇帝の権力が至上のものとなった以上、時空が一体何の妨げになろうか。漢賦中の大部分の作品においては、時間は相対的に軽視され、空間意識が極度に強調されている特徴がある。『漢書』揚雄伝に「武帝広く上林を開き、南のかた宜春・鼎胡・御宿・昆吾に至り、南山に旁《よ》りて西し、長楊・五柞に至り、北のかた黄山を繞《めぐ》りて、渭に瀕して東し、周袤数百里。昆明池を穿《うが》ちて、滇河《てんか》に象《かたど》り、建章・鳳闕・神明・馺娑《そうさ》、漸台・泰液を営《めぐ》り、海水の方丈・瀛洲・蓬莱に周流するに象る。游観侈靡にして、妙を窮め麗を極む。（武帝広開上林、南至宜春・鼎胡・御宿・昆吾、旁南山而西、至長楊・五柞、北繞黄山、瀕渭而東、周袤数百里。穿昆明池、象滇河、営建章・鳳闕・神明・馺娑、漸台・泰液、象海水周流方丈・瀛洲・蓬莱。游観侈靡、窮妙極麗。）」とある。皇帝の園林は天地上下、東西南北に漏らさないところはなく、仙人の住む世界さえ内包しているのである。このように全てを征服し、空間を超えようとする自信と勢いは、後世にはあまり見られないものである。漢賦には特定の時間的意味は描写されていないというが、空間を離れての時間はあり得ないし、時間を離れての空間もあり得ない。この「時間」と「空間」の二者は、多くの状況下では互いに交差して描かれている。司馬相如の「子虚賦」は、全体として出狩、射狩、観狩、観楽、夜狩、というような縦軸（時間軸）で楚王の遊猟の場面を配列しているが、具体的な活動の情景描写になると、横軸（空間軸）で表現される。雲夢沢の様子を描く際には「雲夢は、方九百里。其の中に山有り。（雲夢者、方九百里。其中有山焉。）」と最初に総体を述べてから「其山」、「其土」、「其石」と分割して描くという特徴がある。最後には、その東には蕙園があり、その南には平原広沢があり、その西には涌泉清池があり、その北には陰林巨樹がある、とさらに複雑で細かい方角の描写をしている。その作品制作の過程で、作者の意識はとどまることなくさらに続き、南の方は高・埠に分け、西の方は外・内・中に分け、北の方は上・下に分け、豊富な想像力と広大な空間意識の中をはばたかせている。「上林賦」では、天子の上林苑は空間の方面だけではなく、「蒼梧を左にし、西極を右にす。丹水は其の南を更《へ》、紫淵は其の北を径《わた》る。

（左蒼梧、右西極。丹水更其南、紫淵徑其北。）」と、澎湃と沸き起こる雄壮美と気勢においては、天馬空を駆けるエネルギーがあり、これはある種の飛翔するダイナミズムを併せ持っていると言えよう。「俛せば杳眇として見ゆること無く、仰げば橑を攀りて天を捫《な》づ。奔星 閨闥に更《へ》、宛虹 楯軒に拖へひく。（俛杳眇而無見、仰攀橑而捫天。奔星更於閨闥、宛虹拖於楯軒。）」「嵩山」・「汜観」・「離宮別館」・「盧橘夏孰（熟）」や、天子の狩猟といった違う情景には、作者は「于是乎」という時間の順序によって連続させている。これは、班固の「両都賦」や張衡の「二京賦」も同様の手法を用いている。

其の陽には則ち崇山隠天、幽林穹谷……。其の陰には則ち冠するに九嵕を以てし、陪するに甘泉を以てす……、下に……有り。東郊は則ち通溝大漕……有り。西郊は則ち上囿禁苑……有り。其の中には乃ち……有り。（其陽則崇山隠天、幽林穹谷……。其陰則冠以九嵕、陪以甘泉……、下有……。東郊則有通溝大漕……。西郊則有上囿禁苑……。其中乃有……。）（班固「両都賦」）

左には崤函の重険、桃林の塞……有り。右には隴坻の隘……有り。前に於ては則ち終南太一……。後に於ては則ち高陵平原……。其の遠きは則ち九嵕甘泉……。（左有崤函重険、桃林之塞……。右有隴坻之隘……。於前則終南太一……。於後則高陵平原……。其遠則九嵕甘泉……。）（張衡「西京賦」）

たとえ、漢代の長大な賦の宇宙世界に、ありとあらゆるものが無限におかれていても、地理・季節・水陸といった制約上は何ら障害にならないのである。しかし、全体からみれば、賦は時間・空間を描く際には、順序の整合性、構造上のバランスと主体的な秩序をも非常に重要視する。これは実際には、まさに当時の頌徳を宗とする時代精神が、建築文化・社会の美的習俗に反映したものなのである。

参考文献

〔1〕『詩経原始』下（清）方玉潤　中華書局、一九八六年版、頁三六七
〔2〕『全漢賦』費振剛等輯校　北京出版社、一九九三年四月版
〔3〕『漢賦与長安（漢賦と長安）』李志慧著　西安出版社、二〇〇三年十二月版
〔4〕『漢代長安詞典』西安地方志館張永禄主編　陝西人民出版社、一九九三年十二月
〔5〕『漢代文人与文学観念的演変（漢代文人と文学観念の変化）』于迎春著　東方出版社、一九九七年六月
〔6〕『漢唐賦浅説』愈紀東著　東方出版中心、一九九九年十二月

唐代詩人の寺院への遊覧と詩歌創作

李　芳　民（土屋昌明訳）

唐代において詩人が寺院に遊覧するのはごく一般的な習慣であった。[1] こうした習慣の下で、仏教と関連する題材が詩作の重要な領域となった。中でも寺院やその建築物および僧との交遊を歌う詩は、数量もかなり多い。これらを中国詩歌史のうちに置いて見るならば、唐代の詩人がこの題材の下での創作にいかに情熱と興味を持っていたかわかるであろう。『全唐詩』は五万首近くを収めるが、寺院建築やそれに関わる詩歌は一万首にものぼる（以下、詩の引用は中華書局校点本『全唐詩』の巻数と頁数を示す）。もちろんこれは基本的に、唐代仏教の繁栄およびそれによる寺院の数の増大、そして詩人の人生観や生活方式・行動様式に対する仏教思想の浸透・影響によるものである。唐代仏教の繁栄と、それによってもたらされた寺院文化の発達は、詩人が寺院に遊覧することを可能にしただけでなく、寺院という特殊な場所をめぐって、詩人にいろいろな創作の機会を与えることになった。それゆえ、唐代の詩人が寺院に遊覧するという現象と詩歌創作の関連は、注目すべき問題である。

一

世界のあらゆる宗教施設と同様、仏教の寺院も基本的には宗教的目的に従事するためにある。唐代においては、統治者の宗教自由政策によって、各種の宗教が百花繚乱する情況を呈した。仏教のほかにも、中国の固有宗教である道教は、李氏王朝の支持を受けて、空前の活況ぶりを見せた。そのほか、外来のマニ教やネストリウス派キリスト教・ゾロアスター教などもあった。しかし、こうしたいろいろな宗教も、宗教活動の場所についてみれば、仏教・道教のように全国の山野城市にあまねく行きわたっているというわけにはいかない。外来宗教では、やはり仏教が最たるものである(2)。

しかし、仏教寺院の多さはたんに問題の一側面にすぎない。さらに重要なのは、仏教寺院の発展過程において、仏教徒が寺院を建てるのに名山大川を選んだ点である。かくして宗教的環境と自然環境が結合することになった。「天下の名山は僧が独占」という意味のことわざがあるくらいである。仏の理法は山川草木という自然の色相に備わっているのだから、自然の山水を通して仏法を悟ることができると考えた。それゆえ、美しい自然環境に寺院を建てたのは、それによって人々の注意をひき、宗教的影響を拡大させる目的が当初からあったとは言えまい。しかし、仏教が美しい自然を独占するにつれ、自然環境と仏教の間に良好な相互補完性が生じた。つまり、山は仏教によって名山としての含意を増すことになり、仏寺も名山によってより多くの一般人の注意をひくようになった。こうして仏寺は精神性と自然とを備えた景勝地となったのである。唐代の寺院のこうした特徴は、唐の高宗「隆国寺碑銘(3)」や王勃「梓州郪県霊瑞寺浮図碑(4)」など、寺院の碑銘文によく読み取ることができる。

したがって大多数の文人にとって寺院への遊覧は、寺院の山水の魅力によるのである。彼らにとって寺院は不満をはらす憩いの場となった。

大殿連雲接爽渓　　大殿　雲に連なり爽渓に接し

鐘声還与鼓声斉　　鐘声　還お鼓声と斉し
長安若問江南事　　長安に若し江南の事を問わば
説道風光在水西　　説道せん　風光は水西に在りと　（唐宣宗「題涇県水西寺」巻四、頁五〇）

我聞隠静寺　　我聞く　隠静寺
山水多奇蹤　　山水　奇蹤多しと
……
他日南陵下　　他日　南陵の下
相期谷口逢　　相期せん　谷口に逢わんことを　（李白「送通禅師還南陵隠静寺」巻一七七、頁一八〇四）

東寺台閣好　　東寺　台閣好く
上方風景清　　上方　風景清し
数来猶未厭　　数たび来りて猶お未だ厭かず
長別豈無情　　長く別るるに豈に情無からん
恋水多臨坐　　水を恋うて多く臨坐し
辞花剰繞行　　花に辞するに剰《な》お繞行す
最憐新岸柳　　最も憐れむ　新たなる岸柳
手植未全成　　手ずから植えて未だ全成せざるを　（白居易「留題開元寺上方」巻四四一、頁四九二六）

寺院の山水の美しさと唐代の詩人たちの寺院に対する上のような認識によって、寺院と文学創作は緊密な関連を持つようになったのである。

周知のように、自然景観は詩人の創作に非常に重要な意義がある。特に六朝時代以降、自然の山水の美学的価値を発見するにつれ、[5]詩歌創作における自然景観の描写がだんだんと増加して、自然景観の描写を中心とする山水詩が形成されただけでなく、山水そのものが詩人の興趣を引き出し、詩作を発揮させる源泉となった。[6]

唐代の詩人は山水の景観をかりて思いを述べるという六朝以来の伝統を継承し、とくに景物の詩歌創作における作用を重視した。唐代の画家である張彦遠は「外には自然物を師とし、内には心の根源を会得する」（『歴代名画記』）と言っている。また空海『文鏡秘府論』では、詩を書くときには「事物を目にして心に入れる。心が事物に通じれば、事物はそのまま言葉となる」と言う。具体的な創作において、山水の景物は作家の思いを託する依り代であるとともに、作家をインスパイアする触媒でもある。唐代の詩人は興を感じて詩を賦すことを重視するが、興は事物によって引き起こされるものである。「湖山は興を発すること多し」（孟浩然「九月龍沙作寄劉大虚昚」）「興を発することは林泉に在り」（杜甫「春日春江五首」其二）「千里湖山　興に入ること新たなり」（銭起「送欧陽子還江華郡」）などとあるのはそのことである。それゆえ、寺院は山水の名勝と関連する遊覧地だと詩人の目に映るようになると、詩人たちが興を感じて詩を賦すのに最適な場所とされるようになるのも当然であろう。

寺院の自然景観が詩人に与える創作上の意義は、二つの側面から考察することができる。まず寺院周辺の自然景観である。現存の作品によれば、自然景観の美しい寺院を歌っているものが多い。こうした寺院に遊覧する詩人たちが関心を持つのも寺院周囲の景観であり、それにより寺院にやってきた感想を述べる。

王維の「過香積寺」（巻一二六、頁一二七四）はその一例である。この詩は香積寺そのものから歌い始めるのではなく、第一句「知らず　香積寺、数里　雲峰に入る」では、詩人は寺院から何里か離れたところにいる。以下、「古木　人径無く、深山何処の鐘ぞ。泉声　危石に咽び、日色　青松に冷やかなり」は、鐘の音を聞いて寺のありかを知り、寺を訪ねる途上の景物を描写している。最後に「薄暮　空潭の曲、安禅　毒龍を制す」は、寺の環境の奥深さから、その寺にいる僧たちが修禅によって妄念にうちかつ禅定の生活をおくっていることを想う。全体的に見てこの詩の重心は、深い山にある香積寺の周囲の景色の美しさと環境の奥深さを書く点にあることがわかるであろう。(7)

白楽天の「遊悟真寺」（巻四二九、頁四七三四）は、寺院を歌う大作であり、百韻を連ねた規模から言って、唐代に比肩できるものはない。しかし、やはり景観を書く点に特徴がある。作者は視点を移動させる書き方で、出発から山頂の寺に着くところまで、途中で目にしたものをあますところなく書いている。(8)

韓愈の「山石」（巻三三八、頁三七八五）は、題目では寺を歌っているとわからないが、実は詩人が寺に寓居した際の作であり、寺に宿った感想を内容とする。その中で「芭蕉の葉は大きく支子は肥えたり」「清き月は嶺を出でて光は扉に入る」「山は紅く澗は碧に紛として爛漫、時に松櫪を見るに皆な十囲」などは、寺の景観をきわめて個性豊かに描いており、歴代の詩論家たちも好評している。

寺院周囲の景観が詩人の興趣を喚起し、詩の素材を提供したとすれば、山水の環境にある寺院は、詩人たちが景観を味わうのに最良の視点となった。寺の創建においては景観を味わうよう考慮したわけではないが、寺と周囲の環境の関係を考慮したため、完成後の寺は結果的に自然観賞に便利なところとなる。

杭州の西湖湖畔に位置する霊隠寺はその一例である。霊隠寺の規模は大きくはないが、独特の自然背景にあるゆえに著名な寺院となった。対面には飛来峰という山が屹立している。飛来峰は「この寺に緑なす天然の屏風を与え、境内の間延びを有効的に阻止し、霊隠寺にやってくる人々に思わずこの山をふりかえらせて、この自然界の珍宝をじっくり味あわせる。飛来峰の下の摩崖仏は寺のこだまのようである。……霊隠寺と飛来峰の間には、ちょうどよく一筋伸びる小渓流があって、寺と山石の間の心理的距離を拡大させている。しかも小渓流には堰が作ってあって、渓流の水を寺の門前でうまい具合に池にしている。池の先では、水流が堰を越えてザーザーと音をたて、霊隠寺の門前に静中に動があるような、動と静の結合を醸し出している(9)」。

楼観滄海日　　楼より観る　滄海の日
門対浙江潮　　門には対す　浙江の潮
桂子月中落　　桂子は月中より落ち
天香雲外飄　　天香は雲外に飄う　（宋子問「霊隠寺」巻五三、頁六五三二）

この詩句の景観描写があまりにすばらしいため、別に興味深い伝説が作られた(10)。
他の寺を描写した詩を見てみよう。

渓上遥聞精舎鐘　　渓上遥かに聞く　精舎の鐘
泊舟微径度深松　　舟を泊めて微径に深松を度る
青山霽後雲猶在　　青山霽れし後　雲猶お在り
画出東南四五峰　　画き出せり　東南四五の峰　（郎士元「柏林寺南望」巻二四八、頁二七八五）

寺の悠揚たる鐘の音が詩人の注意をひき、詩人は舟をすてて岸にのぼる。峰の上の山寺にいたると、時あたかも雨があがったばかりの晴れ間がのぞき、山並みが雲霧から淡く浮き出て、美しい景色が眼前に現れたのであった。かくして、この詩情と画意が一体となった名篇が書かれたのである。

寺院の景物には、周囲の自然景観以外に、詩人の創作に影響を与えるもう一つの側面として、寺院の人工景観がある。中国仏教の伝統として、寺内の環境の美化に努め、寺院に広く花や木を植えることを好んだ。(11) こうした花や木も、詩人の創作に素材を与えることとなった。次はその例である。

年長帰何処　　年長じて何処にか帰らん
青山未有家　　青山　未だ家有らず
賞春無酒飲　　春を賞でて酒の飲む無し
多看寺中花　　多く看る　寺中の花　（姚合「春日遊慈恩寺」巻五〇〇、頁五六八四）

共愛芳菲此樹中　　共に芳菲を愛す　此の樹の中
千跗万萼裹枝紅　　千跗万萼　裹枝の紅
遅遅欲去猶回望　　遅遅として去かんと欲して猶お回望す
覆地無人満寺風　　覆地に人無し　満寺に風ふく　（司空曙「詠古寺花」巻二九二、頁三三二〇）

植える植物は寺によって異なっていた。詩の中で言及される花や木は多種多様である。李群玉「嘆霊鷲寺山榴」白居易「大林寺桃花」羊士諤「王起居独遊清龍寺翫紅葉因寄」張祜「揚州法雲寺双檜」などにそれが窺えよう。一部の寺の植物は当時においても珍しいものであった。白居易「紫陽花」（巻四四三、頁四九六六）の題注に「招賢寺に山花一樹有り、人の名を知る無し。色紫にして気香り、芳麗なること愛すべし。頗る仙物に類すれば、因りて紫陽花を以て之を名づく」とある。珍しい花は詩人に移植の願望を抱かせたりした。

隋朝旧寺楚江頭　隋朝の旧寺　楚江の頭
深謝師僧引客遊　深謝す　師僧　客を引いて遊ぶを
空賞野花無過夜　空しく野花を賞でて夜を過ぐる無し
若看琪樹即須秋　若し琪樹を看れば即ち秋を須《ま》たん
紅珠落地求誰与　紅珠　地に落つるも誰に与うるを求めん
青角垂階自不収　青角　階に垂るるも自より収めず
願乞野人三両粒　願わくは野人に三両の粒を乞い
帰家将助小庭幽　家に帰りて将に小庭の幽を助けんとせん　（王建「題江寺兼求薬子」巻三〇〇、頁三四〇五）

このほかの人工景観として、亭台や楼閣を建てるのも景観造作の一方法である。劉禹錫の「洗心亭記」はそんな事情を述べている。[12] この文では、洗心亭は僧である義然が建てたと知れるが、多くの場合、寺院に亭台や楼閣を建てるのは地方の官吏である。唐代では、寺院の創建や僧の剃髪などは地方の行政機関の管轄下にあった。寺にすぐれた自然環境があったため、地方官は政治的な立場を利用して寺院内に建築物をたて、余暇をすごしたり、詩作仲間との遊覧に供したのである。白居易の「冷泉亭記」はその例[13]。柳宗元が永州に左遷されたときにも、法華寺に亭をたてて「永州法華寺西亭記」を書いた[14]。のちにこの亭は彼が吟詠をする場所となった。このように、詩人が寺に遊覧するとき、こうした亭台楼閣は詩人の景物観賞にうってつけの視点となったのである[15]。

寺の仏塔も当然ながら詩人を楽しませる用をなした。もっとも、唐代になると寺における仏塔の地位がさがって、少数の寺には仏塔が存したものの、多くの寺では仏塔を持たなくなっていた。このことがまた亭台楼閣などの建築に重要性を持たせることになった。

要するに、唐代の寺の景観は、詩人たちに詩的素材と詩趣を提供し、詩人の創作意欲を喚起したといえるであろう。

二

寺院が山水の景物を遊覧するのによい所だとされると、寺院そのものの意義も拡大された。歴代の官僚や文人は、自然に対する特殊な親和的感情により、園林を経営するのを好んだ。しかし、こうした園林は私有的であったため、園林を訪ねることができる者の多くは、その園林の所有者と特殊な関係の人に限られた。しかし寺院の場合はそうではない。公共的な遊覧場所が未発達の古代において、寺院が山水の名勝を占拠していた点と、衆生の済度という教義ゆえにあらゆる俗衆を許容するという点とが、寺院にある程度公共的な園林としての性質を持たせることになった。寺はあらゆる人々を差別なく遊覧させた。例えば、無錫の薦福寺は、「恵山の麓に依り、泉石の秀を得て、足すに遊眺を以てし、邑人は以て行楽の地と為す。暮春の月、遊ぶ者は最も盛んにして、今に至るまで然りと為す[16]」。そしてそこには望湖閣・嘉蔭・挹翠・翠麓・擁翠などの軒があり、また曲水亭（またの名を憩亭）・魯班亭があった（そのうち望湖閣と曲水亭は唐代の建築にかかる）[17]。

唐代は詩歌創作がすぐれて盛行し、もっともありふれた交際手段だったため、寺院に遊んだ場合にも必ず詩作をした。これは思想・感情のコミュニケーションのための必然であっただけでなく、おのれの才能や知識をひけらかす絶好の機会でもあった。天宝二年（七四三）、王維・王縉・裴迪・王昌齢らが連れ立って長安の青龍寺に赴き、一同で詩を吟詠した。王維は「青龍寺曇壁上人兄院集并序」でそのことを記している（巻一二七、頁一二九〇）。諸人の詩は『全唐詩』に見られ、すべて五韻十句である。王維「序」の末尾に「時に江寧大兄は片石を持って維に命じて之に序せしめ、詩は五韻、座上に成る」と言っている。つまりこれは篇制を限定した上で出来の遅速を競った吟詠だったことがわかる[18]。

杜甫・高適・岑参・薛據・儲光羲による大雁塔の同題作品は、文壇のトピックを伝えている。天宝十一、二年（七五二・三）ころ、四人は連れ立って長安城南の慈恩寺に遊び、大雁塔に登った。そこで感動して詩興が生じ、各自が塔に登ることを題とする詩を作った。四人は当時みな文壇に盛名のある詩人である。同じ題で詩を作るとなれば、詩才を競う意味がこめられているであろう。文壇のチャンピオンたちの会面と同題による詩作という機会は、後世、興味津々たる話題となり、評論家たちによる裁定をもりあげることとなった[19]。こうした場合における創作は、まちがいなく詩芸交流のよい機会である[20]。寺院という特殊な情況において、彼らのこころは高ぶることにより、詩の応酬がおこるのである。

唐代では社会全体で詩歌創作がよろこばれたため、寺院の壁面や柱なども詩人が詩を書きつけて新作を発表する場所となった。こうしたことは、僧たちの反対や阻害を受けなかったどころか、逆に僧たちはこうした詩作を名誉と見なして保護していた[21]。もちろん、詩賦によって官僚を採用していた唐代であるから、僧がこうすることには功利的な考えもあっただろう[22]。いずれにしても、僧が詩人の詩を保存したことは間違いない[23]。僧が詩人の書いた詩を保存していた以上、のちの詩人が前賢の作を目にして創作の衝動に駆られるのも自然の成り行きである[24]。詩が僧たちに重宝がられて石に刻まれた場合もあった[25]。前人が壁面などに書いた詩を見ることによって創作衝動に駆られる例としては、李紳がもっとも典型的といえる。李紳が越州にいた時、元稹の題壁詩を見ることがあったが、その時はそれに続けて書くことができなかった。のちにその時のことを思い出し、一気に二十首を書いたのであった[26]。また、寺院が詩を保護したため、詩人たちは数年後に再びそこを訪れた時に、みずからの旧作を見ることになって、あらためて詩を書く衝動に駆られることもある。劉禹錫が華州伏毒寺でかつて詩を書いたことがあり、のちに再訪したときに再び詩を書いたのがそれである[27]。のちの詩人にすれば、前人の書いた詩は、創作意欲を激発するばかりか、新作に対する挑戦でもあった。斉己は道林寺で宋杜が書いた詩を見て、何度も味わって唱和するのをためらった[28]。

唐代の人は寺院に詩を書いただけでなく、寺院に名前の題記を残した。これは官僚や名臣のものだったり、文人墨客のものだったりするが、詩人がそこに遊び、よく知っている人名を見つけて、勃然と感動して詩を書くことがある。徐夤は内閣重臣の題記を見て感慨を詩に書いている[29]。

時には寺院で詩人たちが旧友と邂逅することもあった。温庭筠「和友人盤石寺逢旧友」（巻五八一、頁六七三九）が語るのは友人との邂逅である。そしてこれも詩芸交換の機会を提供することになる。時には相互にあまり知らない者どうしが出会う場合もあり、詩才の応酬に火花を散らし気味のこともあった[30]。

三

詩人たちはグループで創作活動をするうちに、趣味や追求の一致する者どうしで結社のようなかたちとなり、詩歌創作と相互の交流をはかるようになった。こうした形式の起源は、伝統的な社の祭りと関係する。[31]それが盛行したのは仏教との関係により、隋唐期仏教においても結社活動は盛んに行なわれていた。[32]本来、こうした結社活動は文学創作と関係していなかったが、東晋の慧遠と劉遺民・雷次宗・周続之らの結社が起こり、文学創作と関係して後世の文人の創作にも影響を与えた。この結社はのちに蓮社とよばれた。[33]蓮社の後世に対する影響は、当初の宗教的性質をはるかに超えている。それは以下の二要素に関連するであろう。第一に、蓮社のメンバーは慧遠ら僧をはじめとして、当時の文人で社団に参加する者も含んでいた。こうした文人は隠者的である。彼らは俗世の名利に厭いて西方浄土に往生したいと願っていた。この点が、出世の途上で挫折した後世の文人たちの心理的あこがれを招いた。第二に、蓮社そのものが仏教教理を学ぶだけでなく、詩文の嗜みを肯定していた。つまり哲理の体得を追及する一方、美的な感受性をも備えていた社団だった。蓮社の発起人の中心人物たる慧遠は、もともと文学の才ある高僧であり、『高僧伝』にも「著わす所の論序銘賛詩書を集めて十巻五十餘篇と為し、時に重んぜらる」という。また彼は同道の士と遊覧してともに吟詠した。たとえば晋の安帝の隆安四年仲春の石門の遊は、グループの遊山による吟詠活動であった。[34]こうしたことが他の宗教団体とは異なる蓮社の特徴となった。そしてまさしくこのゆえに、蓮社は後世の文人たちのあこがれとなったのである。

仏教が隆盛した唐代では、詩人と僧が交遊することはごく普通の現象であった。彼らが仏教になじんで寺院に出入するにあたっては、前代から堆積してきた風流が想起されざるを得なかった。彼らの詩句を一見すれば、その点は明らかである。[35]

しかし、唐代詩人に対する蓮社の影響は、結社そのものにあるのではない。なぜなら、唐代には、蓮社のようにある程度結社としての性質を保持しつつ文学創作をする社団が現れたわけではないからである。つまり、文人と僧との交遊に、歴史的含意をもった風流の味わいを添加しただけなのである。その一方、詩歌創作の社会的流行により、唐代において詩を善くする僧の数は南北朝時代とは比べ物にならないほど多くなった。さらには、詩僧という独特の現象が登場した。[36] 詩僧の登場は、蓮社の風流からの連想によって僧との交遊を強化する働きを生じ、詩人たちの創作活動に影響を与えることとなった。注意すべきは、詩僧との交流が詩歌創作にどのような影響を生じたかである。詩僧は二重の存在である。彼らは宗教者であり、その活動範囲は寺院を中心とする。そして、詩作に長けており、創作において詩人と共通言語を有している。したがって彼らの活動場所は詩人を吸引し、その結果、寺院を中心とする詩人の創作活動の活況がもたらされることになった。また詩僧は、自身の宗教信仰に基づき、詩人たちを仏教に帰依させる導きの道具として詩歌を使うこともあった。白居易の「題道宗上人十韻并序」（巻四四四、頁四九七八）を見ると、唐代の詩僧におけるこの二種類が理解できる。一つは宗道人のごとく、詩によって詩人を導き入れ、仏の知恵に帰依させようとする者。もう一つは護国・法振・霊一・皎然のごとく、詩歌を真正の意味で詩歌として創作する者（もちろんその中に若干の仏教教理や仏教語が入るのは避けられない）。宗道人のような詩僧が詩人と交遊して創作に影響した場合、白居易ですら教理を立てて詩意の乏しい作品を作ることになる。ただし、このような作品は唐詩においてそれほどの数ではない。多数の詩人に影響したのは、むしろ後者の方である。とくに、中唐以降における江南の詩僧の興起、中でも道標・皎然・霊一・広宣・棲白・斉己・尚彦・貫休らである。彼ら江南に活躍した詩僧は、多くの詩人たちとつきあいを持った。霊一は、「若耶雲門寺に居り、従学する者四方より至る」「皇甫昆季・厳少府・朱山人・徹上人らと詩友と為り、酬贈すること甚だ多し。意を声調に刻み、苦心して倦まず、誉れを叢林に騁せり」[37]。皎然の詩は「江南の詞人、楷範せざるは莫きこと、情に縁りて綺靡なるが故に辞に芳沢多く、古を師として制を興すが故に律は清壮を尚ぶに極まる」[38]。後世の批評家も詩歌創作に対する彼らの態度を賞賛している[39]。長期にわたる修行生活が洞察力をたかめ、静かな寺院の環境が動と静の変化に対する敏感さを養ったためか、詩僧の詩歌は清静なる禅的境地の表現に優れている。これがまた詩人たちを引き付けることになった。これが原因の一つとなって、寺院での詩会や唱和は江南において突出して行なわれたのであろう。

中でも湖州の寺における皎然の唱和活動は、僧と詩人が切磋琢磨した典型である。大暦期、浙江西部湖州の詩会は中唐期における最有力の詩会の一つであった。元和年間、孟郊は湖州を再訪して、当時の詩会の活動を追憶しつつ、感慨深げに「昔遊びし詩会は満ち、今遊ぶ詩会は空し」と詠んでいる（「送陸暢帰湖州因憑題故人皎然塔陸羽墳」巻三七九、頁四二五二）。皎然の死後、詩会が寂しくなったことに対する感慨である。その当時は湖州の詩会が最盛期だったのである。詩会のもりあがりは、皎然のような方外の詩人の積極的な参与によるほか、顔真卿のような熱心に詩歌創作に取り組む官僚文人の組織化と支持が関係している。顔真卿は大暦八年（七七三）初に湖州に刺史となった。彼の「湖州烏程県杼山妙喜寺碑銘」によれば、彼は若い頃に『切韻』を基礎として「『説文解字』『蒼頡篇』『爾雅』などの字書を引いて字の訓解を窮め、ついで古典のなかの二字以上の熟語を編集して」、『韻海鏡源』を作った。数度の改訂を経たが、刊行する余裕がなかった。湖州に来てから、公務の暇に文士と僧を招いて討論し修訂したという[40]。

顔真卿がその文中に列挙する文士・僧には、金陵の釈法海・前殿中侍御使の李萼・処士の陸羽・国子助教の州人である褚衝・評事の湯某・清河丞太祝の柳察・長城丞の潘述・県尉の裴循・常熟主簿の蕭存・嘉興尉の陸士修・後進の楊遂初・崔宏・楊徳元・胡仲・南陽の湯渉・顔祭・韋介・左興宗・顔策、以上一九名である。そのほか、顔渾・正字の殷佐明・魏県尉の劉茂括・州録事参軍の盧鍔・江寧丞の韋寧・寿州倉曹朱辯・後進の周願・顔暄・沈殷・李萳ら一〇人がこの件に参与したが、途中で事情により去ったのである。この当時、湖州の文士にはほかに、起居郎の裴鬱・秘書郎の蒋志・評事の呂渭・魏理・沈益・劉全白・沈仲昌・摂御使の陸向・沈祖山・周閬・司議の丘梯・臨川令の沈咸陽・右衛兵の曹張著およびその兄の蓍・弟の薦と蔿・校書郎の権器・興平丞の韋柏尼・後進の房夔・崔密・崔万・竇書蒙・裴継・顔真卿の兄の子である超・峴・子・顧などが従った。以上合計は五八人である。当時連句に参与した呉筠など四四人を加えると、合計は一〇〇人以上とみられる。(41)『韻海鏡源』の編修の間隙を縫って、文士と僧らは詩歌の唱和をしたはずである。

この大量の文士らのなかで、皎然は活躍した人物の一人である。彼は当地の詩僧として、いつも地方官である顔真卿に随って寺院や名勝を遊歴し、詩歌の応酬をした。彼は文学創作に対して、「詩情は境に縁って発し、法性は筌に寄せて空し(42)」、あるいはまた「詩情は聊か作用し、空性は惟だ寂静」という。(43)貞元年間（七八五―八〇五）には『詩式』五巻、『詩評』三巻、『詩議』一巻を著した（『詩評』『詩議』は伝わっていない）。したがって、彼が諸人と唱和した際には、彼の創作に対する意見が他の人々に無自覚的に影響を及ぼしたと考えてもよかろう。少なくとも、詩の境地によって禅の境地を表現することや、静なる境地の創造においては、詩人たちに啓発を与えたことであろう。(44)

皎然は文士や官僚との唱和以外にも、寺で組織的な連句をおこなったが、これも創作の交流として重要な形式である。唐代において連句という創作形式は、中唐以前にはまだ盛行していなかったが、中唐以降、多くの詩人によって行なわれるようになった。『全唐詩』巻七八八から七九四に所収の連句は、ほとんどが中晩唐の作品である。連句という創作形式が大量に行なわれるようになったのは、浙江西部の湖州での詩会からであった。詩会の連句創作においても、皎然は相当に活躍したのであり、『全唐詩』巻七九四の皎然（清昼）の項目には、二九首の連句が載せられている。本人以外に関わった詩人は、潘述・湯衡・裴済・王遘・斉翔・李縦・崔子向・鄭説・陸士修・李令従・□疾・□澄・厳伯均・□巨川・□従心・□杭・盧藻・盧幼平・陸羽・李恂・鄭述誠・崔逵・崔万・韓章・楊秦卿・□仲文・顧況（□は姓が不明）ら二七人である。そのうち、四回の連句が寺の中で行なわれている。

湖州の連句の価値と意義について、蒋寅氏の分析を取り上げておくべきであろう。彼によれば、これらの連句は「客観的には作詩の技巧を練磨する作用を及ぼしており」「さらに形式探索という意義、そして実験的性質を持っている。」「このような規範を探し求めようとする実験段階では、マイナス・失敗の累積のほうがプラス・成功の累積より多いものだ。……詩人たちが多様化の探索をすすめる時には、どうしても成功経験の累積に専心することはむずかしい。それゆえ彼らの連句は、ある種のモデルタイプを確立するには至っていないのである。[45]」蒋寅氏のこの分析には十分賛成できる。本論において指摘しておきたいのは、こうした連句活動には皎然のような詩僧が参与しており、かつまた寺院で行なわれることが多かったのであるから、詩僧と詩人が寺という特殊な場所において「作詩の技巧を練磨」した点に、詩人の創作における寺院の意義を指摘できる点である。

大暦年間の湖州の皎然の連句のほか、晩唐詩人の寺院での連句も突出している。なかでも段成式らの「遊長安諸寺連句」は採り上げるに値する。その「遊長安諸寺連句序」で次のように言う。[46]

武宗癸亥三年夏、予は張君希復・善継と秘書に同官たり、鄭君符・夢復と仙局に連職たり。会《たま》たま仮日に、大興善寺に遊ぶ。因りて『両京新記』と『遊目記』を問うに、遺略する所多し。乃ち一旬を約し、両街の寺を尋ね、街東なる興善を以て首と為す。二記の具せざる所は、則ち別に之を録す。遊んで慈恩に及び、初めて官の将に寺を并せんとして、僧衆草草たるを知る。乃ち泛く一二の上人に問い、塔下の画跡を記すに及んで、遊は此に於いて遂に絶《お》う。後三年、予は京洛に職たりて安成に刺するに及び、大中七年に至って帰京す。在外すること六甲子、留むる所の書籍は、揃うと壊るると半に居る。故の簡の中に二亡友と寺に遊ぶを睹る。血泪を澁る交わり、当時に造適せし楽事、邈《とお》く追うべからず。復た方に刊整して、才めて蠹穿を続《つ》ぐに足る。然れども十に五六を亡ぜり。

段成式の著書に『寺塔記』がある。これは武宗の会昌三年（八四三）にみずから長安の寺院を訪問した筆記であり、長安の一八カ所の寺院の様子および寺内の壁画を記録している。この序は『寺塔記』のものでもあるから、(47)「遊長安諸寺連句」は当時、寺を訪問したときに作ったのだとわかる。連句一九篇に参加したのは、段成式・張希復・鄭符を主とし、うち六篇は僧が参与している。連句の内容は、訪れた寺の樹木・壁画・僧堂などに及び、連句の前にまず寺名を冠し、その下に寺の状況を注記している。このためこの連句は、貴重な寺院資料を保存しているとも言える。

このほか、皮日休・陸亀蒙も寺院での連句を好み、「北禅院避暑連句」「独在開元寺避暑頗懐魯望、因飛筆連句」「開元寺楼看雨連句」「報恩寺南池連句」がある（巻七九三、頁八九二七～八九三〇）。皮日休と陸亀蒙の連句は、僧の参加がなかったとはいえ、寺院で行なわれたのであるから、寺院という場所の詩歌創作における意義を示してもいる。

姚合の「和秘書崔少監春日遊青龍寺僧院」に次のようにある。(48)

官清書府足閑時　　官清ければ書府は閑時に足り
暁起攀花折柳枝　　暁に起きて花を攀り柳の枝を折る
九陌城中尋不尽　　九陌城中　尋ねて尽きず
千峰寺裏看相宜　　千峰　寺の裏に看てこそ相宜しけれ
高人酒味多和薬　　高人の酒の味は多く薬に和す

自古風光只属詩　古より風光には只だ詩を属《つづ》るのみ
見説往来多静者　見説《きくな》らく往来　静者多し
未知前日更逢誰　未だ知らず　前日更に誰に逢いたるか

本論で述べてきたことをまとめれば、この詩の「千峰　寺の裏に看てこそ相宜しけれ」「古より風光には只だ詩を属るのみ」の二句は、寺院という特殊な場所と詩人の詩歌創作との関係を説いてあまりあると言うことができるであろう。

注

（1）唐代詩人の寺院遊覧の習慣とその原因については、『文学遺産』二〇〇三年第三期の別の拙稿でも発表したことがある。

（2）舒元輿「唐鄂州永興県重巌寺碑銘并序」に「(国朝)亦た雑夷を容れて来る者に摩尼・大秦・祆神有るも、天下の三夷寺を合するに、吾が釈寺一小邑の数に当つるに足らず」とある。『全唐文』巻七二七、頁三三二二、上海古籍出版社版、一九九〇年一二月。

（3）高宗「隆国寺碑銘」に隆国寺を次のように書いている。「却いては邠郊を背にして、千莊の樹錦を点じ、前んでは終岳に臨んで、百仞の峰蓮を吐く。左には八川に面し、水は地に皎くして鏡に分かち、右には九達を隣し、羽は蓋《がい》より飛べば雲に連なる。抑も天府の奥区にして、信に上京の勝地なり。爾して其れ雕軒は架《か》かりて迥《はる》かに、綺閣は虚《そら》に臨む。丹空の暁烏、日宮に煥せば彩を泛かぶ。素天の初兔、月殿に鑑れば澄み輝く。径に薫る秋蘭は、疎にして庭に紫を佩び、巌に芳しき冬桂は、密にして戸に丹を叢《あつ》む。灯の皎きは繁華にして、焔の転ずるは煙心の鶴のごとし。旛標は刹を回り、彩の縈《めぐ》るは天外の虹のごとし。飛陛は参差として、文ある霊を含んで玉を棲《とど》め、軽簾は舒巻として、瑩《よう》たる宿《ほし》に網して珠を編む。霞は低岫の紅に班がり、池は漠煙の翠に汎し。鳴佩と宵鐘と韻を合し、和風と晨梵と音を分かつ。豈に直に香積の天宮、遠く輪奐を慚じ、閬風の仙闕、遥かに雕華を愧ずるのみならや。」『全唐文』巻一五、頁七三。

（4）王勃「梓州郪県霊瑞寺浮図碑」に次のようにある。「両江に春返り、四野に晴初むるに至る毎に、山川は霽れて風景は涼しく、林甸は清くして雲霧は絶ゆ。沙汀に暖を送れば、落花と新燕は争い飛び、城邑に寒を迎えれば、涼葉と初鴻は競って起く。則ち有り、都人は襲を賞でて、紫楹に憑りて衿を延ばし、野客は情を含んで、丹櫺に俯して睇を極むること。百年の後を窮め、千里の長懐を写さんことを楽《ねが》う。信に以て神襟を澡雪し、視聴を清疎にし、機境に紛擾を忘れ、懐抱を真寂に置く者なるべし。」『全唐文』巻一八五、頁八二八。

（5）『文心雕龍』「物色」に「春秋は代序し、陰陽は惨舒し、物色の動けば、心も亦た揺らぐ。……是を以て詩人は物に感じ、類を連ねて窮まらず。万象の際に流連し、視聴の区に沈吟す。気を写し貌を図けば、既に物に随って以て宛転せり。采を属り声を附くるにも、亦た心とともに徘徊す。……若しくは乃ち山林皐壌は、実に文思の奥府なり」とある。

（6）宗白化『美学散歩』頁七三、上海人民出版社、一九八一年六月。

（7）兪陛雲『詩境浅説』に「この詩は寺外の幽景を詠じて、その寺からは筆を起こさない。詩人が山寺に遊ぶ場合に着想している点がわかる」という。

（8）『唐宋詩醇』巻一二にこの詩を評して「洋洋灑灑として、一気に読み去くに、千巌競い秀で、万壑争い流るること、目に賞するに給《いとま》あらざるに幾し」という。

（9）傅謹・沈冬梅『中国寺観』頁六〇、浙江人民出版社、一九九六年。

（10）『全唐詩』当該詩の題注に引く『唐詩紀事』に、次のような伝説が見える。宋子問が貶められて江南にいたり、月の明るい夜に霊隠寺の長廊で詩句を吟じていたところ、途中から句を続けられずにつかえてしまった。そこに一人の老僧が現れ、宋子問が詩句につまったことを語ると、「楼観滄海日、門対浙江潮」の句を続けた。宋子問は驚き、翌朝再び霊隠寺にこの老僧を訪ねたが、姿は見えなかった。その老僧は則天武后に対して反乱をおこして行方不明になった駱賓王だったという。

（11）謝重光「談談晋―唐寺院園圃種植業的成就和貢献」『文史知識』編集部編『仏教与中国文化』中華書局、一九九七年。

(12) 劉禹錫「洗心亭記」『全唐文』巻六〇六、頁二七一四。
(13) 白居易「冷泉亭記」『白居易集』巻四三、頁九四四、中華書局、一九八五年。
(14) 柳宗元「永州法華寺西亭記」『柳宗元集』巻二八、頁七四九、中華書局、一九七九年。
(15) 白居易「春日題乾元寺上方最高峰亭」(巻四五七、頁五一八八)では、乾元寺の最高峰に登って亭から山下を見た景色が詠まれているが、高い地点からの俯瞰として、他の詩とは異なる感覚である。
(16)『無錫志』、『宋元方志叢刊』第三冊、中華書局、一九九〇年。
(17) 同右書の注を参照。
(18) 牟融「送報本寺分韻得通字」(巻四六七、頁五三一六)・元稹「八月六日与僧如展前松滋主簿韋戴同游碧澗寺賦得扉字韻、寺臨蜀江、内有碧澗穿注、両廊又有龍女洞、能興雲雨、詩中噴字以平声韻」(巻四一三、頁四五七七)なども韻を限った作品である。
(19) 仇兆鰲『杜詩詳注』巻二、中華書局、一九八五年。
(20) 唐代の詩人がこうした機会をどう見ていたかについて、権徳輿「崔吏部衛兵部同任渭南県尉日宿天長寺上方唱和詩序」が参考になる。『全唐文』巻四九〇、頁二二一六。
(21) 宋の葛立方『韻語陽秋』巻四に、張祜の「題僧壁」「題万道人禅房」「題金山寺」「題孤山寺」などの詩が寺の壁に書かれ、僧がそれを展示したことを記している。
(22) 唐の王定保『唐摭言』巻七「起自孤寒」条の王播の項を参照。王播は幼少期に貧しくて、寺の食事をもらっていて僧たちから嫌われていた。後に役職に就いてからその寺を再び訪れ、昔の屈辱を詩にした、という。
(23) 朱慶餘「題開元寺」(巻五一五、頁五八八五)は寺の壁に題詩が残されていることを詠んでいる。
(24) 許渾「覧故人題僧院詩」(巻五三八、頁六一四〇)・黄滔「東林寺貫休上人篆隷題詩」(巻七〇六、頁八一二九)。
(25) 白居易「読僧霊徹詩」(巻四三九、頁四八九四)。
(26) 李紳「新楼詩二十首・序」(巻四八一、頁五四七五)。

(27) 劉禹錫「貞元中侍郎舅氏牧華州時、余再忝科第、前後由華覲謁陪登伏毒寺屢焉、亦曾賦詩題於梁棟。今典馮翊、暇日登楼、南望三峰、浩然生思、追想昔年之事、因成篇題旧寺」（巻三五八、頁四〇三四）。
(28) 斉己「游道林寺四絶亭観宋杜詩版」（巻八四〇、頁九四七七）。
(29) 徐夤「塔院小屋四壁皆是卿相題名、因成四韻」（巻七〇九、頁八一五九）。ほかに羅隠「秋日禅智寺見裴郎中題名寄韋瞻」（巻六五六、頁七五四三）、白居易「吉祥寺見銭侍郎題名」（巻四四三、頁四九五一）「感化寺見元九劉三十二題名処」（巻四三七、頁四八五三）がある。
(30) 『唐摭言』巻一三に、王璘が嶽麓寺で李群玉に出会い、彼から連句の挑戦を受けた話を載せる。李群玉が謙譲の美徳に欠けていたので、王璘は詩で風刺しかえした。二人とも若干温厚さに欠けているせいか、『唐摭言』の著者は次のような意味のことをコメントしている。「詩句の組み立てが明敏な点は、天性の才知であろう。しかし使い方が無礼では、口がうまいというだけだ。矛と盾と攻めあおうと、道理は一つである。名を惜しんで善を隠すとは、仁者の忌むところであり、堯舜すらこれに悩んだのだ。」
(31) 道誠『釈氏要覧』巻上に『荊楚歳時記』『白虎通』を引いて解釈している。『大正蔵』第五四冊、頁二六三。
(32) 段玉明『中国寺廟文化』、頁七八一を参照。段氏はJ・ジュルネの研究に基づいている。
(33) 『高僧伝』「慧遠伝」中華書局校点本、巻六、頁二一一。
(34) その時の詩は「游石門詩并序」として、逯欽立『先秦漢魏晋南北朝詩』「晋詩」巻二〇に載せる。この詩が慧遠の作か諸人の共作か、議論がある。曹虹「慧遠及其廬山教団文学論」『文学遺産』二〇〇一年第六期。
(35) 朱湾「過宣上人湖上蘭若」（巻三〇六、頁三四七七）、韓竑「題慈仁寺竹院」（巻二四四、頁二七四一）には東林寺の慧遠になぞらえる句がある。李咸用「和彭進士秋日游靖居山寺」（巻六四六、頁七四〇九）には宗炳が、張登「招客游寺」（巻三一三、頁三五二六）には劉遺民が、李渉「游西林寺」（巻四七七、頁五四三八）温庭筠「贈越僧岳雲二首」（巻五八一、頁六七四〇）「寄清涼寺僧」（巻五七八、頁六七一七）には蓮社が言及されている。
(36) 辛文房『唐才子伝』巻三、傅璇琮主編『唐才子伝校箋』第一冊、頁五三三に当時の詩僧についての紹介がみえる。

(37) 同前、頁五三二一。
(38) 于頔「釈皎然杼山集序」『全唐文』巻五四四、頁二四四四。
(39) 胡震亨『唐音癸籤』巻八に、詩僧たちが筆硯を携えて山野を跋渉し、すぐれた詩語を求めたことを述べる。
(40) 顔真卿「湖州烏程県杼山妙喜寺碑銘」『全唐文』巻三三九、頁一五一九。
(41) 蒋寅『大暦詩人研究』上篇、頁一五八、中華書局、一九九五年。顔真卿らの湖州詩会における創作とその特徴に対する蒋寅氏の論述は精細を極めており、大いに参考になる。
(42) 皎然「秋日遥和盧使君遊何山寺宿敭上人房論涅槃経義」(巻八一五、頁九一七五)
(43) 皎然「答兪校書冬夜」(巻八一五、頁九一七三)
(44) この点について、蒋寅氏の意見は参考に値する。「兪校書が皎然に禅について質問し、皎然は抽象的言語での説明をせずに、月光が碧空を照らし徹する景色こそ禅の境地をあらわすと言うだけであった。…ある静かな夜、碧空は洗ったかのようで、物音一つしない。座禅する者は心が止水のごとく、澄み切っておちつき、一種の空寂の境地を体悟するにいたる。こうした境地は言葉では伝えられず、ただ夜空の月光のなかに証拠を示して、象徴的に暗示するしかない。これこそ天台宗や禅宗が道を楽しむ、「境において心を観ず」「色に因って心を見す」というものである。それらは詩歌の感受性に適している、つまり表現のメカニズムに同じ構造を持っている。詩歌は禅の境地からすれば最もよき表現媒体であった。(「答兪校書冬夜」でいわゆる「詩情は聊か作用し、空性は惟だ寂静」である。」蒋寅前掲書、頁三六二。
(45) 蒋寅前掲書、頁一六一・一六三。
(46) 段成式「遊長安諸寺連句序」(巻七九二、頁八九一七)
(47) 『寺塔記・益州名画記・元代画塑記』頁一、人民美術出版社、一九八三年。
(48) 姚合「和秘書崔少監春日遊青龍寺僧院」(巻五〇一、頁五六九三)

恵能とその碑銘の作者　王維・柳宗元・劉禹錫

普　慧（石村貴博訳）

恵能（六三八—七一三）は、中国仏教の最大宗派である禅宗の実質的な創始者であり、歴代、六祖と尊称されている。[1]その影響力は、唐以降の中国仏教史ないしは思想史、文化史全体にわたって、比類無いほど大きな影響を及ぼした。しかし、恵能の在世時、その名は洛陽長安に知られていたものの、「一方人物」あるいは「弘化一方」[2]と称されたことからわかるように、その勢力と影響力は嶺南地区に限られていた。恵能の没後、その弟子神会が北上して広めたため、影響力が中国北方に推移し、また、盛唐の著名な詩人王維と中唐の著名な文人柳宗元、劉禹錫が碑銘を作ったことによって、恵能のイメージと名声が唐代の知識層全体に確立したのである。碑銘を書いた王維、柳宗元、劉禹錫自身の文学は恵能の禅宗思想に深く影響されており、恵能が中国仏教史に、王・柳・劉が中国文学史に及ぼした影響を考えるには、この碑銘の作者たちと恵能の関連に対する研究が不可欠なのである。

一、王維の第一碑

王維（七〇一—七六一）、字は摩詰、盛唐期の最も著名な詩人の一人である。[3]彼の詩文創作はあらゆる方面において仏教の影響を受けている。王維の仏教信仰は、一般の文人とは異なり、思想上だけでなく、仏道の実践もしていた。

『旧唐書』巻一九〇下「王維伝」には以下のようにある。

維れ弟兄倶に仏を奉じ、居は常に蔬食にして、葷血を茹《くら》はず、晩年長斎し、文綵を衣《き》ず。宋之問の藍田別墅を得て、輞口に在り、輞水　舎下を周《めぐ》り、別に竹洲花塢を漲らせ、道友裴迪と舟を浮かべて往来し、琴を弾き詩を賦し、嘯詠すること終日なり。嘗て其の田園の為る所の詩を聚めて、『輞川集』と号す。京師に在りて日び十数名の僧と飯し、玄談を以て楽しみと為す。斎中　有る所無く、唯だ茶鐺、薬臼、経案、縄床のみ。退朝の後、焚香独坐し、禅誦を以て事と為す。妻亡《うしな》ひて再びは娶《めと》らず、三十年　一室に孤居し、塵累を屏絶す。（維弟兄倶奉仏、居常蔬食、不茹葷血、晩年長斎、不衣文綵。得宋之問藍田別墅、在輞口、輞水周於舎下、別漲竹洲花塢、与道友裴迪浮舟往来、弾琴賦詩、嘯詠終日。嘗聚其田園所為詩、号『輞川集』。在京師日飯十数名僧、以玄談為楽。斎中無所有、唯茶鐺、薬臼、経案、縄床而已。退朝之後、焚香独坐、以禅誦為事。妻亡不再娶、三十年孤居一室、屏絶塵累。）[4]

「居常蔬食、不茹葷血」は、王維が仏教の素食戒律を厳格に守った行為である。『梵網経・菩薩心地戒品』には、「仏子故より肉を食らふが若きは、一切の肉　食らふを得ず。大慈悲の仏性種子を断じ、一切の衆生　見て舎て去り、是の故に一切菩薩　一切の衆生の肉を食らふを得ず。肉を食らひ無量罪を得て、故より食らふが若き者は、軽垢罪を犯す。（若仏子故食肉、一切肉不得食。断大慈悲仏性種子、一切衆生見而舎去、是故一切菩薩不得食一切衆生肉。食肉得無量罪、若故食者、犯軽垢罪）」とある。[5] 仏教では、戒めは「非を防ぎ悪を止む（防非止悪）」の最も好い方法なのである。肉食しないのは、「不殺生戒」に属し、性戒の一つであって、仏教戒律の最も基本的なことである。盛唐以前の仏教を信奉する文人の中で、自覚してこれを実践していた人物は決して多くはない。王維がこのように強く仏教に帰依していたのは、仏教を信奉していた家系と極めて深い関係がある。王維「請施荘為寺表」に、

臣の亡母は故と博陵県君の崔氏、大照禅師に師事すること三十餘歳、褐衣蔬食し、戒を持し禅に安んじ、山林に

住むを楽《ねが》ひ、寂静を求めんことを志す。臣　遂に藍田県に于いて山居一所を営む。（臣亡母故博陵県君崔氏、師事大照禅師三十餘歳、褐衣蔬食、持戒安禅、楽住山林、志求寂静。臣遂于藍田県営山居一所）[6]。その母にしてその子ありと言えるだろう、王維だけでなく、その弟王縉も同様である[7]。王維は一生を通じて仏教信仰と深い関わりがあったと言ってよいだろう。

王維が生きていた時期は、南宗禅が南方から北方へと浸透しはじめた時期であった。王維は、南宗禅の六祖恵能より六四歳若く、恵能が亡くなった時は、王維はわずか一三歳であった。恵能が嶺南で生活していたとき、王維は長安に住んでいて、二人には何の接触もなかった。思想上においては、王維が少年ないし成人後の相当長い期間に接してきた仏教の人士は、基本的には北宗禅の僧であった。その母が師事したのは大照、つまり北宗禅で七祖と呼ばれる普寂である。王維は母親の影響を強く受け、若い頃学んだのは北宗禅思想であった。彼が戒律を遵守するのは、北宗禅の特徴をあらわしているのである。彼が崇敬の念を抱いたのは北宗禅の著名な高僧普寂、浄覚、道光等の禅師であり、彼らの塔銘や碑銘を書いている[8]。この他、王維は北宗禅の著名な禅師道璇（普寂の弟子）と交遊があり、「謁璇上人并序」詩を書いている[9]。彼は文学創作において、北宗禅の重要な僧に多くの詩歌を詠んでいる[10]。

唐玄宗の開元年間（七一三―七四一）に、恵能の弟子神会は単身北上し、南宗禅が正統の地位を奪い取った。開元二十二年（七三四）、神会は滑台（今の河南滑県）の大雲寺で「無遮大会」を執り行なって、北宗禅の名師である山東の崇遠禅師（神秀系）と論戦し、北宗禅に対する攻撃の鐘をならした。神会は「天下の道に学ぶ者の為に其の是非を弁じ、天下の道に学ぶ者の為に其の旨見を定む。（為天下学道者弁其是非、為天下学道者定其旨見）[11]」と公言した。この論戦では神会は完全に勝利することはできなかったが、南宗禅の思想を広めて、南宗禅が正統の地位を奪い取るに至ったという功績は大きい。

この論戦の後、神会は南陽を南宗禅伝播の基点とした。殿中侍御史に任じられた王維が南陽に立ち寄った時、神会の弟子劉相倩が南陽臨湍駅で王維に拝謁し、神会と同じ寺の恵澄禅師を迎えて数日論戦した。劉澄集の「南陽和尚問答雑徴義」の中に、かなり詳しく王維と神会の問答が記録されている。

時《ここ》に於いて王侍御　和上（神会）に問ひて言ふ、若為《いか》にして修道解脱するかと。答へて曰はく、衆生本自《もと》より心浄なり。若し更に心を起こして修有らんと欲さば、即ち是れ妄心なり、解脱するを得べからずと。王侍御　驚愕して云ふ、大いに奇なり、曾て聞く大徳　皆　未だ此くの如き説を作すこと有らずと。乃ち寇太守、張別駕、袁司馬等の為に曰はく、此れ南陽郡に好大徳有り、仏法甚だ不可思議なるもの有りと。（於時王侍御問和上（神会）言、若為修道解脱。答曰、衆生本自心浄。若更欲起心有修、即是妄心、不可得解脱。王侍御驚愕云、大奇、曾聞大徳皆未有作如此説。乃為寇太守、張別駕、袁司馬等曰、此南陽郡有好大徳、有仏法甚不可思議。[12]）

この文章から次のことが分かる。

一　神会と逢う前は、王維は南宗禅の僧と出会ったことがなく、南宗禅の思想に触れたこともなかった。王維が役人をしていた洛陽・長安は、ずっと北宗禅に支配されていた。北宗禅の六祖神秀は「両京（長安・洛陽）の法主、三帝の門師」と称されている。[13] 国家の保護と尊崇を受け、北宗禅は北方地域の官禅だったといえよう。そのために王維は南宗禅を全く知り得なかった。

二　王維は神会の「衆生本自より心浄なり。若し更に心を起こして修有らんと欲さば、即ち是れ妄心なり」という説法に対して驚愕している。神会が説く「衆生本自心浄」は、禅門共通の認識である。だが『楞伽経』を師承とする者は以下のように認識している。

如来蔵　自性清浄なりと雖も、客塵の覆ふ所の故に猶ほ不浄に見ゆ。／如来蔵　識蔵、一切の声聞　縁覚心想の所見、自性清浄なりと雖も、客塵の覆ふ所の故に猶ほ不浄に見ゆ。（如来蔵雖自性清浄、客塵所覆故猶見不浄。／如来蔵識蔵、一切声聞縁覚心想所見、雖自性清浄、客塵所覆故猶見不浄）[14]。

「如来蔵識蔵」は、「如来蔵」（梵語 tathāgata-garbha）であり、一切の衆生の煩悩に隠れている本来の清浄の如来法身を指す。しかし如来蔵が世俗の塵埃に覆われると、作用を発揮することができない。「若し人　真如を念ずと雖も、方便を以て種種熏修せずんば、亦た浄ずるを得る無し（若人雖念真如、不以方便種種熏修、亦無得浄）[15]」。このため「鏡の昏塵の、須らく勤勤として払拭すべく、塵尽くれば明現はれて、即ち照《うつ》さざる無きが如し（如鏡昏塵、須勤勤払拭、塵尽明現、即無不照）[16]」。これは神秀「無相偈[17]」の思想と一致する。北宗禅は修持[18]を説き、特に「戒」の働きを重視し、伝統の「三学」関係[19]における順序を修行者に求めた。神会は「起心　修に由るは、即ち是れ妄心なり（起心由修、即是妄心）」と見なし、北宗禅の浄心に反対し、「定慧　倶に等し（定慧倶等）[20]」、つまり定慧同修、止観双転を主張する。この見解は王維には受け入れがたく、また理解できなかった。

三　王維は北宗禅と食い違う神会の解釈に対して「不可思議」とするが、彼は決して北宗禅の立場に立って否定や反駁することはせず、また神会が世にもまれな「好大徳」であると考えていた。これは王維の習禅が世俗的な文人の習禅であり、長い間北宗禅の影響を受けてはいたものの、門戸や派閥の考えが無かったことを物語っている。そのため、彼は決して自分の考えに固執せず、非常に素早く神会が伝授した恵能の思想を受け入れることができたのである。

神会が王維に六祖恵能の碑銘を依頼すると、王維は快諾した。王維は「六祖能禅師碑銘」の中で言う。

……（恵能は）黄梅の忍大師に事へ、其の力を竭くさんと願へば、即ち井臼に安んず。素より其の心を刳り、稊稗に悟るを獲たり。……終はるに臨んで、（弘忍）遂に密かに授くるに祖師の袈裟を以てす。……禅師　遂に宝を懐きて邦に迷ひ、声を異域に銷す。衆生を浄土と為し、居止を編人に雑ふ。世事は是れ度門、農商に労侶に混ふ。……（恵能）是に於いて大いに法雨を興し、普く客塵を灑ぐ。乃ち人に教ふるに忍を以てす。曰はく、「忍とは、無生にして方めて得、無我にして始めて成る。初めに於て発心して、以て教首と為す」と。定　入る所無く、慧　依る所無きに至っては、大身　十方に過ぎ、本覚　三世を超ゆ。根塵　滅せず、色の空を滅するに非ざれば。行願　成る無く、凡に即きて聖と成る。足を挙げ手を下げ、長に道場に在り。是心　是情、同に性海に帰す。商人　倦を告げ、自ら化城に息ふ。窮子　疑ふ無く、直ちに宝蔵を開く。其れ徳本を植てざる有れば、頓門に入り難く、妄りに空花の狂を繋くるは、曾ち慧日の咎に非ず。……経行宴息するは、皆　正受に在り。譚笑語言、曾ち戯論無し。故に能く五天　跡を重ね、百越稽首す。修蛇雄虺は、毒螫《どくせき》の気銷《き》ゆ。跳殳彎弓は、猜悍の風変ず。畋漁悉く罷め、蠱酖　非を知る。多く羶腥を絶し、桑門の食に効ふ。悉く罟網を棄て、稲田の衣を襲ぬ。永く浮図の法を惟ひ、実に皇王の化を助く（……（恵能）事黄梅忍大師、願竭其力、即安於井臼。素刳其心、獲悟於稊稗。……臨終、（弘忍）遂密授以祖師袈裟。……禅師遂懐宝迷邦、銷声異域。衆生為浄土、雑居止於編人。世事是度門、混農商於労侶。……（恵能）於是大興法雨、普灑客塵。乃教人以忍。曰、「忍者、無生方得、無我始成。於初発心、以為教首。」至於定無所入、慧無所依、大身過於十方、本覚超於三世。根塵不滅、非色滅空。行願無成、即凡成聖。挙足下手、長在道場。是心是情、同帰性海。商人告倦、自息化城。窮子無疑、直開宝蔵。其有不植徳本、難入頓門、妄繫空花之狂、曾非慧日之咎。……経行宴息、皆在正受。譚笑語言、曾無戯論。故能五天重跡、百越稽首。修蛇雄虺、毒螫之気銷。跳殳彎弓、猜悍之風変。畋漁悉罷、蠱酖知非。多絶羶腥、効桑門之食。悉棄罟網、襲稲田之衣。永惟浮図之法、実助皇王之化[21]）。

王維は恵能の碑銘を作り、六祖と尊称した。それ自体、盛唐の官僚詩人が、恵能をリーダーとする南宗禅を是認したことを示している。王維の恵能に対する理解の様からすると、彼がこの碑銘を撰した材料は、基本的には神会から得たのであろう。この碑銘の中で、王維はいくつかの点について指摘している。

一　恵能は黄梅にいて、基本的には単純労働に従事していて、弘忍の説法を聴く機会がなく、そのため、恵能は労働実践の中から禅理を覚った。

二　王維は、まず弘忍が密かに袈裟を恵能に伝えた事を指摘し、それにより恵能が禅門の正統嫡系の六祖であることを証明している。実際には、仏教の伝授においては、法衣に託すという伝統はない。インド仏教の各派の伝授は、一人だけに伝える訳ではなく、法衣という証拠のものを与えることもない。弥勒経の中に、現世の仏釈迦牟尼仏が、袈裟を未来の仏弥勒菩薩に与えたという記載があるだけだ。中国において、最も早く禅門の初祖菩提達磨について言及した文献は、楊衒之の『洛陽伽藍記』中の「永寧寺」であり、文中には達磨が教えを伝える際に法衣に託したという事は書かれていない。禅門の前五祖の各代が法衣を伝えたと記録する文献は、中唐時期になってようやく現れる。しかし、実際上は王維「六祖能禅師碑銘」と『神会和尚禅話録』の啓示を受けて附会したものだ。『伝法宝紀』の中で、弘忍が「密かに法印を伝へ（密伝法印）」たことに関して、「忍禅師　遷化に臨むに及んで、又先づ（神秀に）付嘱する有りと曰ふ（及忍禅師臨遷化、又曰先有付嘱）」とあるだけで、袈裟の事については言及していない。これは弘忍が継承者を伝える際に一人だけに伝えることはせずに、広く伝えようとしたことを物語っている。恵能本人は継承者に伝える際に、袈裟を単伝の証拠とせず、教化の広汎性を主張した。したがって、袈裟を単伝の証拠とするのは、神会による天才的な創作なのかもしれない。王維がこれを碑銘に書き入れたので、神会の創作は真実であると肯定され、恵能が弘忍の教えを受け継いだ唯一の人であるという信頼性を増すことになった。

三　王維は恵能禅の特徴を「衆生為浄土」「世事是度門」であると指摘している。まさに恵能が「在家出家」ともに仏を修めることができるとした点や[22]、禅の世俗化の主張と符合する[23]。これ以降の南宗禅の発展には、基本的にこの二つの特徴があった。この二つの特徴は下層一般民の需要に適っていただけでなく、さらに上層官僚文人の嗜好にも適合していた。二つの階層がともに南宗禅を求めたために南宗禅の信仰者は急増し、まもなく北宗禅伝播の市場を奪うことになったのである。

四　王維は恵能にとって「忍」が思想の本質であると捉え、恵能の「忍」は「初めに於いて発心し、以て教首と為す」ことであり、南宗禅の修行をする者は、すべて「忍」の字を念頭におき、みだりに不満を抱いてはいけないのだと指摘する。これは仏陀が創始した仏教の宗旨と一致する。ゴータマ・シッダルタという名前の字義は「能忍、能譲」なのである。これはまさに「忍」の核心だ。恵能の南宗禅は、「忍」という思想によって人々を教化し、統治者に服従させて思いのままに操る「皇王の化」を補強するものとなった。王維の「碑銘」は、簡潔で要領よく恵能禅の特徴を概括しており、恵能禅の思想の実質を捉えていると言えよう。この碑銘は恵能を研究する上で最も重要な資料の一つであったが、恵能の思想を研究する上で、長い間、研究者たちはつねに『壇経』にばかり注目し、王維の「碑銘」に対してはあまり注目しなかったのは残念である。王維の「碑銘」は恵能を記録する現存最古の文章であるため、多くは神会の話に基づくとしても、恵能の在世時に最も近く、『壇経』やそれ以降の「灯録」類よりも信頼性がある。これより後、王維は恵能の南宗禅の思想を自己の詩歌創作の中にとけ込ませ、「以禅理入詩」、「以禅趣入詩」、「以禅観入詩」という全く新しい特質を作り出し、盛唐詩歌の新しい境地を生み出して、絢爛豪華な盛唐詩歌の花壇に素晴らしい華を咲かせたのである。(24)

総じて、王維が書いた恵能の「碑銘」は、かなりの程度において恵能の大義名分を明らかにしただけでなく、長安・洛陽における（とくに上層官僚文人の間に）恵能の影響力を強め、その後の南宗禅の弟子たちが陸続と長安・洛陽に進駐するための端緒を開いた。その点で南宗禅に対する貢献は大きかった。王維自身もそれまで長いこと北宗禅の修行を遵守してきた態度を改め、生き生きとした禅境に入っていった。これ以降の詩歌は、まさにその禅境の反映であり展開であった。王維は恵能と面識もなく交流も無かったが、二者の関係は相互補助的で、お互いに益する関係であった。

二、柳宗元、劉禹錫の第二、第三碑

王維は恵能の「碑銘」を書き、恵能の大義名分を明らかにしたが、長安・洛陽や広大な北方地区においては、北宗禅は依然として根強く、勢力が強かった。北宗禅は政府と官僚文人の長期にわたる支持を受け、官禅となっていた。北宗禅は戒律を重んじただけでなく、積極的に新興の密宗に歩み寄って、神秘主義の色彩を増していった[25]。安史の乱は、唐王朝に致命的な打撃を与えただけでなく、北宗禅にも重大な災難をもたらした。南宗禅は神会荷沢系が北方で活動していただけで、その弟子にも大きな活動をした者が出ず、長安・洛陽や広大な北方地区では依然として北宗禅が盤踞していた。しかし、中唐では、生産を発展させ、経済を振興し、藩鎮を削弱し、国力を増加し、皇帝権力を強化させることが唐王朝の中興の主な任務であったので、国家側は仏教内部の事柄（派閥闘争など）に対しては気にかける余裕も興味もなかった。さらには統治者たちの中で排仏勢力が台頭し、仏教は政治において大きな存続の危機に直面していた。この時点では、禅門内の南北争嫡の矛盾は主要な焦点とはならず、一致して対外的に、仏教を保護して生き残ることが仏教内の共通認識となっていた。このように、中唐時期では南宗禅の僧が長安・洛陽に進駐しても、神会が単身北方に飛び込み駆逐されたような苦難には遭わなかった[26]。南宗禅の若干の気風もそれにつれて長安・洛陽にもたらされた。

それと同時に、進取の気性に富み鋭意改革に励む進士たちは、皇帝権力や、旧貴族、宦官集団との闘争に敗れ、次から次へと貶謫に遭って、東南、西南などの辺鄙な土地に放逐された。順宗の時の「永貞革新」に参加した王叔文党の韓泰、柳宗元、劉禹錫等は、憲宗の元和初年（八〇六）に放逐され、白居易、韓愈、元稹、銭徽、李紳などの進士集団も貶謫された。これらの官僚文人が左遷された所は、主に南宗禅の活動が活発なところであった。加えて文人は流謫後心理的に強く抑圧されていたので、すぐさま南宗禅を受け入れた。柳宗元もこの時南宗禅を受容した。柳宗元は、中唐古文運動の副将《サブ・リーダー》であった。韓愈が唐王朝国家の経済と軍事利益をすべて回復し、孔孟の儒家道統を唱導して、国家政治が衰落し儒家道統が中断した罪をすべて仏教に帰して、仏教が「其の人を人とし、其の書を火《や》き、其の居を廬にす（人其人、火其書、廬其居）」るものであると主張したのに対して、柳宗元は仏教に対して寛容な態度を取り、親しみさえ感じていた。彼は永州（今の湖南零陵）司馬に左遷されたあと、龍興寺に十年間身を寄せていた。柳宗元は言う。

吾　幼き自り仏を好み、其の道を求め、積むこと三十年。世の言ふ者能く其の説に通ずること罕にして、零陵に於いて、吾独り得る有り。（吾自幼好仏、求其道、積三十年。世之言者罕能通其説、於零陵、吾独有得焉[27]）。

道に永州司馬に貶せらる。至れば則ち以て居と為す無く、龍興寺の西序の下に居る。余　釈氏の道を知ること且《まさ》に久しければ、固より願ふ所なり。（道貶永州司馬。至則無以為居、居龍興寺西序之下。余知釈氏之道且久、固所願也[28]）。

柳宗元は官僚の家に生まれ、原籍は河東（今の山西永済）である。唐の代宗大暦八年（七七三）長安に生まれ、元和初年の流謫の前まで、柳宗元はずっと京畿地区で生活していた。「幼き自り仏を好む」「釈氏の道を知ること且に久し」は、主に彼が京畿地区で触れた仏教のことを言う。京畿地区の仏教は大暦・元和間においては、基本的に北宗禅が主であった。普寂系の禅師一行（六八三—七二七）、霊着（六九一—七四六）、同光（七〇〇—七七〇）、真亮（七〇一—七八八）、法玩（七一五—七九〇）等は以前から長安・洛陽地区で活躍していた。柳宗元よりやや前、長安・洛陽の政権を担っていた張説（六六七—七三〇）[29]、武平一（?—七四一）[30]、元載（?—七七七）、王縉（七〇〇—七八一）、杜鴻漸[31]、張延賞（七二七—七八七）、独孤及（七二五—七七七）等の官僚詩人が、北宗禅の普寂の系統をたびたび称揚していた。柳宗元は長く京畿にいたので、この時知っていた仏教は、主として北宗禅の思想であったに違いない。柳宗元の永州への左遷は、彼に南宗禅の思想を理解させることになった。そのため彼は感慨をもって言う。「世の言ふ者能く其の説に通ずること罕にして、零陵に於いて、吾　独り得ること有り」。「独有得」とは、南宗禅において悟るところがあったと言うのである。韓愈が柳宗元を「浮図の言を嗜む（嗜浮図言）」、「浮図と游ぶ（与浮図游）[32]」と厳しく批判した時、柳宗元はこう反駁した。

退之　其の外に忿りて其の中を遺るるは、是れ石を知りて韞玉を知らざるなり。吾の浮図の言を嗜む所以は此を以てす。其の人と游ぶ者は、未だ必ずしも其の言に通ずる能はざるなり。且つ凡そ其の道を為す者、官を愛せず、能を争はず、山水を楽しみ閑安を嗜む者多と為す。吾　世の逐逐然として唯だ印組を務めと為して以て相軋するに病むなり。則ち是を舎きて其れ焉くにか従はん？吾の浮図と游ぶを好むは此を以てす。（退之忿其外而遺其中、是知石而不知韞玉也。吾之所以嗜浮図之言以此。与其人游者、未必能通其言也。且凡為其道者、不愛官、不争能、楽山水而嗜閑安者為多。吾病世之逐逐然唯印組為務以相軋也。則舍是其焉従？吾之好与浮図游以此）

柳宗元の仏教に対する嗜好は教理や教義が深いか否かという所にはなく、「官を愛せず、能を争はず、山水を楽しみ、閑安を嗜む」という所にあった。そこには世俗の官界での腹のさぐり合い、騙し合い、食うか食われるかといったものはなく、心を落ち着かせ、書を読み、恬淡として求めるところ無く、安らかさがあった。このような思想と境地は、左遷にあった官僚からすると、これ以上ふさわしいものはない。柳宗元が言う「官を愛せず、能を争はず」とは、まさに王維が恵能の「碑銘」に総括した恵能禅—「忍」の特徴である。

元和以前、南宗禅の活動拠点は、発祥地とは別のところであった。長安・洛陽における活動の中心は神会荷沢系、江西・湖南における活動の中心は青原行思と南岳懐譲の両系、四川における活動の主な中心は浄泉保唐系であった。根据地である嶺南の曹渓系では、あきらかに寂しい限りであった。元和年間に朝廷の大官扶風公の馬総が嶺南を治め、「仏氏第六祖未だ称号有らざるを以て（以仏氏第六祖未有称号）[34]」、特別に恵能のために上疏して謚号を要請した。憲宗はすぐさま恵能に「大鑒禅師」と謚し、塔を「霊照之塔」と名付けた。詔書が下達された後、「幢蓋鐘鼓、山に増し谷に盈ち、万人咸会し、鬼神に聞こゆるが若し。其の時　学者千有餘人、欣踊奮厲せざる莫く、師復た生まるるが如し。則ち又感悼して涕慕し、師始めて亡ずるが如し。（幢蓋鐘鼓、増山盈谷、万人咸会、若聞鬼神。其時学者千有餘人、莫不欣踊奮厲、如師復生。則又感悼涕慕、如師始亡）」という[35]。柳宗元は感激して恵能の第二碑「曹渓第六祖賜謚大鑒禅師碑」を書いた。

……其の道　無為を以て有と為し、空洞を以て実と為し、広大不蕩を以て帰と為す。其の人に教ふるや、始むるに性善を以てし、終はるに性善を以てし、耘鋤に仮らざるは、其の静に本づくなり。……其の説具さに在り、今天下に布く、凡そ禅を言ふもの皆曹渓に本づく。（……其道以無為為有、以空洞為実、以広大不蕩為帰。其教人、始以性善、終以性善、不假耘鋤、本其静矣。……其説具在、今布天下、凡言禅皆本曹渓[36]。）

柳宗元は「碑」の中で主に三つの点について述べている。

一　恵能禅の特徴は、「無為を以て有と為し、空洞を以て実と為し、広大不蕩を以て帰と為す。」とする。これは柳宗元が道家の術語によって恵能禅を解釈したものである。「無為」は無造作のことであり、「有」は作為、造作を意味する。無造作、無作為がすべての事物の存在、関係の現象だとした。「空洞」は、空虚、深闊のことであり、「実」は、真実が不滅であることを言う。空虚深闊をすべての事物の永久、究極の実在本体とした。「蕩」は、動いて定まらないことであり、「帰」は、意図、主旨という意味合いである。「旨帰」は広大で穏静であることを言う。
二　恵能禅の教化作用を強調する。孟子と同じく恵能禅も「人性善」と講じているため、儒家と決して矛盾しない。
三　恵能禅はすべての禅の根本であると重ねて言明した。柳宗元の「碑」は言葉は少ないけれども、禅理についても、社会政治的な教化についても、また禅門の宗派についても、逐一言及されている。柳宗元のこの「碑」によって、嶺南の曹渓禅は再び生気を取り戻し、大いに異彩を放ったのである。

柳宗元は恵能から隔たることおよそ一三〇年あまり、二人の関係はとりもなおさずこの「碑」による。恵能の曹渓禅は柳宗元の「碑」によって再び発揚され、柳宗元も恵能の「碑」を作ることによって南宗禅に触れる機会が増え、それと同時に彼の人生観と生命観にとって大きな影響を受けた。かくして彼の詩文は南宗禅の感化を受け、それによって古文運動において韓愈と異なる政治傾向と風格の異なる文学作品を形成したといってよいだろう。

柳宗元とともに中唐古文運動の副将であった劉禹錫は、柳宗元と殆ど同様の経歴と内面遍歴を体験していた。劉禹錫は柳宗元とともに王伾、王叔文の「永貞革新」に参加し、元和元年に憲宗によって貶謫に遭い、始め連州（今の広東連県）刺史に貶され、途中朗州（今の湖南常徳）司馬に追貶され、十年の間他所に遷されることはなかった。柳宗元と異なるのは、劉禹錫は官僚の家に生まれたが、南方の嘉興に育ち、幼い頃より南宗禅に触れる機会があったことである。仏教に対して非常に敬虔で、「仏に事へて佞（事仏而佞）」という。[37] 流謫後、劉禹錫は世事に対して認識を改めたところがあった。

予　名を策すること二十年、百慮して一も得る無し。然る後　世の所謂　道に　畏途に非ざる無きを知る。唯だ出世間の法のみ心を尽くすべし。……深く智地に入り、静かに道源に通ず。客塵観尽し、妙気来宅す。内に胸中を視れば、猶ほ煎錬のごとく然り。（予策名二十年、百慮而無一得。然後知世所謂道無非畏途。唯出世間法可尽心耳。……

深入智地、静通道源。客塵観尽、妙気来宅。内視胸中、猶煎錬然。[38]）

官途は、危険が予測できない。世俗を超越した仏法こそが、苛立つ心を慰めてくれたのである。仏教の諸宗派の中で、劉禹錫はとりわけ南宗禅を好み、最も交遊が多かったのも南宗禅の僧であった。彼は、禅僧たちの拘束がない、自在自足の生活を非常に羨ましく思った。詩人として、彼はとりわけ詩僧の詩情、詩思にあこがれた。

深法師に送った詩。

師在白雲郷　　師は白雲郷に在り
名登善法堂　　名は善法堂に登る
十方伝句偈　　十方　句偈を伝へ
八部会壇場　　八部　壇場に会す
飛錫無定所　　飛錫　定所無く
宝書留旧房　　宝書　旧房に留む
唯応銜草雁　　唯だ応に草を銜ふる雁
相送至衡陽　　相送って衡陽に至るべし[39]

広宣にあてた詩。

碧雲佳句久伝芳　　碧雲佳句　久しく芳を伝ふ
曾向成都住草堂　　曾て成都に向《お》いて　草堂に住む
振錫常過長者宅　　錫を振りて常に過る　長者の宅
披文猶帯令公香　　文を披きて猶ほ帯ぶ　令公の香
一時風景添詩思　　一時の風景　詩思を添ふ
八部人天入道場　　八部の人天　道場に入る
若許相期同結社　　若し相期して同に社を結ぶを許さば
吾家本自有柴桑　　吾が家　本自より　柴桑有り(40)

霊澈への詩。

釈子道成神気閑　　釈子　道成り　神気閑なり
住持曾上清涼山　　住持　曾て上る　清涼山
晴空礼拝見真像　　晴空　礼拝　真像を見る
金毛玉髻卿雲間　　金毛　玉髻　卿雲の間
西游長安隷僧籍　　西のかた長安に游び　僧籍に隷たり
本寺門前曲江碧　　本寺の門前　曲江　碧なり

松間白月照宝書　松間の白月　宝書を照らし
竹下香泉灑瑶席　竹下の香泉　瑶席を灑ぐ
前時学得経論成　前時　学び得て　経論成り
奔馳象馬開禅扃　象馬を奔馳させ　禅扃を開く
高筵談柄一麾払　高筵　柄を談じ　一麾にして払ふ
講下聴従如酔醒　講下に聴従するもの　酔ひの醒むるが如し

…………

一旦揚眉望沃州　一旦　眉を揚げ沃州を望み
自言王謝許同游　自ら言ふ　王謝　同に游ぶを許すと
憑将雑擬三十首　雑擬三十首に憑《よ》将りて
寄与江南湯恵休　江南の湯恵休に寄与せん(41)

詩僧が、文人にはない詩情を備えている理由は、詩僧を送る以下の文にある。

能く欲より離れんとすれば、則ち方寸の地も虚なり。虚なれば万景入る。入れば必ず泄るる所有りて、乃ち詞に形はる。詞妙にして深き者、必ず声律に依る。故に近古より降り、釈子　詩名を以て世に聞こゆるもの者相踵《つ》ぐ。定因り境を得、故に翛然として以て清し。慧由り詞を遣る、故に粋然として以て麗なり。信に禅林の蔿（華）蕚にして、誠河（＝仏門）の珠璣（＝宝珠）なるのみ。（能離欲、則方寸地虚。虚而万景入。入必有所泄、乃形乎詞。詞妙而深者、必依於声律。故自近古而降、釈子以詩名聞於世者相踵焉。因定而得境、故翛然以清。由慧而遣詞、故粋然以麗。信

禅林之藹蔔、而誡河之珠璣耳」(42)

劉禹錫は禅の理をかりて詩の理を明らかにした。詩僧が美しい詩句を書けるのは、彼らが世俗の功利を棄て、自然山林に逃れ、自然と一体になっていたためであり、その心が虚であるから、万景を受け入れることができ、「定」（禅定）から境が得られ、「慧」（智慧）から詩詞が生まれた。禅林の花草は、詩歌の珠玉となり得たのだ。劉禹錫は中国詩学史上最も早く禅理に喩えて詩理を説いた人だといえよう。劉禹錫にやや先んじる中唐の僧で詩学家の皎然も詩歌創作における仏教の主導的な働きをまとめている(43)。

南宗禅に対してこのように深い感情があったために、劉禹錫は南宗禅の創始者恵能に対して格別な敬意を抱いたのだ。元和十四年（八一九）曹渓の禅師なる道琳が弟子を引き連れて劉禹錫に恵能の碑文を撰するよう要請したとき(44)、彼は即座に承諾して碑文を書いた。

……維れ如来滅せし後、中五百歳にして　摩騰、竺法蘭　経を以て来たれり。華人始めて其の言を聞き、猶ほ夫れ重昏の曶爽を見るがごとし。後五百歳にして達摩　法を以て来たる、華人始めて其の心を伝へ、猶ほ夫れ昧旦の白日を睹るがごとし。達摩六伝自り大鑒に至るまで、意珠を貫くが如く、先後有りて同異無く、世の真宗を言ふ者、所謂頓門なり。初め、達摩　仏衣と倶に来たり、道を得て伝付し、以て真印と為す。大鑒に至りて置きて伝はらず、豈に是を以て筌蹄と為さんや、芻狗ならんや！将た人人の己に若く莫くして之を置くに若かざらんや！吾　知るを得ざるなり。……銘に曰はく、……一言頓悟し、初地を践まず。五師相承け、授くるに宝器を以てす。曹溪に宴坐し、世　南宗と号す。……空に著き有に執き、各おの其の域に走る。我　真筌を立て、南国に掲起す。修無くして修め、得る無くして得たり。……之を自然に得て、竟に伝ふべからず。口伝手付すれば、則ち有に礙せらる。衣を空堂に留め、得る者は天授なり。（……維如来滅後、中五百歳而摩騰、竺法蘭以経来。華人始聞

其言、猶夫重昏之見智爽。後五百歳而達摩以法来、華人始伝其心、猶夫昧旦之睹白日。自達摩六伝至大鑒、如貫意珠、有先後而無同異、世之言真宗者、所謂頓門。初、達摩与仏衣倶来、得道伝付、以為真印。至大鑒置而不伝、豈以是為筌蹄邪、芻狗邪。将人人之莫己若而不若置之邪！吾不得而知也。……銘曰。……一言頓悟、不践初地。五師相承、授以宝器。宴坐曹渓、世号南宗。……著空執有、各走其域。我立真筌、掲起南国。無修而修、無得而得。……得之自然、竟不可伝。口伝手付、則礙於有。留衣空堂、得者天授。[45]）

「碑」の内容は以下のようにまとめられる。

一　仏教が中国に伝来した時期に言及している点。劉禹錫の説明によると、仏陀が滅寂後五百年[46]、迦叶摩騰（摂摩騰）と竺法蘭が仏像と経典を携えて中国にやってきたとする。これは仏教の中国伝来に関する最も早い事跡である。『広弘明集』巻一、『洛陽伽藍記』巻四などの資料では、これを後漢の明帝永平十年（六七）のこととし、白馬に乗って西からやってきて、洛陽にとどまったので白馬寺を建てたとする。

二　仏教が伝わったことは、うすぼんやりとした心を持つ中国人が太陽のきらびやかな光を目の当たりにしたかのようであり、その教化の影響は比類がないほど大きい。

三　禅門の伝承には一定の決まりがあり、達摩から恵能に到るまで、凡そ六代、嫡系の者が真宗であり、とりわけ頓悟法門の恵能禅を重んじた[47]。

四　禅門における伝承の証拠は袈裟であり、恵能の前の五人は皆そのようにしていた。恵能だけが法衣を見て「筌蹄」（魚を捕る伏籠と兎を捕る縄）、「芻狗」（藁で作った犬。筌蹄、芻狗ともに目的を達成すれば不要となるもの）とした。禅門の伝承が法衣によるというのは、前述のように、神会の優れた創作である。劉禹錫は禅門の法衣を誇張強調し、恵能禅の正統的地位を確立しようとした。

五　恵能禅の特徴は、「著空」「執有」といった古い方法を用いず、中国本土の道家思想と融合して、「修む無くして修め、得る無くして得」、「之を自然に得て、竟に伝ふべからず」の「真筌」を樹立したことだとする。

六　継承者の伝承は、痕迹を留めないと主張した。「口伝手付」の方法は、まさに「有に執く（執有）」ことである。法衣を空寂の殿堂の上に留め、仏法を得た者は、いかなる証拠品にもよらず、完全に禅の頓悟だけによっている。そのため、劉禹錫はわざわざ法衣の事のために「仏衣銘并引」を書き、「法衣信物」は仏教伝播の方便であり、「俗は仏を知らず、衣を得るを貴しと為す（俗不知仏、得衣為貴）」であるから、本当に悟った人にはこの証拠は不要だとした。そのため、劉禹錫は「我が道　朽つる無く、衣　何に於いてか有らん？其の用　已に陳す、孰れか芻狗に非ざらん（我道無朽、衣於何有？其用已陳、孰非芻狗）(48)」と言うのだ。

以上の六点を見ると、劉禹錫は恵能禅の「三昧」を得たと言うことができよう。劉禹錫は、柳宗元と同様に恵能と一三〇年ほど隔たってはいたが、彼が恵能の第三碑を書いたことによって、精神上のつながりが生まれた。劉禹錫のこの「碑」によって、再び恵能禅は隆盛することとなった。劉禹錫もひろく南宗禅に接したために、自身の詩文に特色を生じ、韓愈・孟浩然と元稹・白居易という二大詩派の外に独自の詩風を打ち立てることができ、「詩豪」「国手」と称されるに至ったのである。

以上のことをまとめてみると、王維・柳宗元・劉禹錫の三大詩人は、南宗禅六祖恵能とは直接の関係はないものの、恵能のために「碑」を作ったことは、その関係が時空を超えた内在的精神的なものであることを表わしている。三つの碑は恵能及び南宗禅の影響力をたかめ、南宗禅が正統地位を奪い取ったという名声をうちたてた。その功績は特記すべきであり、その効果は絶大であった。これは一般の禅師の説教では到達しがたいものである。また、この三つの碑がまとめた恵能と南宗禅の特徴というのは、禅思想史に大きく貢献した。現存の文献から見て、恵能の碑文を書いたのはこの三人の文人だけであり、僧たちの心の中でこの三人は高く評価されることになった。同時に、三人の文人は、碑文を書いた際に恵能と南宗禅の影響を受け、南宗禅を心に対する反応・情感的体験・美的観照としてとらえるようになり、人間の一種別なる経験世界の展開だと考えた。そして清新で澄み渡っているとともに限りない奥行きを持った詩歌の道を切りひらき、唐詩の内容と詩的境地を大きく開拓し豊かにしたのであった。

参考文献

1 『中国禅宗通史』、杜継文、魏道儒著、江蘇古籍出版社、一九九三年版。
2 『中国禅宗思想歴程』、潘桂明著、今日中国出版社、一九九二年版。
3 『中国禅宗史』、印順著、上海書店、一九九二年版。
4 『中国居士仏教史』、潘桂明著、中国社会科学出版社、二〇〇〇年版。
5 『唐音仏教辨思録』、陳允吉著、上海古籍出版社、一九八八年版。
6 『迷路心回因向仏。白居易与仏禅』、普慧著、河南人民出版社、二〇〇一年版。

注

（1） 恵能以前には禅学はあったが禅宗はない。恵能によって禅宗は創始された。恵能が六祖と呼ばれるのは禅学について言ったもので、禅宗について言えば、恵能が実質的な始祖である。

（2） 唐の浄覚撰『楞伽師資記』。『楞伽師資血脈記』とも称する。『大正蔵』第八五巻。

（3） 王維、名は維、字は摩詰、古代インド仏教の居士維摩詰の名から取ったのだろう。王維は仏教を信奉し、維摩詰居士を好んでいて、維摩詰のように、智慧に富んでほしいと願った。『維摩詰所説経』は王維への影響が非常に大きい。

（4）『旧唐書』中華書局点校本、頁五〇五二。
（5）『大正蔵』第二四巻、頁一〇〇五中。
（6）『王維集校注』陳鉄民校注、中華書局、一九九七年版、頁一〇八五。以下引用する王維の作品は、陳鉄民校注本を用い、重ねて注記はしない。
（7）『旧唐書』巻一一八「王縉伝」、頁三四一七に「縉弟兄奉仏、不茹葷血、縉晩年尤甚」とある。
（8）「大薦福寺大徳道光禅師塔銘并序」（巻八）、「為舜闍黎謝御題大通大照和尚塔額表」（巻一一）、「大唐大安国寺故大徳浄覚禅師碑銘并序」（巻一二）がある。
（9）「謁璿上人・序」に「上人は人を外にし天を内にし、不定不乱。法を捨てて淵泊し、無心にして雲動くがごとし。色空にして無得なるは、物を物とせざればなり。黙語して無際なるは、言を言とせざればなり。故に吾徒は神交を得たり……（上人外人内天、不定不乱。捨法而淵泊、無心而雲動。色空無得、不物物也。黙語無際、不言言也、故吾徒得神交焉……）」（巻二、頁一七九）とある。
（10）「過福禅師蘭若」（巻七）、「青龍寺曇壁上人兄院集」（巻三）、「過感化寺曇興上人山院」（巻五）がある。
（11）独孤沛「菩提達摩南宗定是非論」、『神会和尚禅話録』楊曾文編校、中華書局、一九九六年版、頁一九。
（12）『神会和尚禅話録』頁八五。
（13）注11に同じ、頁二九。
（14）『楞伽阿跋多羅宝経』（四巻本）巻四、劉宋・求那跋陀羅訳、『大正蔵』第一六巻。
（15）『大乗起信論』、『大正蔵』第三二巻。
（16）宗密「禅源諸詮集都序」巻二、『大正蔵』第四八巻。宗密が神秀の禅法の特徴をまとめた部分。
（17）神秀「無相偈」。「身は是れ菩提樹、心は明鏡台の如し、時時に払拭に勤め、塵埃有らしむる莫れ（身是菩提樹、心如明鏡台、時時勤払拭、莫使有塵埃）」（『壇経校釈』郭朋校釈、中華書局、一九八三年版、頁一二）。
（18）神秀も偶然であるが頓悟を説いている。「一切の仏法、自心に本より有り、心を将て外に求むるは、父を捨てて逃走するがごとし（一切仏法、自心本有、将心外求、捨父逃走）」（『景徳伝灯録』巻四「神秀伝」）。その主旨は恵能の見解と異ならない。

(19)「三学」は戒、定、慧。伝統的に「三学」の関係は、定は戒から起こり、慧は定から生じる、とされる。戒はすべての修持実践の基礎となるものである。

(20)「南陽和尚問答雑徴義」、『神会和尚禅話録』頁八六。

(21)『全唐文』巻三一七。

(22)法海本『壇経』巻三六に「若し修行せんと欲さば、在家も亦た得《よ》し、寺に在るに由らず。寺に在りて修めざるは、西方心悪の人の如し。在家にて修むるが若きは、東方人の修善の如し。但《も》し自家にて清浄を修むるを願はば、即ち是れ西方ならん（若欲修行、在家亦得、不由在寺。在寺不修、如西方心悪之人。在家若修、如東方人修善。但願自家修清浄、即是西方）」とある。『壇経校釈』頁七一。

(23)恵昕本『壇経』に「仏法は世間に在りて、世間を離れて覚するにあらず。世を離れて菩提を覓むるは、恰かも兔角を求むるが如し（仏法在世間、不離世間覚。離世覓菩提、恰如求兔角）」とある。

(24)この方面に関しては、復旦大学の陳允吉教授『唐音仏教辨思録』（上海古籍出版社、一九八八年）を参閲されたい。

(25)北宗禅七祖の普寂の著名な弟子一行は、密宗の創始者の一人金剛智の弟子でもある。長安大興善寺にいた。

(26)長安大興善寺にいた惟寛禅師は、洪州禅の馬祖道一の再伝の弟子であり、長安では憲宗皇上と著名な文人白居易の礼遇を受けている。

(27)「送巽上人赴中丞叔父召序」、『柳宗元全集』巻二五、上海古籍出版社、一九九七年、頁二〇九。

(28)「永州龍興寺西軒記」、『柳宗元全集』巻二八、頁二三二。

(29)則天・中宗・睿宗の三朝で宰相となった。

(30)武平一は、武氏の王族であり、「嵩山に隠れて浮図の法を修む（隠嵩山修浮図法）」（『新唐書』巻一一九）、「北宗の俗弟子なる武平一、開元七年に韋据（恵能建立）碑文を磨却し、自ら武平一の文を著す（北宗俗弟子武平一、開元七年磨却韋据（恵能建立）碑文、自著武平一文）」（「曹渓大師別伝」、『続蔵経』第二編乙第一九套第五冊）という。

(31)　司馬光『資治通鑑』巻二二四に「(代宗)は祠祀を好み、未だ甚だしくは仏を重んぜざるに、元載・王縉・杜鴻漸ら相と為るや、三人皆な仏を好む。縉尤も甚だしく、葷血を食せず、鴻漸と寺に造ること窮まり無し(好祠祀、未甚重仏、元載、王縉、杜鴻漸為相、三人皆好仏。縉尤甚、不食葷血、与鴻漸造寺無窮)」とある。
(32)　「送僧浩初序」、『柳宗元全集』巻二五、頁二一〇。
(33)　同前。
(34)　「曹渓第六祖賜謚大鑒禅師碑」、『柳宗元全集』巻六、頁四三。
(35)　同前。
(36)　同前。
(37)　「送僧元暠南游并引」、『劉禹錫全集』巻二九、上海古籍出版社、一九九九年、頁二一五。
(38)　同前。
(39)　「送深法師游南岳」、同前。
(40)　「広宣上人寄在蜀与韋令公唱和詩巻因以令公手札答詩示之」、同前。
(41)　「送僧仲剬東游兼寄呈霊澈上人」、同前。
(42)　「秋日過鴻挙法師寺院便送帰江陵并引」、同前、頁二一七。
(43)　皎然『詩式』に見える。
(44)　劉禹錫が書いた碑文を第三碑とするのは、王維・柳宗元の「碑」と併記したためである。劉禹錫自身は第二碑としている。
(45)　「大唐曹渓第六祖大鑒禅師第二碑」、『劉禹錫全集』巻四、頁三〇―三一。
(46)　仏陀入滅の年は、古来所説紛々としていて、『衆聖点記《しゅしょうてんき》』によれば、紀元前四八六年となる。『中国百科全書』(仏教篇)を参看した。
(47)　禅門の五祖弘忍以前は、みな『楞伽経』で指導したのであり、頓門と見なすことはできない。弘忍は東山法門を開き、『楞伽経』『金剛経』を重んじ、頓門へとすすみはじめた。六祖恵能は『金剛経』で指導し、完全に頓門に入った。

(48)「仏衣銘并引」、『劉禹錫全集』巻四、頁三一。

長安道教の内道場について

土屋昌明

はじめに

従来の唐代道教の研究では、道教の社会的情況を考察するのに地理的な考慮が少なかった。しかし当時すでに道観は各地に散在しており、それぞれに相当の歴史・伝統を備えていた。したがって、地域的な個性やその宗教的勢力圏があったと想像される。これらのことをふまえると、総括的に考察されてきた唐代の道教界を、さらに地理的に分析し、中央と地方、地方と地方の宗教文化的ネットワークを明らかにする必要がある。そのような研究は、たんに宗教研究上の問題点をクリアにするだけでなく、中央および各地を移動していた詩人たちの文学創作に関する研究にも新しい視点を提供することができるのではないかと期待される。

そのためには、まず中央である長安における道教界の情況を分析しておかなければならない。とくに、唐代の皇帝が道教に関する活動を宮廷内で行う場合、宮中の道観や宮中の建築内外に道壇を作って儀礼をした。このような道観や道壇を道教の「内道場」という。(1)この宗教施設は、政治権力の中心部に作られたものであるから、当時の宗教情況の直接的な反映であると同時に、当時の社会的中心地である長安の政治・宗教・文化への相互影響も大きいはずである。しかし、道教の内道場の成立や、同様に内道場を持っていた仏教との関係、歴史的な情況やその機能などの基礎的問題は未解明である。さらに、道教と文学創作の関連を考える場合、「道教」という総括的な視点からではなく、内道場と詩人の文学創作の関連という具体的な視点からの研究を行うためには、まず内道場の情況を理解しておかなくてはならない。そこで本稿は、詩人達の文学活動との関連を射程に置きつつ、とくに唐代長安における道教の内道場の情況と機能、および長安城内およびその他の道観との関係などの問題を部分的に考察するものである。それゆえ本稿では、内道場の成立や仏教との関連といった問題はとりあえず考慮からはずしたい。また、紙幅の関係もあり、詩人達の個別の作品との関連についても別に論じたいと思う。

一、唐初から高宗期

内道場の基本的な目的は、ごく初歩的に見れば、道教の道士を皇帝の膝元に置くことによって、宮中における宗教行事を行わせたり、宗教的な問題を相談したりするための便宜を図る、という点にあったと思われる。唐末から五代にかけて活躍した道士の杜光庭（八五五？—九三三）『道教霊験記』「王謙拠蜀隋文帝黄籙斎尅平験」に次のようにある。[2]

隋の文帝の開皇（五八一—六〇〇）の初め、干戈施《もちい》ず、寰海克ち定むるに、唯だ王謙ら後周の旧臣のみ、勛名《くんめい》素《もと》より重ければ、隋祖を畏れ憚かり、禍の身に及ぶを恐れ、遂に三蜀に拠りて以て変を図る。帝は師を出して之を征するに、頻りに戦うも克たず、兵士は多病にして、死者相枕す。乃ち内殿に于いて黄籙道場を修し、天に祈って佑を請う。

この記事によれば、隋唐の際の宮中の内道場は、戦乱でひどい戦死者が出た場合に対処する、特別な祈禱のために臨時的に設置されたものであったことが想定される。岑文本撰・褚遂良書の「孟法師碑」を読むと、隋の文帝は著名な女冠（女性道士）あるいは道士を長安に招いていたことがわかる。そうした道士をして宮中における内道場の儀礼にあたらせたものと想像される。

煬帝はそれを継承・発展させたと思われる。例えば、煬帝は当時天文律暦および雑占に詳しい著名な道士であった薛頤を内道場に招いて醮を行わせたという。煬帝は文帝に比べて道教を愛好し、皇帝と内道場の道士との癒着はすぐに常態化したようである。『資治通鑑』巻一八一「大業六年（六一〇）正月」の条に次のようにある。

其の両都及び巡遊に在るには、常に僧・尼・道士・女官（胡注に、即ち女道士と）を以て自ら随わしめ、之を四道場と謂う……帝は毎日、苑中の林亭の間に於いて酒饌を盛陳し、勅して燕王倓と鉅鼎及び高祖の嬪御をして一席と為し、僧・尼・道士・女官をして一席と為し、帝と諸寵姫とを一席と為し、略《ほぼ》相連接せしむ。朝より罷れば即ち之に従って宴飲し、更ごも相勧侑せしめ、酒酣にして殽乱し、至らざる所靡し。是を以て常と為す。

この記事によれば、宮中における僧や道士の存在が、皇帝との個人的な癒着という点で強調され、宗教的な理由ではなくなっている。言うまでもなく、これは皇帝の堕落した姿として描かれているのである。

唐の太宗期になると、皇帝はみずからにとっての道教の政治的利用価値を認識し、積極的に導入していくとともに内道場の必要性も高まり、専用の施設をこしらえて人員を常備するようになったものと思われる。「大唐潤州仁静観魏法師碑」によれば、太宗は貞観九年（六三五）に徐昂という道士を召しだして「内道場に供養」している(4)。太宗の内道場に居住した徐昂は、その後、魏降法師を推薦して潤州の仁静観に住持させ、この碑が作られることになる。この碑によれば、徐昂は茅山の道士である。茅山の道教は西晋の魏華存（二五一—三三四）を鼻祖とし、教義は楊羲（三三〇—三八六）ら霊媒による降霊のテキストを経典とする。南朝の梁の武帝期に陶弘景が茅山の宗教的影響力を強化し、その後、隋唐の際には王遠知（？—六三五）が復興に努めていた。この碑文は太宗の内道場と茅山道士の親密さを証明している。

高宗期になると、内道場は太宗期以上に隆昌したように思われる。『旧唐書』によれば、顕慶年間（六五六—六六一）に高宗から召された道士の葉法善が内道場に来たとき、内道場にいた道士や方術士を鑑定して、九〇人以上を無能と断定して追放した。(5)

道士葉法善は、括州括蒼県の人なり。曾祖より三代道士と為り、皆《みな》摂養占卜の術有り。法善少《わか》くして符籙を伝えられ、尤も能く鬼神を厭劾す。顕慶中、高宗其の名を聞き、徴して京師に詣《いた》らしめ、将に爵位を加えんとするに、固辞して受けず。道士と為るを求められ、因りて留りて内道場に在り、供待甚だ厚し。時に高宗広く諸方の道術の士を徴し、黄白を合錬せしむ。法善上言すらく、金丹は就り難く、徒らに財物を費し、政理に虧《もと》る有り、請う其の真偽を覈《あきら》めんと。帝其の言を然りとし、因りて法善をして之を試さしむるに、是に由りて乃ち九十餘人を出せば、因りて一切之を罷めしむ。

この記事で「九十人」を実数と認めることは無理としても、高宗の時には既に相当数の道士が内道場にいたことがわかる。それとともに、道士によって道術の流儀に違いがあったことが想定できる。葉法善は符籙を使って鬼神を厭劾する天師道の道術を得意とするのに対し、内道場にいた道士は金丹を主とする錬金術を得意としたようである。葉法善はその後、則天武后期から玄宗期の初めまで長安の道教に影響力を持っていた。したがってこの記事は、葉法善が内道場で前任者を追放して力を持つようになった端緒を表していると見ることもできるのではなかろうか。ただし、葉法善は内道場に居住していたわけではないようである。

内道場に関連が深いこの葉法善という道士は、当時の道教界を知る上で重要な存在である。(6) 玄宗が開元二十七年

（七三九）に書いた伝記「葉真人伝」によれば[7]、彼は三代にわたって道士をつとめた家の出で、隋の大業の丙子年

（六一六）に生まれ、七歳で長江沿岸を三年間放浪、一五歳で服薬して毒にあたって死にかけたが、茅山の霊験に助けられ、その後、茅山で修行したほか、青城山や嵩山でも学んだ。彼の道術は「或いは水府に潜泳し、或いは火房に飛歩し、或いは腹を剖き腸を濯いで薬匇くして自ら復し、或いは睛を刳り膜を抉って符を投じて嘉有り。或いは毒薬を聚合して之を服して自若たり。或いは鬼物を徴召して之をして立ちどころに至らしめ、群鬼を呵叱し、衆神を奔走せしむること陪隷の若し」とされる。開元の庚申年（七二〇）に昇天した。

「唐鴻臚卿越国公霊虚見素真人伝」によれば[8]、葉法善は一三歳で豫章の万法師に師事して、煉丹・辟穀・導引・胎息の法を求めたという。豫章は江西・南昌のことである。『歴世真仙体道通鑑』巻三一「万振伝」に「万天師は名は振、字は長生、洪郡の南昌の人なり」とある[9]。この万天師という道士は顕慶二年（六五七）に高宗に召され、龍朔元年（六六一）に長安で尸解したとされる。つまり、顕慶年間の内道場には葉法善とその師である万振がいたと思われるのである。

この万振のことは『歴世真仙体道通鑑』巻二七「胡恵超伝」にも「其の（胡恵超の）門人高弟甚だ多し。最も顕なる者は、曰く、万天師……」と見える[10]。この万天師を万振のことと判断してよいと思われる。なぜなら、胡恵超は唐代における南昌の許遜教団の中興の祖として知られており[11]、万振も前掲の「万振伝」によれば「隋の文帝は其の名声を聞いて之（万振）を重んじ、詔して洪崖山（南昌西山）に於いて精舎を為らしむ」とあって、こちらも南昌の許遜教団の道士だったからである。

したがって、万振の弟子たる葉法善も許遜教団の流れをくんでいることになる。玄宗の「葉真人伝」にはそのことは言及されていないが、「唐鴻臚卿越国公霊虚見素真人伝」には「（葉真人は）洪州に至って宗華観に依り、弟子を将

いて西山の洪崖先生の道を学びし所に入り、居ること三年に渉る」とある。(12)

以上をふまえて高宗が内道場を充実させた理由を考えてみたい。

第一に、唐の国家の宗教的な統治のために道士を近づける必要があった。その最たる問題は、名山に国家安寧を祈願する封禅をしようと高宗が考えていた点である。封禅は、国土の要所にある山岳（特に泰山）というランドマークにおいて天地の宗教的保護を受けようとする古い山岳信仰に基づき、秦の始皇帝や漢の武帝が実践した。したがって本来これは道教の儀礼ではない。ところが、思うに、六朝時代の道教が古い山岳信仰を取り込んで発展したので、初唐当時の人々からは、封禅の方法について道教の道士に相談するのが相応しいと感じられたのであろう。高宗は茅山で学んだ潘師正（五八四―六八二）に封禅について質疑している。(13) そして高宗は、まず泰山で麟徳三年（六六六）正月に封禅を挙行。その後、五嶽すべてで実施するつもりだったが結局果たせなかった。その一方で、泰山その他の名山で国家安寧を祈願する道教の金籙斎を行った。これは、名山の谷や池に道壇を築き、所定の儀礼を行い、クライマックスとして金で作った龍や願文を刻んだ札を投げ入れて、神仙に国家安寧や五穀豊穣を祈る。(14) 泰山に残された「岱嶽観碑」には、儀鳳三年（六七八）三月三日に葉法善がこの儀礼を行った記事がみえる。(15) 高宗期の記録は少ないが、そのあとの則天武后期には記録に見えるだけで一〇回も行われている。(16) 葉法善が儀礼を執行していることからわかるように、この儀礼は国家の宗教的な重要行事であるから、内道場あるいは内道場にちかい道士が携わったわけである。先に高宗の内道場と南昌の許遜教団出自の道士との関わりを指摘したが、許遜教団の中興の祖とされる胡恵超も則天武后に奉仕して、泰山での投龍儀礼を実施したことがある。(17)

第二に、高宗が内道場に道士を集め、金丹その他の不老不死の薬や養生方を期待したのは、彼自身の体力が虚弱で、薬物依存が強かったためと思われる。高宗が執務する長安の太極殿付近は低地で湿気が強かった。虚弱な高宗にとっては不快だったであろう。そのため彼は、長安城の設計が基づく易学的構造を無視して、わざわざ宮城の東北側の高地に大明宮含元殿を作った。そして、大明宮の北側には園林と各種の宮殿を作り、そこを神仙の別天地とみなし、薬草を栽培するとともに、道観を建てて内道場を拡充した。このような高宗の趣向は、大なり小なり後世の唐代皇帝の基本的習いとなり、後の内道場の発展に空間的な基礎を提供することにもなった。

高宗期に長安に存在したと思われる内道場の建築には次のようなものがある。

〈大角観〉大明宮にあった。『長安志』に「大角観在珠鏡殿東北」とあるが、『唐両京城坊考』は、大明宮の珠鏡殿の西北に玄元皇帝廟があったから、そのことかと疑っている。[18] 案ずるに、大角観の名称は各書に見えない。王永平氏（注1参照）が言うように、高宗は乾封元年（六六六）に老子を太上玄元皇帝としたので、その際に「大角観」の名称を「玄元皇帝廟」にしたと思われる。ただし管見では、唐代を通じてここで儀礼をした記録は見えない。内道場の諸記事とここことの関連は不明である。

〈三清殿〉大明宮の園林の西北角にあった。建物の基壇はもと高さ一四メートル、南北は七三メートル、東西は四七メートルもあった。[19] 大明宮の内部にあって代表的な、かなり巨大な建築物だったと思われる。前掲の『旧唐書』で内道場に九〇人あまりがいたと言うが、これだけ巨大な建築であれば収容可能であろう（ただし、史料との具体的な関連を示す証拠はない）。

二、睿宗・玄宗期

睿宗の末年の太清観の道士である張万福によれば、睿宗の娘であり、玄宗の妹である金仙と玉真の二公主は、景雲二年（七一二）に宮中の帰真観で、史崇玄という道士について出家の儀礼を挙行したという。[20] 史崇玄は、長安の金城坊にあった太清観にいて、則天武后の娘である太平公主の寵愛を受け、宮中に出入りして権勢をふるっていた。太平公主が玄宗の二人の妹を自分の配下の道士によって入道させたのには、政治的な思惑があったと考えられる。[21] 史崇玄は、玄宗による先天二年（七一三）のクーデターで殺された。こうしたことから、睿宗期には内道場が政治的影響力を強く持っていたことが理解できる。

また、以上のことから、この時期では太清観が内道場に強い影響力を持っていたことが考えられる。その例としては次の二点があげられる。まず当時、国家事業として行われた道教の一切経を編纂する作業では、史崇玄の配下の道士があてられ、張万福もその一人であった点である。[22] 国家事業たる一切経の編纂は、道理から言えば内道場の仕事であろうが、担当した道士が内道場に住持していたかは不明である。史崇玄と張万福らがそれに準じる仕事をしていると言える。さらに、睿宗の「賜岱岳観勅」には「太清観道士楊太希」の名前が見え、[23] 太清観が泰山での国家主催の金籙斎に関わっていたことが分かる。前述のように、泰山での金籙斎は国家事業の一環と見てよいだろうから、それに参与する太清観の道士は、やはり内道場に準じているのだろう。こうしたことから、この時期における太清観は内道場に準じる立場にあったと思われる。

玄宗期には、内道場は玄宗の道教活動の軸となる。これは、玄宗が道教を政治的に利用しただけでなく、宗教的にも強い信仰を持っており、司馬承禎（六四七―七三五）といった見識の高い道士から直接指導を受けて、みずからも儀礼を挙行できるほどの知識と法具・経典（法籙）を持っていたからである。例えば、天宝十載（七五一）、玄宗みずから内道場の道士たちに歩虚の曲調を教えたという。『冊府元亀』巻五四に次のようにある。

（天宝十載）四月、帝は内道場に於いて親ら諸道士に歩虚と声韻を教う。道士玄辨等謝して曰く、……伏して見るに、陛下親ら歩虚及び諸声讃を教う。至明の独覧を以て、歴代の伝疑を断てり。

「歩虚」とは道士が儀礼においてステップを踏むのにあわせてする歌唱曲のことである。玄宗は内道場の道士らの曲調に不満で、自分で研究した曲調によって伝来の和声や調子に変更を加えたようである。

当時、宮中ではいわゆる「道曲」とよばれる音楽が行われていた。『唐会要』巻三三「諸楽」に「道調」の曲名が列挙されているが、その中には「道曲」「九仙歩虚」「飛仙」「景雲」「玉京宝光輪」「紫雲騰」「神仙」など、明らかに道教信仰を背景とする曲名がつけられている（それらは伝わっていないため、具体的な歌詞と曲調はわからない）。また、そうした宮廷音楽の作曲を道士に依頼することも行われていた。例えば玄宗は、天台山から招いて王屋山に住まわせた司馬承禎に「玄真道曲」の作曲を依頼し、茅山の李含光に「大羅天曲」（大羅天は後述）を依頼している。[24]玄宗に法籙を与えた司馬承禎や、司馬承禎の後に玄宗が深い付き合いをしていた李含光らが、玄宗の依頼で道曲を作成していることから考えると、玄宗の道教音楽の知識は司馬承禎らと関連があると思われる。

ところで、これらの宮廷音楽の演奏は誰がしていたのかと言うと、職業的な音楽家たち、いわゆる「梨園の弟子」が担当していた。したがって、内道場の儀礼音楽を担当していたのも、こうした宮廷の音楽家たちであったことは十分考えられるであろう。

また、玄宗みずからも内道場で儀礼を行った。天宝四載（七四五）に玄宗が内道場で「黄素文」を撰したところ、その文が天に飛び上がり、空中から「聖寿延長」という声が聞こえたという。[25]

当時の内道場には、それまでに出来たもの以外に、次の場所があった。

〈帰真観〉　金仙・玉真公主の入道儀礼のために安仁殿の北に臨時に作られた（前述）。

〈太真宮〉　楊貴妃が住んだところとして宋の楽史『楊太真外伝』に登場するが、安邑坊に太真観があり、他書に記載が見えないため、両者の関係ははっきりしない[26]。あるいは実在しなかったかも知れない。

〈長生殿内の道場〉　天宝元年（七四二）に玄宗が大明宮の建築物の一つを「集霊台」と称して「天神」を祀らせた[27]。白居易の「長恨歌」に、楊貴妃と玄宗の寝殿として「長生殿」が歌われているが、これは華清宮であるから別の建築である。ここは広徳三年（七六三）以後、仏教の内道場とされ[28]、後述するように円仁は、ここで古くから仏教の僧による持念が行われていたと認識している。

〈大同殿内の道場〉　宮城内ではないが、興慶宮の勤政務楼の北にあった。『唐両京城坊考』によれば、壁には李思訓と呉道玄の嘉陵江山水の絵および五龍の絵があった。五龍は細部に至るまで緻密に描かれ、生き生きとしており、大雨が降るときは必ずその絵に霧がたちこめた。開元十七年（七二九）、蜀州新津県興尼寺の殿柱で作った太上老君・天宝元年（七四二）に終南山で得た玉像老君はここで供養された、という。

三、安禄山の乱以後

七五五年に安禄山の乱が起こり、玄宗が退いて粛宗が即位すると、粛宗も玄宗の宗教的な遺産を引き継いだ。しかし、乱の直後とあって、内道場は整備されていなかったことが想像される。粛宗の行った宗教活動のうち、内道場との関連が考えられるのは、乾元二年（七五九）に大明宮の三殿（麟徳殿）前で「河図羅天大醮」という儀礼を挙行した例である[29]。「羅天」とは大羅天すなわち元始天尊所在の天界のこと。

粛宗のあとの徳宗は、『旧唐書』などの記載によれば、鬼神の事を好んだという。この時期の内道場には次の場所がある。

〈玄英観〉　貞元三年（七八七）に、大明宮の北垣に玄英観という内道場の道観を建設した。[30]徳宗から憲宗・穆宗・敬宗・文宗にかけては、次のような事例がある。

敬宗は内道場に道士の劉昇元を招いて師弟の礼をとったあと、崇仁坊の玄真観に住持させた。劉昇元は河南緱氏山の道士の家に生まれ、茅山の道教の伝統を承けているという。[31]宝暦元年（八二五）、敬宗が湖南（南岳）・江南（茅山）・天台山に採薬を求めようとしたときに、劉昇元がそれに合わせて異人を天下に求めんことを奏上しており、[32]内道場の道士として敬宗の近くにいたことがわかる。また、道士の趙誉盈らをして三清殿で羅天大醮の道場を修めさせた。[33]

〈玉晨観〉　元稹（七七九―八三一）「寄浙西李大夫四首」その三に「禁林に同に直りて交情を話し、夜と無く曾て明に到らざること無し。最も憶う西楼　人静まりて後、玉晨の鐘磬　両三声」とあり、その自注に「玉晨観、紫宸殿の後面に在り」と見える。[34]すなわち玉晨観は大明宮含元殿から奥へ入った紫宸殿の裏側にあった。この観について、従来は詳細が不明だったが、近頃次の二つの出土資料を利用できるようになった。

①「唐故内玉晨観上清大洞三景法師賜紫大徳仙官銘并序」によれば、[35]玉晨観には韓自明という女性道士がいた。彼女は上清大洞三景法師という上清経典を学んだ最高位の道士であり、当時著名な女性道士であった謝自然の弟子である。韓自明は二二歳で結婚して子供を産んだが、まもなく未亡人となり、子供を親元に託して神仙の学に志し、謝自然を師とした。数年後、謝自然は仙去し、韓自明が代わって信者の指導にあたり、享年六八で棄世した。謝自然の仙去は、よく知られているように貞元十年（七九四）であるから、それから後約四十年間が韓自明の活躍期間である。とすれば、当該墓誌文で死去を示す「至五年三月、以疾得講……」は文宗の太和五年（八三一）を指していると思われる。もし武宗の開成五年（八四〇）だとすると、彼女を招いて教えを乞うた皇帝と、「至五年三月」の時の皇帝が文宗と武宗という二人になり、文脈に適合しないように思われる。いずれにしても玉晨観は女性道士の道観（女冠観）だった

ことが知られる。[36] しかも玉晨観を歌った元稹と韓自明とは同時代に生きた人であった。元稹が当直で友人と語り合った思い出は、彼が二十代に長安にいた頃のことであろう。その頃、韓自明はまだ玉晨観には来ていなかったと想像されるが、しかし玉晨観は女冠観であるから、元稹が鐘の音に思いやっていたのは、どうやら女性道士のことだったと考えられる。

②「唐大明宮玉晨観故上清大洞三景弟子東岳青帝真人田法師玄室銘并序」に次のようにある。[37]

大和己亥の歳、詔有って召されて宮に入る。□宗一見し、甚だ之を器とし異として、玉晨観に於いて特に為に院を修して焉に居止せしむ。…一たび講説する毎に、妃嬪已下は相率いて聴く者は數千人に僅《ちか》く、或るものは名衣を捨し、或るものは□宝を捨し、師弟と為ることを願い、堂に昇りて室に入る者は焉を数うべからず。

「大和己亥歳」について、「大和」の年号に「己亥歳」は存在しない。本墓誌によれば、田法師は諱を元素、字を知白といい、太和三年（八二九）に仙去している。だから「大和己亥歳」は元和十四年（八一九）のことと思われる。[38] この墓誌から、田元素が①の韓自明と同世代であるとともに、当時、玉晨観の女性道士が宮中の女性の熱烈な信仰心を集めていたことが理解される（もちろん墓誌であるから誇張を差し引いて考えなければならないが）。この点は、華山の女性道士が長安城内の人々（特に女性）の人気を集めたことを歌う韓愈（七六八—八二四）の「華山女」詩を想起させるものがある。この墓誌の田法師もおそらく女性であろう。

この二例の他に、文宗の太和四年（八三〇）に著名な書家の柳公権の書を刻して鋳造した回元観の鐘には「女道士侯瓊珍等は同に大明宮玉晨観に于いて壇を設け籙を進む」とある。[39] この侯瓊珍も韓自明・田法師らと前後しながらほぼ同時期に玉晨観にいたことがわかる。文宗は、やや後になるが、開成二年（八三七）にも麻姑山から龐徳祖という女性道士を玉晨観に招いている。[40] 玉晨観の女性道士がこのように活躍していた情況が上例から想像されるのであり、だとすると、元稹がそれを回顧して歌に詠んだのは、そうした宮中における内道場の女冠の活躍の反映であるとも言える。

〈麟徳殿の内道場〉　会昌の廃仏は道教の内道場の隆盛をもたらした。廃仏直前の会昌四年（八四四）ころの長安の内道場に関する伝聞を円仁が『入唐求法巡礼行記』にかなり詳しく記録している。[41]それによれば、会昌四年三月に宰相の李紳・李徳裕らが奏上し、以前から行われてきた仏式の三長斎月をやめて、道士の教にしたがって新たに正月上元、七月中元、十月下元を設置するようにした。勅があり、道士八一人（九×九）を召して、内裏の露天に高層で精彩な九天道場を作らせた。そこでは朝から晩まで行道して、元始天尊を祭り、乾脯酒肉をならべて大羅天を祭った。四月一日から七月十五日までをその期間とし、道場は屋舎の内ではなく、露庭に作った。そのため、晴れの時は直射日光を浴び、雨がふるとびしょぬれとなったから、道士の多くが病気で倒れた、という。この九天道場の経営をしたのは趙帰真という道士で、場所は麟徳殿の前であった。[42]

〈長生殿の内道場〉また円仁によれば、長生殿内道場は、古くから仏像経教を安置して、両街の諸寺の僧二一人を順次差し入れて、日夜持念していたが、武宗は経教を焚焼させ、仏像を破毀して、僧衆を本寺に帰らせた。代わりに道場内に元始天尊像と太上老君像を安置し、道士に道経を転読して道術を修練させるようにした。さらに、毎年、皇帝の誕生日に行っていた仏教と道教の御前討論をやめて、僧をよばないで道士だけにした、という。

〈霊符応聖院〉　大明宮の東内苑の龍首池東側に会昌元年（八四一）に霊符応聖院という内道場が作られた（『唐両京城坊考』）。時期から見て、これも武宗への趙帰真らの働きかけによるものと想像される。

〈望仙台〉　望仙観・望天観ともいう。『唐両京城坊考』巻一によれば、清思院の西にあり、同書に引く『雲麓漫鈔』では宣政殿の東北という。[43]会昌三年（八四三）五月に、武宗が禁中にこの観を築き、翌年竣工したが、高楼と廊舎

「五百三十九間」があったという。[44]円仁はこれについても記録を残しており「高さ百五十尺、十月より首め、毎日左右神策の軍健三千人をして土を般び築造せしむ」という。[45]のち大中八年（八五四）に宣宗はこれを文思院に改めた。[46]

その宣宗は衡山の道士劉玄靖を招いて三洞の法籙を伝授させた。[47]劉玄靖はそれ以前、武宗の会昌元年（八四一）には長安にあった道教アカデミーである崇玄館学士になっていた。[48]ほかに宣宗は、羅浮山の軒轅集を内道場に招いている。[49]

唐末の僖宗はみずから内殿に金籙斎道場を置いて雨乞いを挙行した。その詞文は「天下名山、青城、峨嵋、茅山、天台、羅浮、五岳等一十八処」に配分され、それぞれで道場を修めさせている。[50]一八カ所の詳細は不明だが、少なくともここにあがった一〇カ所は、長安の内道場と中央と地方の関係で結びつき、国家全体の宗教的なネットワークを構成していることがわかる。また僖宗は、黄巣の乱に対して道士の范希越を内殿に招いて醮を修めさせた。[51]

まとめ

以上の検討から、唐代には終始、長安の政治権力の中枢に道教の内道場が設けられ、少なからぬ道士がそこで道教儀礼を挙行し、そこに近い立場にいた人々に直接・間接の宗教的政治的影響を及ぼしたことが理解できる。内道場は、天下の名山にある道観のネットワークの中央に位置し、唐末にはとくに青城山、峨嵋山、茅山、天台山、羅浮山、そして泰山・恒山・華山・衡山・嵩山の五岳ほかと宗教的な関連を持っていた。したがって、内道場に招かれる道士もそこから来た者が多い。例えば、高宗から睿宗・玄宗期にかけて重要な道士である葉法善は羅浮山から来ている。本研究にとってより重要なのは、このような場所に詩人官僚が訪れて道士と交遊し、文学創作をしている点である。たとえば葉法善の後裔である葉蔵質は天台山に居り、皮日休・陸亀蒙・貫休らと交遊している[52]。本稿では内道場の状況を把握することに終始して、こうした詩人官僚の動向と関連させる余裕がなかった。

今後の課題としては、唐代のもう一つの政治的な都市である洛陽についても、同様な分析を進めるとともに、洛陽と長安の道教界との相互関連についても考慮すべきであろう。また、内道場の外側である長安城内の道観の存在についても検討すべきである。従来この方面はある程度の研究が行われており[53]、それを総括する必要がある。さらにその外側に存在する郊外の道観の存在とその機能[54]、また四川・洛陽郊外・江南の道観の所在と機能および中央との関連・相互の関連について研究が行われるべきである。この研究には資料的な限界が存在するが、中央と地方を移動しつつ言語活動をしていた詩人たちの作品から、ある程度の示唆を受けることができるであろう。また、そのような研究は、逆に詩人たちの作品に内包される詩的な想像力を理解する手がかりを探ることにもなると思う。

注

（1）唐代における道教の内道場については、王永平『道教与唐代社会』（首都師範大学出版社、二〇〇二年、頁一六〇～一七三）がまとまった指摘をしている。本稿では王永平氏の研究をもとに、若干の新たな観点を展開させたい。

（2）『雲笈七籤』巻一二〇、頁二六五二、中華書局、二〇〇三年。

（3）『旧唐書』巻一九一、頁五〇八九。

（4）「大唐潤州仁静観魏法師碑」陳垣『道家金石略』文物出版社、一九八八年、頁六四。「貞観九載、召されて入京す。太宗嘉して之を悦び、内道場に於いて供養す。毎に峒山の駕に屈《したが》い、屢しば汾水の遊に宣せらる（太宗の故郷の太原に同行するよう命じられた）。」

（5）『旧唐書』巻一九一「葉法善伝」中華書局点校本、頁五一〇七。

（6）葉法善については、丁煌「葉法善在道教史上地位之探討」（国立成功大学歴史学系『歴史学報』第一四号、頁三八）。また、土屋昌明「玉真公主をめぐる道士と玄宗期の道教」（福井文雅編『東方学の新視点』五曜書房、二〇〇三年、頁三一九～三四二）参照。

（7）玄宗「葉真人伝」『道家金石略』頁一二四。

（8）「唐鴻臚卿越国公霊虚見素真人伝」（淳祐庚子、一二四〇年の序あり）『道蔵』文物出版社等三家影印版、第一八冊、頁八〇。

（9）『道蔵』第五冊、頁二七九。

（10）『道蔵』第五冊、頁二五九。

（11）秋月観暎『中国近世道教の形成』創文社、一九七八年、第四章を参照。

（12）この点については、前掲の拙稿「玉真公主をめぐる道士と玄宗期の道教」で論じたことがある。

（13）『道門経法相承次序』『道蔵』第二四冊、頁七八二。

（14）杜光庭『天壇王屋山聖跡序』「国家は宗社を保安するに、金籙に文を籍き、羅天の醮を設け、金龍玉簡を天下の名山洞府に投ぜん」『全唐文』巻九三二、上海古籍出版社、四三〇二頁。

（15）「岱嶽観碑」『道家金石略』頁六七。

（16）雷聞「五嶽真君祠与唐代国家祭祀」（栄新江主編『唐代宗教信仰与社会』上海辞書出版社、二〇〇三年、頁三五～八三）に詳しい。山岳における金籙斎の投龍簡について日本での研究には、神塚淑子「道教儀礼と龍」（『日中文化研究』三、勉誠出版、一九九二年）がある。ちなみにこの儀礼の際に列席した経験を持つ詩人官僚が詩を作る例が見られる。岑参「冬夜宿仙遊寺南涼堂」（『全唐詩』巻一九八）、趙居貞「雲門山投龍詩」（同巻二五八）于鵠「宿西山修下元斎詠」（同巻三一〇）、元稹「春分投簡陽明洞天作」（同巻四二三、白居易が和した作あり）、殷恭堯「府試中元観道流歩虚」（同巻四七二）、皮日休「太湖詩」（同巻六一〇）、劉禹錫「和令狐相公送趙常盈錬師…投龍畢却還京」（同巻三六〇）、馬戴「宿王屋天壇」（同巻五五六）、白居易「早冬遊王屋自霊都抵陽台上方望天壇偶吟成章寄温谷周尊師中書李相公」（『白居易集箋校』頁一五二〇）など。

（17）その時に使用した金簡の実物が出土している。神塚淑子「則天武后期の道教」（吉川忠夫編『唐代の宗教』朋友書店、二〇〇〇年）の議論を参照のこと。
(18) 李健超『増訂唐両京城坊考』三秦出版社、一九九六年、頁三三二。
(19) 李健超『増訂唐両京城坊考』頁三四所引『唐長安城発掘新収穫』の記載による。
(20)『伝授三洞経戒法籙略説』「窃かに見るに、金仙玉真の二公主は、景雲二年歳次辛亥春正月十八日甲子を以て、大内の帰真観の中に於いて、三洞大法師金紫光禄大夫鴻臚卿河内郡開国公上柱国太清観主史導師に詣りて道を受く。」『道蔵』第三二冊、頁一九六。
(21) 拙稿「玉真公主をめぐる道士と玄宗期の道教」参照。
(22)「一切道経音義妙門由起序」『道蔵』第二四冊、頁七二〇。
(23) 睿宗「賜岱岳観勅」『全唐文』巻一九、頁九三。
(24)『新唐書』巻二二「礼楽志十二」中華書局点校本、頁四七六。陳国符『道蔵源流考』（中華書局、一九六三年）付録三「道楽考略稿」を参照。
(25)『冊府元亀』巻五四および『南部新書』中華書局点校本、頁三七。
(26) 陳寅恪は安邑坊とは別に内道場として太真宮があったと考えている。『元白詩箋証稿』第一章。王永平氏前掲書はこれをうけて臨時の内道場だったと考えている。
(27)『旧唐書』巻九「玄宗紀下」頁二一六。
(28)『冊府元亀』巻五二。
(29)『冊府元亀』巻五四。
(30)『旧唐書』巻一二、頁三五八。
(31) 馮宿「大唐昇元劉先生碑銘」『全唐文』巻六二四、頁二七九二、「上至於東晋楊君、凡十四世」とある。
(32)『旧唐書』巻一七上、頁五一六。ただし宝暦二年（八二六）五月には興唐観の道士として劉昇元の名前が見える。『旧唐書』巻一七上、頁五一九。

(33)『冊府元亀』巻五四。

(34)『元稹集』中華書局点校本、頁二五一。

(35)周紹良・趙超主編『唐代墓誌彙編続集』上海古籍出版社、二〇〇一年、頁九〇六。本墓誌は西安碑林蔵、その紹介は馬詠鐘「西安碑林新蔵唐誌考」(『碑林集刊』一、一九九三年)参照。

(36)李健超「洛陽西安出土隋唐墓誌与隋唐両京城坊(里)的研究」(趙振華主編『洛陽出土墓誌研究文集』朝華出版社、二〇〇二年、頁一五)に本墓誌により玉晨観を大明宮の内道場だと指摘している。

(37)西安文物考古保管所所蔵、『隋唐五代墓誌彙編』陝西巻第四冊、『唐代墓誌彙編続集』頁八九二。

(38)本墓誌については『全唐文補遺』第二集(三秦出版社、一九九五年)にも録文がある。

(39)樊光春「陝西新発見的道教金石」(『世界宗教研究』一九九三年第二期)および翁闓運「記『唐迴元観鐘楼銘』」(『碑林集刊』三、一九九五年)に紹介がある。

(40)『冊府元亀』巻五四。

(41)小野勝年『入唐求法巡礼行記の研究』鈴木学術財団、一九六四年、第四冊、会昌四年の条を参照。

(42)『唐会要』巻五〇「尊崇道教」条にみえる。ただしそこでは会昌元年のこととする。『旧唐書』巻一八上によると、武宗は幼少期より趙帰真の教えを受け、会昌四年には彼に「左右街道門都教授先生」という肩書きを贈り心酔した。

(43)『唐両京城坊考』巻一

(44)『旧唐書』巻一八上、頁五九五。

(45)小野勝年『入唐求法巡礼行記の研究』第四冊、会昌四年の条を参照。

(46)『唐会要』巻五〇、および『東観奏記』巻上に引く『唐語林』(周勛初考証本、巻一、頁八一)。なお、王永平氏は、『杜陽雑編』により望仙台に付属した建築として降真台があったという(前掲書、頁一六四)。

(47)『資治通鑑』巻二四八、武宗会昌六年、頁八〇二八。

(48)『旧唐書』巻十八上、頁五八七。

(49)『旧唐書』巻一八下、頁六四〇。
(50)『道教霊験記』『道蔵』第一〇冊、頁八五〇。
(51)『道教霊験記』「范希越天蓬印祈雨験」『雲笈七籤』巻一二〇、頁二六五〇。
(52)『増注全唐詩』第四冊、巻六〇八に皮日休の題詩を載せる。
(53)孫昌武『道教と唐代文学』人民文学出版社、二〇〇一年。
(54)樊光春『古都西安—長安道教与道観』西安出版社、二〇〇二年。

※本論は平成十六・十七年度専修大学研究助成（共同研究）「唐代長安における宗教と文学」（構成員は土屋昌明・松原朗・廣瀬玲子）の研究成果の一部である。

空海・橘逸勢の長安留学

李　健　超（土屋昌明訳）

唐代には、新羅・日本などの周辺国家が学問僧や留学生を長安に送り込み学問をさせていた。『旧唐書』巻一九九上「日本国」には「貞元二十年（八〇四）、使いを遣りて来朝す。唐に学生なる橘逸勢・学問僧なる空海を留む。元和元年（八〇六）、日本国使判官なる高階真人上言すらく、前件の学生、芸業稍か成り、本国に帰らんことを願えば、便ち臣と同に帰るを請う」とみえる。(1) 唐の徳宗の貞元二十年は八〇四年であり、日本の延暦二十三年であった。

延暦二十三年（八〇四）五月十二日、日本の四隻の遣唐使船がいまの大阪の難波津から出発し、まず九州にいたって、渡海に必要な準備を整えた。七月六日、肥前の国田浦港から中国へと出帆、第一船には遣唐大使の藤原葛野麻呂・副使の石川道益・空海と橘逸勢ら二三人が乗っていた。空海（七七四―八三五）は俗姓を佐伯といい、幼名を真魚という。讃岐国（いまの香川県）の人、一五歳にして『論語』『孝経』などを学び、のちに京都に遊んで大学明経科に入り、中国古典文学を学び、仏学を好んだ。七九五年、奈良の東大寺において具足戒を受け、八〇四年三一歳にして後に日本天台宗の開山の祖となる伝教大師最澄とともに唐に求法の旅に出た。一方、橘逸勢（?―八四二）は「橘朝臣逸勢なる者は、正一位左大臣諸兄の曾孫、右中弁従四位下入居男子なり。性として放誕、細節に拘らず、尤も隷書に妙なり」といわれる。(2) こうした記載から、彼は日本の朝廷の大臣の子弟であることがわかる。入唐の年齢はおそらく二〇代前半で、(3) 三一歳だった空海より若く、彼の中国語能力は空海にはかなわなかった。彼らが乗った第一船と最澄が乗った第二船およびその他の船は、七月七日朝に暴風雨に遭って離ればなれになった。第一船は海上を一ヵ月あまり漂流して、八月十日に福州長渓県（いまの福建省霞浦県）赤岸鎮に着岸した。当時の福州境域では日本使節の船舶に対応したことがなく、日本側一行を当地に滞留させた。その後、空海が「為大使与福州観察使書」を書いて理由を説明し、福州観察使閻済美に受け入れられ、長安への便宜がはかられることになった。十一月三日、大使と空海らは福州から出発し、七五二〇キロの旅程をへて、十二月二十一日に長安城東の長楽駅に到着した。二十三日に趙忠の出迎えを受け、馬に乗って長安に入り、宣陽坊に投宿した。二十四日、大使は劉昻につれられて徳宗皇帝に日本の国書と美しい貢納品を呈上した。二十五日、徳宗は宣化殿において大使一行を歓迎する宴をひらいたが、空海と橘逸勢がこの迎賓会に参加したかどうかは歴史に記載がない。翌年二月十日、大使は宣陽坊を発って帰国の途についたが、空海と橘逸勢は唐朝廷の許可を得て長安に滞留し、勅によって西明寺に住した。

一、空海の留学と西明寺

空海の「請来目録表文」には「二十四年（八〇五）二月十日、勅に準じて西明寺に配住せらる」「仲春十一日、大使等は軔を本朝に旋すも、惟だ空海のみ孑然として勅に準じて西明寺の永忠和尚の故院に留住す」とある。かくして空海はその求法の生活を開始し、長安において諸寺の名徳を歴訪することになる。橘逸勢が西明寺にどのくらいの期間居住していたか、学究生活はいかなるものであったか、などは史料が欠如しており知ることができない。

西明寺は唐代名刹の一つであり、広大な規模と幾多の名僧を輩出し、中国仏教史および中外文化交流史において重要な位置にある。『長安志』によれば、西明寺は長安城延康坊の西南隅にあった。延康坊は朱雀大街から西へむかった第二街であり、皇城の西側第一街の西であり、北から南にむかって第七坊である。高宗の顕慶元年（六五六）に太子李弘の病気平癒のためにこの寺を建立する以前は、ここは隋の越国公楊素の邸宅であって、「房宅は侈麗にして、営繕すること已む無し」と言われた。のちに彼の息子の楊玄感が謀反を起こし、邸宅は没収された。ここ楊素の邸宅では歴史の悲喜劇がくりひろげられた[4]。

西明寺はもと高宗の武徳年間に万春公主の宅であったが、太宗の貞観年間には魏王李泰に下賜され、李泰が薨じたあとは政府が買い入れた。顕慶元年に寺を建立した当時、そこには相当規模の大きな建築が存在していた。『大唐大慈恩寺三蔵法師伝』巻一〇には、「其の寺（西明寺）の面は三百五十歩、周囲は数里。左右には通衢あり、腹背には廛落あり。青槐其の外に列し、渌水其の間に亘りて、亹亹耽耽たり。都邑の仁祠には、此を最と為すなり。而るに廊殿楼台、飛驚して漢に接し（天にとどかんばかりに高い）、金鋪藻棟、眩目して霞に暉く（一面にかがやかしい）。凡そ十院有り、屋は四千餘間。荘厳の盛んなること、梁の同泰、魏の永寧と雖も、及ぶ能わざる所なり」とある。その荘厳さは仏教の盛んだった梁代を代表する同泰寺や同じく北魏洛陽の永寧寺ですら及ばないというのである。

西明寺跡は西安市友誼西路南、西白廟村西南に位置する。一九八五年に中国社会科学院考古研究所西安唐城工作隊が西安市供電局白廟変電所の建設地に配置され、遺跡の東端のわずかな部分を発掘した。そこで大量に出土した遺物（長磚・方磚・板瓦・筒瓦・瓦当などの建築資材、鍍金銅造像・石仏像・陶製仏像などの仏教関係文物、そして碑刻・磁器・貨幣など）、とくに西明寺の銘文のはいった茶碾の出土は、西明寺が延康坊の西南部にあり[5]、その坊の四分の一の面積に当たる、約一二・五万平方メートルを占有していたことを実証した[6]。発掘調査で出た西明寺の建築遺址は、『仏祖統紀』に「勅して西明寺を建つ。大殿十三所、楼台廊廡四千区」とあるうちの一カ所ではあるが、今のところ文献に見られる「永忠法師院」「道宣律師影堂」「僧厨院」などの確かな地点は確認できていない。

西明寺は長安城最大の寺院の一つであった。唐代最も著名な高僧である玄奘・道宣・道世・円測・慧琳（カシュガルの人）、それに天竺の高僧である善無畏・不空・般次若・般若三蔵（カシミールの僧）がこの寺に居住した。西明寺の落成後、高宗は律宗の創始者たる道宣を上座にすえた。『宋高僧伝』巻一四「道宣伝」には、「西明寺の初めて就るに及び、詔ありて宣を上座に充つ。三蔵奘師の止るに至り、詔ありて与に翻訳せしむ」とある。道宣は西明寺において『広弘明集』『続高僧伝』『大唐内典録』などの重要な仏教書を完成させた。「西明寺蔵」とは唐代最も先んじて仏教経典を収蔵した文庫であり、廬山の東林寺と併称される。高宗は詔を下して非常に盛大な儀礼をもって玄奘を慈恩寺から西明寺に迎えて訳経にあたらせたのであった。彼の有名な弟子である新羅の円測もそれに同道した。道世は博学なるがゆえにこの寺に入ることとなり、文庫を閲覧して、一百篇十帙の『法苑珠林』を完成させ、天下に行われた。慧琳がここで完成させた『一切経音義』一百巻は、「其の本を西明蔵中に貯め、京邑の間、一に皆な宗仰す」（『宋高僧伝』巻五「慧琳伝」）とされる。義浄（斉州の人）は長安三年（七〇三）に洛陽の福先寺と長安の西明寺において『金光明最勝王経』など十巻以上を翻訳した。当時「英博」を以て寺入りを果たしたのは、上述の玄奘・道宣・道世・慧琳・円測のほかに、懐惲・良秀・乗恩・威公・林復・自覚・順貞などがいた(7)。名僧大徳が雲集したというべきであろう。

北インド・カシミールの僧である仏陀波利は五台山に杖錫し、高宗の時に「乃ち西明寺に向《お》いて梵語を善くせる僧順貞を訪《さが》し得」て、諸大徳に対して『仏頂尊勝陀羅尼経』を訳出した（『宋高僧伝』巻二「唐五台山仏陀波利伝」）。インドの僧善無畏は梵夾を持って長安に至り、勅あってそれを興福寺南院に安置し、続いて西明寺に住して密宗を伝播した（『宋高僧伝』巻二）。密宗の創始者たる不空三蔵も西明寺で説法をしていた（『仏祖統紀』巻一九）。インドの僧般次若（智慧）、カシミールの僧般若三蔵は長安に入ってからやはり西明寺に安置されて仏教経典の翻訳に従事した。これらのことから、西明寺には梵語に通じたインド僧が少なからずいたことが知られる。

歴史書の記載によれば、日本の学問僧で西明寺に居住していた者に永忠・円珍・円載・真如・宗睿がいる。これよりまえ、奈良の薬師寺が七世紀末に建てられたが、その東塔の銘文は、日本の研究者によれば、章懐太子李賢が西明寺のために鋳造した一万斤の銅鐘に題された銘文を模倣したとされる。(8)「聖武天皇天平九年（七三七）、帝将に大官寺を新たにせんとして、詔を下して伽藍の制式を覓むるに、時に知る者無し。道慈奏して曰く、臣僧中華に在りし時、西明寺を見て、私かに念ずらく、異日帰国し、苟も盛縁に逢えば、当に此を以て則と為すべし、と。諸堂の規を写して、巾笥に襲蔵す。今陛下の聖問は、実に臣僧の先抱なり、と。図を以て上進す。……十四年を歴て成り、額を大安に賜い、慈に勅して主席たらしむ」（『本朝高僧伝』「道慈伝」）。これは、奈良の大安寺が西明寺の伽藍に準じて建造されたことを説明している。

空海は西明寺の日本僧「永忠和尚院」に居住したが、『本朝高僧伝』によれば、「釈永忠は……又た支那の仏法を慕い、宝亀初に入唐す、代宗大暦の年なり。帝其の徳業を聞いて、勅して西明寺内に居らしむ」。また『日本名僧伝』は「永忠は……延暦の季、使いに随って帰朝す」とある。空海についで西明寺に求法した日本僧に円珍・円載・円仁がいるが、これは後の話である。

西明寺にはかくも多くの名僧が雲集し、かくも多くの仏教経典が収蔵され、また梵語に通じた天竺の僧がいたわけだが、それだけではなく、当時を風靡する書法芸術の珍品があったのである。唐代の長安城は当時の東洋文化の中心であり、西明寺はまたその長安の仏教文化の中心でもあった。(9)かくして唐王朝は空海のために最適の求法環境を提供し、空海も「西明蔵」から極めて豊かな仏学の知識を吸収し、そこにいた諸大徳から深い仏教の哲理を聴いたことは想像に難くない。

二、空海と醴泉寺

空海は西明寺で求法していた期間、諸寺の大徳を歴訪している。空海撰『秘密曼荼羅教付法伝』によれば、貞元二十二年に長安醴泉寺において般若三蔵と牟尼室利三蔵・南天竺のバラモンから法を学んだ。

醴泉寺は長安醴泉坊十字街北の西にあった。醴泉坊は長安の朱雀大街の西第四坊であり、皇城の西の第二街を北から第四坊いったところである。南には金光門を隔てて春明門大街に至り、西市と隣り合っている。東側は布政坊で、西は居徳坊、北は順義門大街と金城坊がつながっている。醴泉坊は交通の便がよいだけでなく、周辺に永安渠・漕渠が流れている。文献の記載や発掘結果を総合すると、醴泉坊は東西一一〇〇メートル、南北八三八メートル、総面積は一キロ平方に近い。『長安志』によると、長安の東西の坊（南北に坊が一三あった）は「坊ごとに皆な四門を開き、十字街有り、四もに出でて門に趣く」とある。醴泉寺は十字街北の西にあり、醴泉坊の一六分の一にあたる約五七六一二平方メートルである。西明寺が一二五〇〇〇平方メートルなのには遠く及ばない。

醴泉坊は「本の名は承明坊、開皇二年、此の坊を繕築するに、忽ち金石の声を聞き、因って甘泉浪井七所を掘り得たり。飲む者は疾愈え、因って以て坊に名づく」（『長安志』）。ここには仏教寺院・道観および官僚貴族の邸宅があった。また、ここの南隣は西市であり、中央アジア諸国の者たちが西市周囲の諸坊に居住していたため、醴泉坊にはペルシャの寺・ゾロアスター教会もあった。二十世紀に西安では、醴泉坊に居住していた米継芬（ミーランの人）・俾失十嚢（突厥人）のほか、サマルカンド人・キッシュ人などの墓誌が出土している。ちなみに、醴泉坊西南隅の三洞女冠観北の妙勝尼寺について、『長安志』などが「開皇二年、周の静帝皇后平原公主の立つる所なり」とするのは誤りである。周の平原公主は周の静帝の父方の叔母であり、周の静帝の皇后は滎国公司馬消難のむすめ司馬令姫である。彼女は五八〇年に廃されており、開皇二年（五八二）に寺を立てられるはずはない。

醴泉寺の遺址は西安の西梢門西南にあり、もとの西安飛行場測道の北側である。寺院建築の鋪地磚と井戸七カ所が発見されている。一九六〇年に鍍金仏像が発見され、一九七〇年代にも鍍金仏像が発見されている。一九八二年、この北側西よりの場所で善業泥造像が発見され、一九八六年にもここから東北に近い地点で石像が発見されており、いずれも醴泉寺の遺物と思われる(10)。

醴泉寺の著名な高僧には西域の僧利言・カシミールの僧般若・北インドの僧牟尼室利がいる。利言はキジルの人。西明寺の円照に『翻訳大徳翰林待詔光宅寺利言集』二巻があったという。利言ははじめ光宅寺に住し、後に醴泉寺にうつった。『不空表制集』巻三に「醴泉寺大徳利言」の記載が見える。般若はカシミールの人で、元和五年に醴泉寺において『本生心地観』八巻を訳出した。これより先、貞元年間に『華厳経』の後半四十巻を訳した（「唐醴泉寺般若伝」『宋高僧伝』巻三）。般若の訳経については、「唐洛京智慧伝」により詳しい記載が見える。「（貞元八年）罽賓三蔵般若は梵本を開釈し、翰林待詔光宅寺沙門利言　語を度し、西明寺沙門円照　筆受し、資聖寺道液・西明寺良秀・荘厳寺応真・醴泉寺超悟・道岸・辯空、并びに証義に充てらるるを得たり」（『宋高僧伝』巻二）。

牟尼室利三蔵は、中国語では寂黙と称する。北インドからナーランダ寺に至った。貞元九年（七九三）にナーランダ寺から中国に来て、同十六年に長安の興善寺に至り、十九年に崇福寺・醴泉寺にうつった。般若三蔵が『守護国界主経』を翻訳した時、牟尼室利は梵本を証し、翰林待詔光宅寺智真が訳語、円照が筆受、鑑虚が潤文、澄観が証義であった。こうしたことから、空海は醴泉寺で二人のインド僧に仏学の教授を受けただけでなく、梵文の基礎は曇貞に授かったとしても、二人のインド僧と関係がないとは思えない。

三、空海と青龍寺

空海が長安に居住した時期に中国側と交流した詩文が残されている。彼が筆談に頼ったのか、相当の会話ができたのかは不明である。しかし彼は、幼少期におじの阿部大足から儒教を学んで『論語』『孝経』を読み、長じてからは都で大学明経科に入って古典を学んだ。「明経の徒は正音を習わず……宜しく漢音に熟習すべし」と空海入唐の十二年前に出された命令が『日本紀略』に見える。おそらく空海の言語能力は卓越しており、入唐まもなく高僧らに交わることができて、その得る所も大きかったであろう。西明寺と醴泉寺における求法活動は順風満帆であり、ここでの仏学研究が彼にそれ以上の研究の機会を与えられなかったとは思われないが、べつの機会が幸いにも彼に訪れたのだった。五月下旬、彼は西明寺の僧志明・談勝ら五、六人と青龍寺東塔院に行って恵果阿闍梨に謁して伝法を請うたのだった。

青龍寺は新昌坊南門の東にあった。新昌坊は長安城東面の三門中、最南の延興門内にあり、朱雀門街東第五街であり、皇城東第三街を北から数えて第八坊にあたる。[11] ここは長安城で海抜が最も高い楽遊原にあたる。隋の文帝の開皇二年（五八二）に新たに大興城を建設した際、城中にあった陵墓を郊外に移して霊感寺と命名したが、唐の高祖武徳四年（六二一）に廃された。唐の高宗の龍朔二年（六六二）に城陽公主が奏上して観音寺を立て、睿宗の景雲二年（七一一）に青龍寺と改めた。新昌坊内には青龍寺以外に崇真観と礼部尚書蘇頲・李益・吏部尚書裴向・刑部尚書白居易・秘書少監姚合ら達官の貴族や文人の住宅があった。

青龍寺は度重なる戦乱で明代にいたって荒廃して田畑となってしまった。[12] 清末以降、人々は西安城外東南五里にある祭台村の石仏寺を青龍寺と誤解してきた。日本人の和田辨と加地哲定は石仏寺の壁に題詞を書いている（『咸寧長安両県続志』巻七所引「長安古刹提要」）。足立喜六は一九〇六年から一九一〇年にかけて陝西高等学堂（いまの西北大学の前身）で教師をしていたときに実地踏査をして、『長安史蹟の研究』を著したが、その中でも石仏寺を青龍寺と誤っている。一九六三年に中国社会科学院考古研究所が青龍寺の遺址を踏査し、一九七四年と七九年の二度にわたって考古学的な発掘を行った結果、次のようなことが判明した。青龍寺の面積は新昌坊の四分の一を占め（坊内十字街の東南部にあたる）、南側は破壊されて断崖となっている。現在残っているのは、断崖より北（新昌坊の東西街）幅一五〇から二〇〇メートル、東西五〇〇メートルの細長い高地だけである。しかしそこは青龍寺の主要な建築の所在地であった。青龍寺の西側では一辺の長さ一五メートルの方形の木塔の基台および仏殿の基礎が三ヵ所発見されており、蓮花紋の方磚・板瓦・筒瓦・瓦当などの建築材料や鍍金の小銅仏・銀製小仏・三彩仏像壁画の残片などの遺物が出土した。この塔の基台は青龍寺の東塔院ではなさそうである。

「其の地は京城の最高に居り、四望は寛敞にして、京城の内は俯視して掌を指すがごとし。正月晦日・三月三日・九月九日ごとに、京城の仕女は咸な此に就きて登りて禎禊を賞す」（『唐両京城坊考』巻三）「士女此に戯れ就きて禊禊登高すれば、幄幕は雲布し、車馬は填塞す。虹彩は日に映え、馨香は路に満つ。朝士詞人の詩を賦することあれば、翌日には京師に伝う」（仇兆鰲『杜詩詳注』巻二「楽游園歌」所引『西京記』）と当時の青龍寺について語られている。唐代の詩人である朱慶餘「題青龍寺」には「寺の好きは崗の勢いに因り、登臨するに夕陽に値う……最も憐れなるは東面して静かに、楚城の牆に近きが為なり」とあり、舒元輿「長安雪下望月記」に「予は友生と居る所より南に行くこと百餘歩、崇崗を登り、青龍寺の門に上る。門は高く出て寰埃を絶す」とある。以上の詩文から考えるに、青龍寺は「北のかた高原に枕し、南のかた爽塏に望み、登眺の美を為し」ており（『長安志』）、境内の風景も極めて幽静であった。

青龍寺は密宗（真言宗）である。伝説では、釈迦が滅して八百年後、龍樹菩薩は金剛薩埵に出会って、頭に水を注ぐ「灌頂」をしてやった。そしてこの法が世に伝わった。開元元年（七一三）にインドから長安に来た善無畏・金剛智そして不空は大興善寺で密宗を伝授した。不空の秘法は青龍寺の曇貞と恵果に伝授された。恵果は俗姓が馬氏で、京兆府万年県の人。九歳で曇貞に従って仏経を学び、一七歳にして不空に密教の真言を授からんことを求め、二二歳でさらに善無畏の弟子たる玄超阿闍梨に胎蔵・蘇悉地等の法を受けた。不空に従うこと二十年あまり、不空の伝えたヨガの法をことごとく学びとり、三密四曼の秘訣を窮めた。それゆえ「三朝の国師」と尊敬された（三朝とは代宗・徳宗・順宗）。

青龍寺東塔院において空海がはじめて恵果にあったとき、恵果はこう言ったという。「吾れ汝を待つこと久し、来れること何ぞ遅き！」。この言葉には真摯な期待感が込められている。六月十二日に空海は東塔院の道場で灌頂壇に入り、まず胎蔵界曼荼羅に臨んで華を投げたところ大日如来の姿の上に墜ちた。阿闍梨は深く賛嘆し、胎蔵梵字儀軌を与え、三部諸経のヨガを学ばせた。のち七月上旬、さらに金剛界曼荼羅に入り、五部灌頂を授け、華を投げたところ、またしても大日如来に墜ちた。八月上旬、阿闍梨灌頂を授かり、普照金剛なる名号を得た。真済「性霊集序」に引く『付法』に「今　日本の沙門有り、来たりて聖教を求むるに、両部の秘奥壇儀印契を以てす。唐と梵と差う無く、悉く心に受くること、猶お瀉瓶の如し。吉いかな、汝が伝灯し了り、吾が願い足れり」とある。のちの高演「弘法大師正伝」には「大師は是に於いて両部の密教を得て、本邦密宗の開祖と為り、所謂る秘密真言は、此の時にして立てるなり」とある。(13)

空海は青龍寺においてさらに曇貞和尚に梵文を学んだ。そのことは空海がのちに撰した『梵字悉曇字并釈文』により知られるが、それはまた梵文が日本に伝わったことでもある。この時期、空海は青龍寺の義操という僧と深い友誼を結んでいる。空海の「留別青龍寺義操闍梨」に「同法同門遇うを喜ぶこと深く、遊空白霧忽ち岑に帰る。一生一別して再見し難し、夢に非ず思中に数数尋ねん」とある（『弘法大師空海全集』第七巻による）。

空海が青龍寺で求法につとめている最中、恵果は永貞元年（八〇五）十二月十五日に円寂し、空海は憲宗の命を奉じて恵果の碑文を書いた。その後、橘逸勢が帰国するときにも「為橘学生与本国使啓」を書いた。これらは空海の文才面目躍如たるものがある。

というのは、空海は長安滞在中に、仏学以外に言語・文学・梵文・書法・絵画・彫刻・建築・医薬学・農学の研究に精力的に従事しているのである。馬総は「贈日本僧空海離合詩」で次のように賞賛している（真済「遍照発揮性霊集序」所引、『弘法大師空海全集』第六巻による）。「何乃万里来、可非衒其才。増学助玄機、土人如子稀（何ぞ乃ち万里より来る、其の才を衒うに非ざるべし。増《ますます》学びて玄機を助けよ、土人子の如きは稀なり）」（何字と増字で僧字となす離合）。

四、橘逸勢の留学生活

橘逸勢が長安でいかに学問に励んだか、『旧唐書』『新唐書』にはただ彼の名前が見えるだけで、中国の歴史書には記載が見えない。日本の典籍にも「唐国に留住し、明哲を歴訪し、業を受けて之を学ぶ。唐中の文人呼んで橘秀才と為す」とあるだけである。彼は留学生であるからには、長安の国子監に行って勉強したものと思われる。国子監は務本坊にあり、遺跡は西安の南大門外路東仁義村一帯である。国子監の下には六学館が設けられていた。すなわち、国子学・太学・四門学・律学・書学・算学である。そのうち、律・書・算の三学館は専門家を養成するところで、儒学経典を学ぶ以外に、専門的知識の習得を重視している。国子学・太学・四門学は儒学経典の学習を主とし、通才を養成する。国子監に入って学ぶ者は三品以上の貴顕の子弟に限られ、「外蕃」の学生は皇子や王家の者でなければ入れない。外国の留学生は、五品以上の官僚の子弟のために提供された太学で学習した。「太学の諸生三千員、新羅・日本諸国は、皆な子を遣って朝に入れ業に就かしむ」（『唐語林』巻五）。阿倍仲麻呂は長安の太学で学んだ。国子監の学生はすべて官費支給で、住居も政府が支給、外国人学生も一視同仁である。学生は入学に際して先生（博士・助教）に対して束修を奉呈して晋見の礼とした。とはいっても、束修は当時値段のはるものではなくて、一壺の酒と一束の干し肉に、若干の布や絹だけにすぎなかった。橘逸勢は長安での一年四ヵ月に太学へ行って勉強することはなかった。そのことは空海が逸勢にかわって本国に書いた手紙である「為橘学生与本国使啓」にみえる。

大唐国に滞在する留学生の橘逸勢が申し上げる。私、逸勢は、日に千里を行くという名馬の名もないままに、入唐留学生の端に加えられた。こうなるうえは、天文・地理の学に至るまで、かの孫康が雪の光で精励して学んだように、そのすべてを諳んじ、名文・名詩を、金の声、玉の音のように、素絹の上に粉筆で美しく描き出すように学ばなければならない。

しかしいま、日・唐の両国は山川はるかに隔たって、言葉は通ぜず、学林で就学するいとまがない。やむなく、仮に習う所を温ね求め、併せて琴と書を学んだ。（このようにして過ごしている間に）日月は空しく過ぎ去り、生活の資はすべて尽き果ててしまった。今はこの大唐国が私に給付する衣服・食糧によって生命をかつかつ継いでいるところである。入門の謝礼金や読書の用にはとうてい足りるものではない。たとい、かの魯の人、微生高が女子の来るのを待って、ついに洪水に遭い、橋の柱を抱いて死んだように、私が二十年、留学の任期を守って堪えたところで、どうして終わりをまっとうすることができようか。私の螻《けら》のような一身を壑底《たにそこ》に捨てるだけではない、まことに日本国の大きな瑕《きず》である。

いま私が学びえた音楽をみるのに、儒・老の大道の学でこそないけれども、大いに天を動かし神を感じさせる力のあるものである。(古代でも)賢帝の舜は琴を撫して南風の薫りを歌い、一天四海の民を和らげ、孔子の弟子の言偃(すなわち子游)は礼楽によってよく武城一国を治めたという。これらの人々の遺風を偲んで、私も音楽の道を一意専心に研究に耽り、その功を畢えた。

一芸に達した者は必ず身が立つが、肝心を捉えなければ五車に余る著述も首尾一貫しているとはいいがたい。良材をもって造った琴は尾が焦げていても美音を発するように、私も学び得た妙音を日本に伝えたいと思う。いまこのささやかな願いでいっぱいである。この啓白文を奉って懇情を申し上げる。心中を宣べきれず、謹んで申し上げる。

(『弘法大師空海全集』第六巻、ちくま書房、頁三五一の金岡秀友訳による)

これは空海の代筆になるが、内容的には逸勢の心の内を反映している。長安で逸勢が思い通りに留学できなかった理由は二つある。第一に、言葉が通じなかったのだ。中国へ派遣される留学生は、日本にいるうちに中国語の訓練を受けていた。空海は中国で言う国子監にあたる大学寮で勉強していた。(14) 対して逸勢の中国語レベルは明らかに低い。それでなければ、帰国の申請にしても空海の代筆をわずらわせる必要はなかっただろう。第二に、経済的な逼迫である。安禄山の乱以降、唐朝廷は経済的に困り、外国人留学生に対する生活費は、わずかに暮らしていける程度となり、しかも逸勢は遣唐副大使級の待遇を受けていたわけではなかったから、「束修の用に備える」にも不足だったのである。それゆえ逸勢が学問に精を出せなかったのは、唐王朝が彼の国子監太学への入学を拒否したからではなく、上述の二つの理由から求学の機会を放棄せざるを得なかったのである。彼は結局、長安に残って自分にあった機縁を探し出すこともかなわず帰国したのであった。まことに残念なことである。

逸勢は太学に入ることこそかなわなかったが、むなしく時間をすごしていたわけではない。彼は「仮に習う所を温ね求め、兼ねて琴書を学ぶ」、つまりもともと学んできたものを復習する一方、音楽と書道を愛好したのである。これも彼の「性として放誕、細節に拘らず」という性格を表わしていよう。おそらく逸勢は教室での退屈な勉強がきらいで、想像力を発揮するような学科を好む傾向があったのだろう。琴と書道は本業と逆に彼の特徴となった。長安では「名哲を歴訪し、業を受けて之を学ぶ」と言われているが、本当にそうだったとしたら、得るところがあったのは音楽家と書家だったということになるだろう。彼は詩人の柳宗元に書道を学んだと言われている。柳宗元は「章草（くずし字）に長じ、時の宝とする所と為る」。しかし柳宗元は詩で有名であったのであり、書道で称賛されていたわけではない。残念ながら柳宗元の詩に逸勢のことは見えない。長安の書道では、空海と逸勢の機会は均等だった。空海は当時「八分書」に長じていた韓方明に書道を学び、「五筆和尚」と言われた。逸勢と空海が平安朝の「三筆」となったのは、長安で蒐集した書道の名品と関係あるに違いない。二人が住んでいた西明寺には、柳公権の得意作たる「金剛経碑」があった（『旧唐書』巻一六五「柳公権伝」）。宋の董逌は次のように言う。

誠懸（柳公権の字）書を以て四方に聞こゆ。史に謂う、当時中外の大臣の家に、碑を書し銘を刻するに手筆を煩わせざる者、子孫以て孝敬足らずと為す。故に昔時に高麗・百済の入貢するや、貨貝を齎して書を購う。名の重きこと、後世及ぶ莫し。然らば此の経、本は西明寺に書するも、後に亦た屢しば改む。経石幸いに存し、兵火に墜ちず。柳玭謂う、鍾・王・欧・虞・褚・陸の体を備有す、と。今其の書を考うるに、誠に絶芸たり、尤も貴ぶべきなり。[15]

宋の銭易『南部新書』壬に「智永禅師は右軍父子の筆法を伝う。長安西明寺に居し、七十より八十に至るまで、十年に真草千字文八百本を写し、了うる毎に人争い取る。但だ是れ「律召調陽」は即ち其の真本なり。石本は是れ内に降り、貞観年中なり。俗本「律呂調陽」と称するは、誤りなり。蓋し草聖の召の字は呂の字に似たるを以てのみ。「閏余」を以て「律召」に対する、是れ其の義なり。徐散騎は最も博古なるも、亦た誤って呂字と為す。」とある。西明寺の書道の珍品がのちに平安三筆となる空海と逸勢に書道をみがく機会を提供したと考えざるをえないのである。

橘逸勢は空海と同じ船で入唐し、いっしょに長安に来て、また同じ船で帰国している。しかし彼は空海ほど幸運ではなかった。空海が長安の一年で得たものがそれ以降の入唐僧のだれよりも大きかったとすれば、逸勢は書道と音楽の造詣を深めた以外、いわば留学に失敗した例であろう。ある学者は次のように述べている。「逸勢は入唐前に心理的にも言語的にも準備不足で、入唐後も異国の生活を克服する気力に欠けており、みずからの専攻を捨て去ることになった。興味の持てるものを見つけたとはいえ、心を落ち着けるものは見いだせず、それゆえ帰国後の貢献度は高くなかった。彼の留学が失敗だったのは、彼個人のせいに帰するわけにはいかないが、彼の芸術家肌の性格が、官僚養成のために考えられた留学生活にあわなかったのである。日本政府はこの点に気がつかず、彼を選んだあとも充分な事前研修をおこなわなかった。さらに唐政府の財政困難と官学という環境が、彼に留学の機会を有効活用させせない原因となった(16)」。空海が円満に学問をおえて成功して帰国したのに対して、逸勢はしかたなく帰国した。両者はまるで対照的だ。空海が心の準備をし、目的を持って来たとすれば、逸勢は深い考えもなしに入唐し、また帰国したと言えるだろう。学力が足らず、外国語を学ぼうという意欲の低い者が、準備もなく外国に留学しても、学べるものは多くない。

空海ははじめ二十年の長安滞在を考えていたようだが、たった一年半ではやばや帰国した。長安で貴人に会えたこと、「十年の功、之を四運に兼ぬ」つまり本人が努力したことを言っている。真言の密伝を受けた以上、求法の任務は果たしたわけで、唐王朝に上表して、元和元年（八〇六）四月に遣唐使判官高階運成に従って帰国した。恵果は画工の李真らに描かせた秘密曼荼羅をはじめ、『金剛頂』など最上乗の密教経典を書写させ、新たに鋳工の楊忠信らにこしらえさせた荘厳具と仏舎利を空海に与えた。空海はその上さらに唐土で蒐集した書籍と絵図を持って帰ったのであった。帰国途上に書いた「与越州節度使求内外経書啓」によれば、[17]「今見《げん》に長安城中に写き得たる所の経論疏等凡そ三百餘軸及び大悲胎蔵・金剛界等の大曼荼羅の尊容」とある。[18]

まとめにかえて――送別の詩

空海と逸勢が長安を離れるに際して、彼らと交情のあった沙門と文人が送別の詩を作った。上述の空海が義操に与えた詩以外に、沙門曇靖・鴻漸・鄭壬らがそろって「奉送日本国使空海上人橘秀才朝献後却還」を作っている。[19]ところがこの三首の詩には逸勢のことが一言一句も見えない。まったく空海の仏学の修養とその日中文化交流に対する貢献を賞賛する内容である。

曇靖の詩

異国桑門客　　異国の桑門の客
乗杯望斗星　　杯に乗り斗星を望む
来朝唐天子　　来りて朝す　唐の天子
帰訳竺乾経　　帰りて訳す　竺乾の経
万里洪濤白　　万里に洪濤白く
三春孤島青　　三春に孤島青し

到宮方奏対　宮に到れば方に奏対し
図像到王庭　図像もて王庭に到らん

鴻漸の詩

禅居一海隔　禅居す　一海を隔て
郷路祖州東　郷路　祖州の東
到国宣周礼　国に到りて周の礼を宣し
朝天得僧風　天に朝しては僧風を得たり
山冥魚梵遠　山冥く魚梵遠く
日正蜃楼空　日正して蜃楼空なり
人至非徐福　人至るも徐福に非ざれば
何由寄信通　何に由りて信を寄せて通ぜん

鄭壬の詩

承化来中国　承化して中国に来り
朝天是外臣　天に朝するも是れ外臣
異方誰作侶　異方に誰か侶と作らん
孤嶼自為隣　孤嶼自より隣と為す

雁塔帰殊域　　雁塔　殊域に帰し
鯨波渉巨津　　鯨波　巨津を渉る
他年続僧史　　他年　僧史に続かば
更載一賢人　　更に一賢人を載せん

長安で仏教を学び、それを日本に伝えた、日中文化交流において絶大な影響力を持った人物が何人かいるが、その一人は鑑真であり、もう一人は空海である。鑑真は唐から日本へ赴き、律宗を伝えた高僧であった。垂拱四年（六八八）に揚州江陽県の生まれ、一四歳にして智満禅師のところで出家し、景雲元年（七〇七）に洛陽に遊学、ついで長安に入った。その翌年、長安の実際寺で恒景律師から具足戒を受けた。実際寺はのちに温国寺とよばれ、長安の太平坊の西南隅、すなわち西安の西北大学のキャンパスに位置した。その後、鑑真は長安洛陽を経巡り、三蔵を窮め、開元二十一年（七三三）、鑑真が四六歳のときには学問を修め、長安から揚州に帰った。天宝十二年（七五三）に日本に渡り朝野の尊敬を受けた。鑑真当時の長安は世界で最も壮麗な都市であり、唐の政治経済文化の中心であった。その都市設計は日本を含む近隣の首都建造のモデルとなった。それゆえ鑑真が長安で学んだ仏教戒律・建築・塑像・壁画・医薬などはすべて日本に伝わることとなった。ところが、空海と逸勢が長安に来た頃は、この繁華な都市は安禄山の乱を受け、またその後には藩鎮制度の瓦解が続き、政治経済の衰退が日々に進んでいた。空海が長安を去ってしばらく後におきた「会昌の廃仏」運動は、長安の輝きと芸術生活を喪失せしめ、世界の物産が行きかうような、唐のコスモポリタニズムの収束を来たした。これ以後、長安が世界的な都市となることは二度となかった。この廃仏運動について、日本の入唐僧円仁が身を以て経験することとなる。それはともかく、鑑真にしろ、空海・橘逸勢にしろ、高度に繁栄した唐の長安文化を日本に伝えた点で、彼等の日中文化交流に対する貢献は、中国・日本両国国民の銘記すべきものなのである。

注

（1）貞元二十年の日本遣唐使来朝の記事については、『新唐書』巻二二〇「日本伝」に「貞元末、其の王の桓武と曰うは、…其の学子橘免勢・浮屠空海は留まりて業を肄《なら》うこと、二十餘年を歴んと願う。使者なる高階真人来たりて免勢等の倶に還るを請い、詔ありて可《ゆる》さる。」（「二十餘年を歴る」とは、もと唐に二十年いる計画だったのであり、「免勢」は逸勢のこと）。『冊府元亀』巻九九九「外臣部・請求」に「徳宗の貞元二十年、日本国留住学生なる橘免執・学問僧なる空海ら至る。元和元年正月、日本国使判官高階真人奏すらく、前件の学士等、芸業稍か成り、本国に帰らんことを願い、臣と同共《とも》に国に帰るを請わしむ、と。之を従す」（「学問僧」はもと「学同僧」につくり、「日本国使」はもと「司本国使」、「真人」はもと「真入」につくる。「免執」は「逸勢」のこと）。

（2）『続群書類従』巻一九一、伝部三「橘逸勢伝」（もと漢文）。

（3）黄約瑟「日本留学生橘逸勢事跡考」『第二届国際唐代学術会議論文集』下、史学、頁九〇八、台湾文津出版、一九九三年。

（4）唐の韋述『両京新記』残三巻「次南曰延康坊西南隅西明寺」条に「初め楊素は隋朝に用事し、奢僭すること度を過ぎ、珍異を制造し、資貨儲積せり。美姫有り、本と陳の太子舎人徐徳言の妻、即ち陳主叔宝の妹、才色冠代にして、陳に在って楽昌公主に封ぜらる。初め徳言と夫妻の情義甚だ厚し。陳氏の将に亡びんとするに属り、徳言垂泣して妻に謂って曰く、今国破れ家亡ぶに、必ず相保たざらん。子の才色を以てせば、必ずや帝王貴人の家に入らん。我れ若し死なば、幸わくば相忘るる無かれ。若し生きなば、亦た復たび相見すべからず、と。然りと雖も、共に一信の為に、乃ち一鏡を撃破し、各おの其の半を収む。徳言曰く、子若し貴人の家に入らば、幸わくば此の鏡を将って正月望日に合いて市中に之を貨れ。若し存せば、当に之を志《しる》し、生死を知るを冀うべきのみ、と。陳の滅ぶに及んで、其の妻果たして隋軍の没する所と為り、隋文（帝）は以て素に賜い、深く素の寵嬖する所と為り、為に別院を営し、其の欲する所を姿《ほしいまま》（恣）にす。陳氏は後に閹奴をして望日に破鏡を賫ちて市に詣らしむ。務めて高価ならしむるに、果たして徳言に値りぬ。徳言は価に随って便ち酬い、奴を引いて家に帰り、垂涕して以て其の故を告げ、并せて己の片鏡を取りて之に合す。其の妻に題詩を及寄して云う、鏡は人と倶に去り、鏡帰りて人は帰らず。復た姮娥の影無く、空しく明月の輝きを餘すのみ、と。陳氏は鏡を見て詩を見、悲愴して泪を流し、因りて飲食する能わず。素其の惨悴するを怪しみて其の故を問うに、具さに事を以て告ぐ。素惨然として之が為に容を改め、使して徳言を召して其の妻を還し、并せて衣装もて悉く之を与う。陳氏は行くに臨んで、素は詩を作って別れを叙べしむることを邀め、固辞するも免れず、乃ち絶句を為りて曰く、今日は何の遷る次ぞ、新官は旧官に対す。笑うも啼くも倶に敢えてせず、方に験す人たること難きを、と。時人は陳氏の流落を哀しみて素を以て寛恵と為せり。」岑仲勉「両京新記巻三残巻復原」国立中央研究院『歴史語言研究所集刊』第九本、一九四七年。（この記事は唐の孟棨『本事詩』情感第一にも見える）

(5) 中国社会科学院考古研究所西安唐城工作隊「唐長安西明寺遺址発掘簡報」『考古』一九九〇年第一期。
(6) 延康坊は東西一〇二〇メートル、南北五二〇メートル。西明寺は東西が約五〇〇メートル、南北が約二五〇メートルで、これは『大慈恩寺三蔵法師伝』に「寺面三百五十歩、周囲数里」とみえるのに基本的に一致する。通常、長安の大坊内の西南隅とは、その坊の西南角を指し、その坊の一六分の一を占めるが、西明寺は延康坊の四分の一を占めている。
(7) 王利器「文鏡秘府論校注序」『王利器論学雑著』台湾貫稚文化事業、一九八六年。
(8) 『唐長安西明寺遺址発掘報告』所引の田中重久「本薬師寺創立の研究」による。
(9) 王利器前掲論文を参照。
(10) 王長啓「唐長安醴泉寺遺址出土的鎏金銅造像」『考古与文物』二〇〇四年第三期。
(11) 興慶宮の南第四坊である。
(12) 青龍寺の遺址からは西魏・北周・隋・唐そして明代の石刻仏像が出土しており、唐末ののち明代に至って廃れたことがわかる。

（13）王利器前掲論文による。
（14）『続日本後紀』承和二年三月庚午条、『三教指帰』序など。
（15）『広川書跋』巻八「金剛経」（『適園叢書』第五集）。
（16）黄約瑟の前掲論文、頁九一二からの論旨。
（17）西山禅念沙門真済編『遍照発揮性霊集』巻五。
（18）空海の将来目録には、新訳経等百四十二部二百四十七巻、梵字真言賛等四十二部四十四巻、論疏章等三十二部二百七十巻、凡そ二百十六部五百六十巻とある。
（19）この三首の詩は越府郷進士の朱少端と前試衛尉寺丞の朱千乗に与えたもの（密教文化研究所『弘法大師全集』第五輯、頁三五八、同朋舎、一九七八年）。

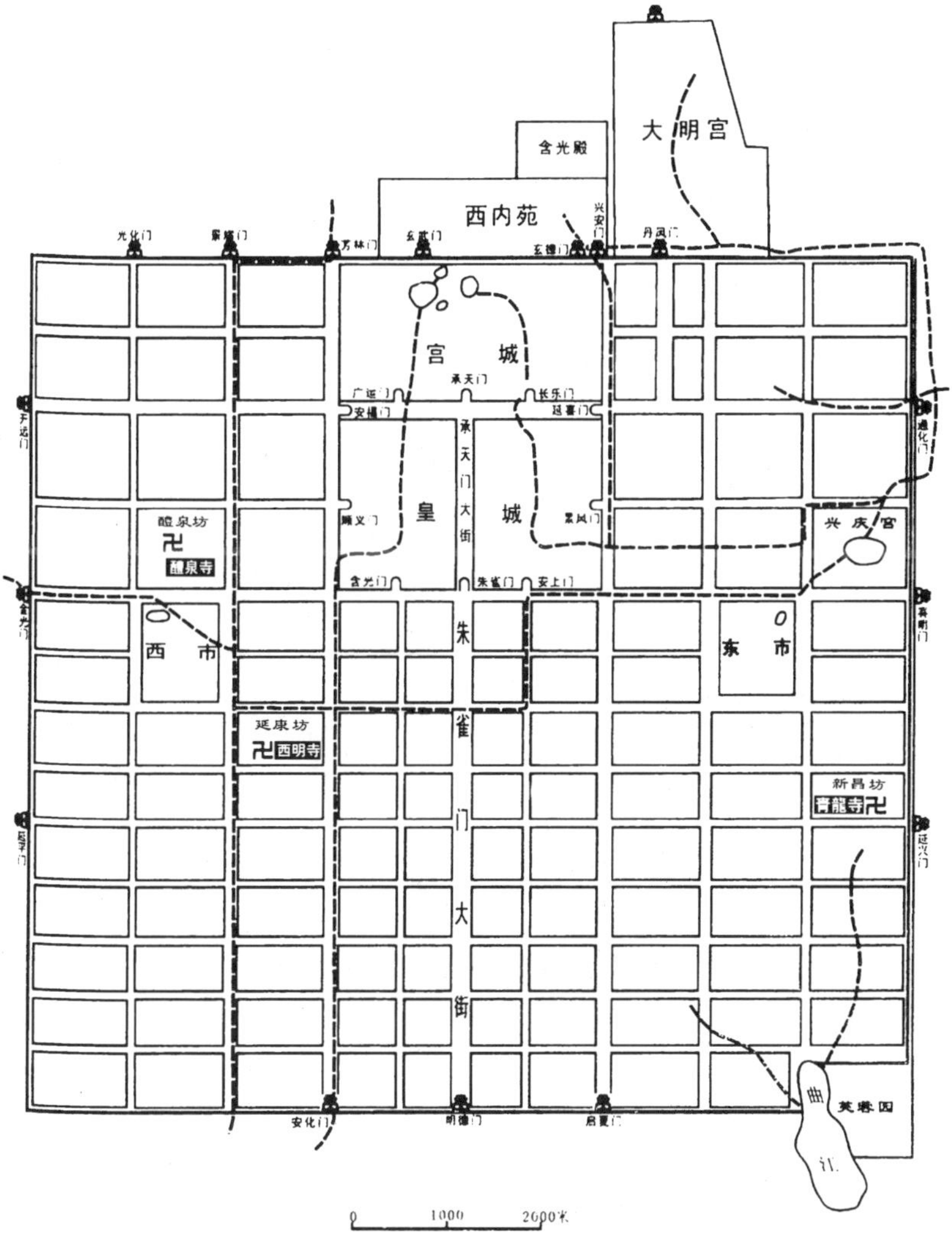
大明宮
含光殿
西内苑
光化门
芳林门
丹凤门
宮城
承天门
长乐门
延喜门
安福门
承天门大街
皇城
含光门
朱雀门
安上门
醴泉坊
醴泉寺
西市
东市
兴庆宫
延康坊
西明寺
新昌坊
青龍寺
朱雀门大街
曲江
芙蓉园
安化门
明德门
启夏门
0
1000
2000米

空海関連三寺院の位置

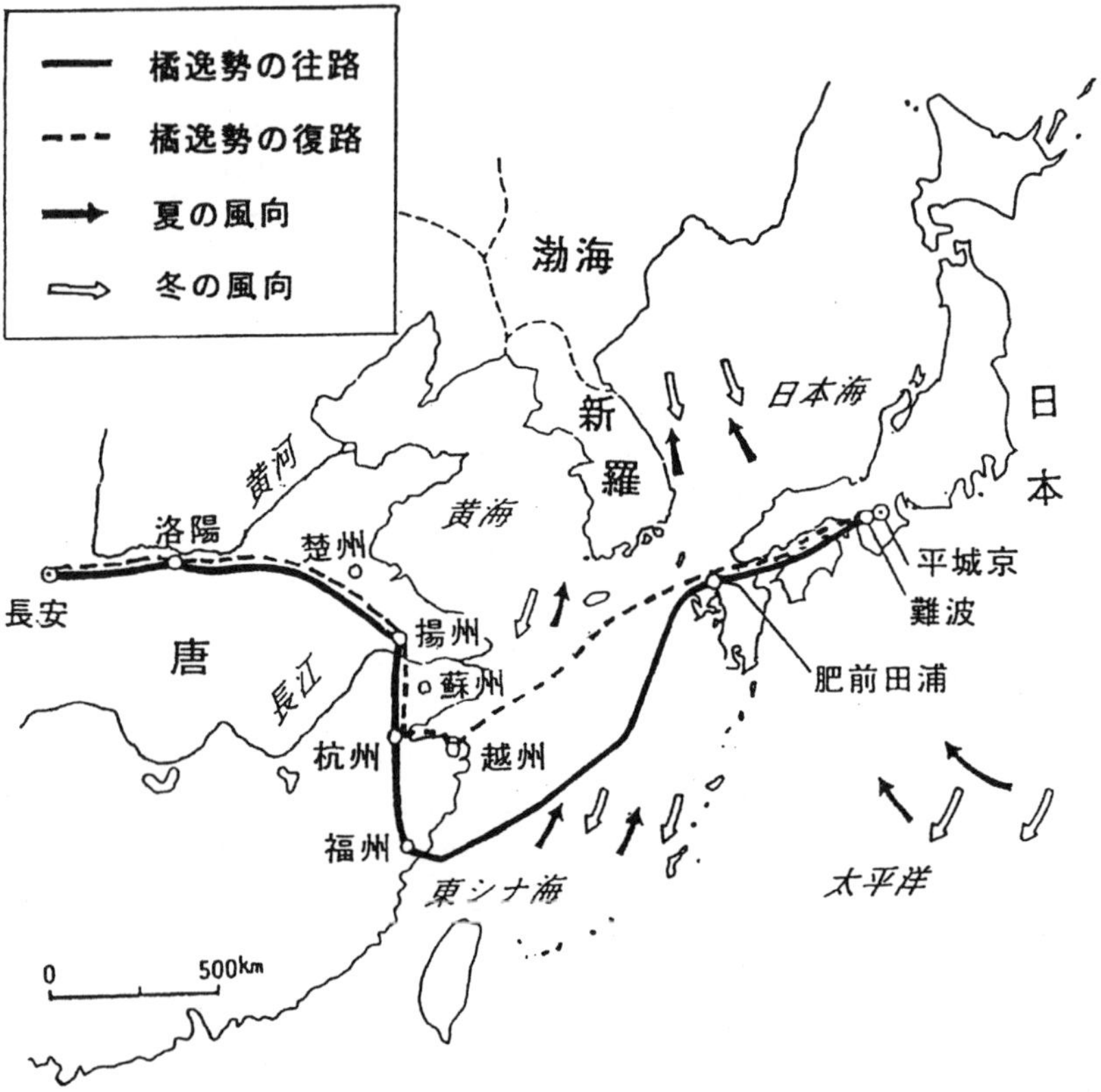

橘 逸 勢 中 国 渡 航 図

(日本《橘逸勢史跡保存会》久曾神昇講演『橘逸勢朝臣の中国留学』付図による)

蘇軾と関中の名勝

張　文　利（三浦理一郎訳）

宋代仁宗の嘉祐六年（一〇六一）八月、蘇軾は科挙の試験を受けて第三等の優秀な成績を修め、大理評事・簽書鳳翔府判官の職を授けられた。そして、その年の十二月から英宗の治平元年（一〇六四）十二月までの三年間、鳳翔府で任官した。蘇軾は在任中、鳳翔府の河川を浚って「東湖公園」を建造したが、この公園は典型的な北方様式の園林で、今では陝西省の有名な観光スポットになっている。なお蘇軾はこの公園以外にも、公務や私的な旅行を通じて、関中にある多くの名勝を訪れ、風雅なエピソードと数多くの優秀な文学作品とを後世に伝えている。

一、蘇軾と鳳翔の東湖

鳳翔は陝西省関中西部の渭北平原に位置し、東西南北をそれぞれ、岐山県・千陽県・宝鶏市・麟游県に囲まれている。鳳翔の歴史は古く、周代には王室の所在地、春秋時代には秦の版図、漢代から唐代にかけては政治的な要地、そして宋と金との争いにおいては軍事的な要衝であった。また、地理の面から言えば、鳳翔は陝西と四川とを結ぶ交通の喉首に当たり、シルクロードにおける芸術の里でもあった。そしてこの鳳翔と蘇軾とは、切っても切れない縁で結ばれているのである。

東湖公園は、現在の鳳翔県の南東に位置し、「陝西省十大著名風景遊覧区」の一つに指定されている。この公園は、清代の『関中勝跡図志』に記載されてからというもの、現在に至るまで、四方八方から訪れる旅人たちを魅了している。そして、公園の由来と園内の多くの建造物とが、蘇軾と密接不可分の関係にある。

伝説によると、上古の時代には、今の公園の敷地内に清らかな池があったという。ちなみにこの池は、雍河と渭河の水が集まって出来たものである。また『竹書紀年』の記載によれば、商王文丁の十二年に、岐山へ集まるために飛んで来た鳳凰が雍城を過ぎる際、この池で水を飲んだという。このためこの場所は「飲鳳池」と呼ばれていた。嘉祐六年（一〇六一）の冬、着任早々の蘇軾は府内の状況を熟知するために、あちらこちらをつぶさに見て回っていた。そして南東部に赴いた時に、飲鳳池を見付けたのである。ところが歳月の流れや地形の変化、そして旱魃の影響によって、池の水量はだんだんと減り、底にも土砂が溜まるなど、当時の飲鳳池は見るも無残な姿であった。唯一残っている物といえば、池中の蓮と岸辺の柳、そして、あずまやと高殿だけだった。こうした状況を見て蘇軾は、仕事の合間にこの場所を再興しようと決心した。

しかし、任官早々であったため、蘇軾にはやるべき仕事がたくさん待っていた。例えば、命を受けて鳳翔府所管の幾つかの県に行き、囚人たちを裁かなければならなかった。また、鳳翔府が大旱魃に見舞われたために、雨乞いの祭祀を執り行なったり、府内のある地方で災害が起こったために、倉から穀物を放出して被災民を救済したりしなければならなかった。このために飲鳳池の再興は、翌年嘉祐七年（一〇六二）の秋になって、やっと議事日程に乗ったのである。

飲鳳池の再興について蘇軾は、まず初めに水源の問題を解決しなければならない、と考えていた。そして、あれこれと実地調査をした結果、府城の北西にある「鳳凰泉」の水を引き込むことに決めた。その理由は以下の通りである。「鳳凰泉は湧き出し口から府城をめぐって南北に分流し、いわば天然の濠を形成している。そして二つの流れは、飲鳳池に程近い府城の南東でまた一箇所に集まる。このために、この水を飲鳳池に引き込むのが最も適している」と。水源の問題が解決すると、蘇軾は改めて飲鳳池の岸辺にシダレヤナギを、そして池一面に蓮を植えた。また地形に基づいて、橋やあずまやなどを修復したりもした。このようにひとしきり忙しく立ち働くと、そこには美しい公園が現れた。ところが蘇軾は、以前の名でこの公園を呼ぶのは相応しくないと考え、府城の東側にあることに因んで、この公園を新しく「東湖」と名付けた。そして「東湖」という題名の詩を賦し、詳細にその美しい風景を描写した(1)。

吾家蜀江上　　吾が家は蜀江の上
江水清如藍　　江水は清きこと藍の如し
爾来走塵土　　爾来　塵土を走り
意思殊不堪　　意思として殊に堪えず
況当岐山下　　況んや岐山の下に当り
風物尤可慚　　風物尤も慚ずべきをや
有山禿如赭　　山有れば禿たること赭の如く
有水濁如泔　　水有れば濁りたること泔の如く
不謂郡城東　　謂わざりき　郡の城東
数歩見湖潭　　数歩にして湖潭を見んとは

入門便清奥　　門を入れば便ち清奥
怳如夢西南　　怳として西南を夢みるが如し
泉源従高来　　泉源は高きより来り
随波走涵涵　　波に随って走《ゆ》くこと涵涵たり
東去触重阜　　東に去きて重阜に触るれば
尽為湖所貪　　尽く湖の貪む所と為る
但見蒼石螭　　但だ見る　蒼き石螭の
開口吐清甘　　口を開いて清甘なるみずを吐くを
借汝腹中過　　汝の腹中を借りて過ぐるに
胡為目眈眈　　胡為れぞ目は眈眈たる
新荷弄晩涼　　新荷　晩涼に弄せられ
軽棹極幽探　　軽棹もて幽探を極む
飄飆忘遠近　　飄飆として遠近を忘れ
偃息遺珮簪　　偃息して珮簪を遺《わす》る
深有亀与魚　　深きには亀と魚と有り
浅有螺与蚶　　浅きには螺と蚶と有り
曝晴復戯雨　　晴に曝し復た雨に戯れ
戢戢多於蚕　　戢戢として蚕より多し

浮沈無停餌　浮沈して餌を停むる無く
倏忽遽満籃　倏忽として遽かに籃に満つ
糸緡雖強致　糸緡は強いて致すと雖も
瑣細安足戢　瑣細なれば安んぞ戢《と》るに足らん
聞昔周道興　聞く　昔　周道興りて
翠鳳棲孤嵐　翠鳳　孤嵐に棲む
飛鳴飲此水　飛び鳴きて此の水を飲み
照影弄毿毿　影を照らして弄ぶこと毿毿
至今多梧桐　今に至るも梧桐多し
合抱如彭聃　合抱すること彭と聃との如し
彩羽無復見　彩羽は復た見わるる無し
上有鶻搏鶉　上には鶻《はやぶさ》の鶉《うずら》を搏つ有り
嗟予生雖晩　嗟あ予は生まるること晩しと雖も
好古意所妉　古を好むは意の妉《たの》しむ所
図書已漫漶　図書は已に漫漶
猶復訪僑郯　猶お復た僑と郯とを訪ねん
巻阿詩可継　巻阿は詩もて継ぐべし
此意久已含　此の意　久しく已に含めり

扶風古三輔　扶風は古の三輔
政事豈汝諳　政事は豈に汝が諳んずることならん
聊為湖上飲　聊か為す　湖上の飲
一縦酔後談　一たび縦にせん　酔後の談
門前遠行客　門前　遠行の客
劫劫無留驂　劫劫として驂を留むる無し
問胡不回首　問う　胡ぞ回首せざる
毋乃趁朝参　乃ち朝参を趁う毋かれ
予今正疎懶　予は今　正に疎懶なるも
官長幸見函　官長には幸い函れらる
不辞日游再　日に游ぶこと再なるを辞せず
行恐歳満三　行くゆく恐る　歳の三に満たんことを
暮帰還倒載　暮に帰りて還た倒載
鐘鼓已諳諳　鐘鼓已に諳諳《あんあん》たり

この蘇軾の詩は、東湖に関する最も古く、かつ完全な史料である。蘇軾は詩を詠み終えると、この詩を弟の蘇轍に贈った。これに対して蘇轍はたいへん羨み、たちどころに唱和の詩をものした。「東湖の上に到らず、但だ聞く　東湖の吟。詩詞已に清絶、佳境亦た尋ぬべし」。出来たばかりの東湖であったが、蘇軾兄弟の吟詠でその名声は大いに振るった。

このように、蘇軾と東湖公園とには密接な繋がりがあるため、後に公園を修繕する際にも、各王朝は大いに蘇軾との関係を強調した。このため、現在の東湖公園にある多くの建物も、すべて蘇軾と関連付けられている。以下、その有名なものについて紹介しよう。

東湖公園の正門は、門と広間とが一体化した構造になっており、その広間上方の横木には、蘇軾の書になる「東湖」の二字を刻んだ扁額が懸かっている。そして広間前方の太い柱には、清代乾隆年間の陝西巡撫で、なおかつ『関中勝跡図志』の作者でもある畢沅の題聯がある。その上聯「百頃彙泉源、偕周鼓秦碑共数八観雄右輔」は、「蘇軾が川の水を引いて再興した東湖は、周代の石鼓文や秦代の石碑とともに、鳳翔八観と呼ばれて歴史にその名を刻んでいる」という意味であり、下聯の「千秋留宦跡、比潁川杭郡還応両地配西湖」は、「蘇軾は鳳翔での務めを終えると、潁州と杭州でも任官し、鳳翔の東湖と呼応するように、それぞれの地に西湖という名の湖を造った」という意味である。畢沅のこの題聯は、東湖を訪れる人々に、蘇軾と東湖とが不可分の関係にあることを教えてくれる。

公園の中に入ると、東湖の北側の岸辺に、人々の目を引く「蘇文忠公祠」がある。この祠は、明代の人が蘇軾を祀るために建てたものである。祠の前には、「道学寓風流、当時帝許奇才、一代文章高北宋。宦游同石隠、此日人懐旧徳、百年笠履寄東湖。」という長い題聯があり、二つ目の門の扁額には「心跡応清」の四字が書かれている。そして、正殿の扁額は「気高天下」である。祠の中には、漢白玉で出来た高さ二メートル程の蘇軾の像が安置されている。その姿は、背の高い冠に広い帯というように、典型的な士大夫の服装であり、袂が飄々と翻り、堂々とした態度で風雅な顔つきをしている。ちなみに祠は長方形で、「碑廊」と呼ばれる両側の壁には、数多くの碑文が刻まれている。これらの碑文は、腕の良い職人が丹精込めて刻んだもので、その内容は蘇軾の詩詞や文章であったり、後世の人が蘇軾を追懐して詠んだ作品だったりする。なお祠の中にはさらに、蘇軾が当時、友人たちと優雅な集いを催したという「同笑山房」や、琴を奏でたといわれる「鳴琴精舎」などもある。

さて蘇文忠公祠の東側には、「喜雨亭」がある。この建物は本来、東湖から少し離れた蘇軾の居宅の傍らにあったのだが、明代の時に遊覧者の便を図るために、この公園へ移築された。喜雨亭は、反り返った庇を持つ四角形の小さなあずまやで、元の名を「北亭」といった。住まいの環境をより快適にするために、蘇軾が家の傍らに建てたものである。ところで、この建物の名前を「北亭」から「喜雨亭」に変えた理由は、次のようなエピソードに基づく。「北亭」が出来上がったちょうどその時、鳳翔では長い旱魃がやっと終わり、恵みの雨が降ってきた。この瑞兆を記念して蘇軾は、名前を「北亭」から「喜雨亭」へと変えたのである。亭内には、蘇軾の散文「喜雨亭記」の全文を彫った石碑が立っている。ちなみにこの「喜雨亭記」は、構想が非常に巧みな散文として世に知られている[2]。その文は雨を媒介として、亭の建設と降雨という、本来何ら関連のない事柄を連係させ、喜雨亭という名称が、そうでなければいけないような感じを読者に抱かせるのである。

喜雨亭の北側を三〇メートルほど進んだところに、「凌虚台」がある。この台《うてな》も、明代に蘇軾の邸宅からこの場所に移されたものである。そもそも凌虚台は、蘇軾の上司である鳳翔知府の陳希亮（字を公弼）が在任中に遠望を楽しむために建てたものであった。用地を掘って池を作り、その掘った土で台を築いた。台の基礎は大きく、台の建築は周囲からぬきんでていた。台が平地から建っていて、その上に登ると空を凌ぐようなので、陳公弼みずから「凌虚台」と名付けたのであった。完成後に陳公弼が蘇軾に命じて「凌虚台記」という一文を作らせた。陳公弼は「目の光り氷の如く、平生人に仮すに色を以てせず、王公より貴人まで、皆な之を厳憚す[3]」。つまり彼は部下の統率が厳しく、みな若干忌憚を感じていたのである。蘇軾は鳳翔に着任早々、人々に好ましいことをいくつか手がけただけで、人々の感激をかって「蘇賢良」と呼ばれていたが、陳公弼は冷ややかに「府判官何ぞ賢良ならんや」と言ったという（邵博『河南邵氏聞見後録』巻一五、『四庫全書』所収）。陳公弼は蘇軾と同郷で、後輩に対してかなり厳しかった。蘇軾が作文した公文書には必ず何度も手を入れたため、蘇軾もこれには悩まされた。蘇軾は「客位仮寐」という詩でこう言っている。「謁入りて去るを得ず、兀坐すること枯れ株の如し。豈に惟だ主の客を忘れたるのみならんや、今我も亦た吾を忘る。同僚は事を解せず、慍りの色は髯鬚に見わる。性命の憂い無しと雖も、且く復た須臾を忍ばん」（『蘇軾詩集』巻四、頁一六三）。こうしたことから、蘇軾は「凌虚台記」で陳公弼を風刺する次のような句をはさんでいる。「夫れ台すら猶お恃みて以て長久なるに足らず、而るに況や人事の得喪、忽ち往き忽ち来る者に於いてをや。而して或る者は以て世に夸りて自足せんと欲す、則ち過ちなり」。陳公弼はこれを見て笑って言った。「吾は蘇明允を視ること猶お子のごときなり、某は猶お孫子のごときなり。平日故さらに辞色を以て之を仮さざる者は、其の年少にして暴かに大名を得て、夫の満にして勝えざるを懼るるを以てなり。乃ぞ吾が楽しみならざらんや」（『河南邵氏聞見後録』巻一五）。蘇軾の文に若干の風刺が含まれていたとしても、文の出来が素晴らしく、また内容も深いため、陳公弼はとても気に入り、一字も替えさせずに石に刻ませたのであった。現在の凌虚台の南面台壁に、今以てこの刻文を見ることができる。ちなみに現在の凌虚台には、上方に「適然亭」という名の建物がある。これは清代の光緒十四年（一八八八）に、時の鳳翔知府の熙年が建て増ししたものである。

喜雨亭の真南が、東湖のうちの「内湖」と呼ばれる部分である。この湖の湖面はとても広々としていて、ここには洗硯亭・春風亭・君子亭・宛在亭・鴛鴦亭・断橋亭・不繫舟石舫・会景堂・雁南亭・望蘇亭・蘇堤・東湖柳など、一二もの建物が建っている。

春風亭　湖の中心にあり、四角形で、同治十二年（一八七三）に建った。当時の鳳翔知事の蔡兆槐は赴任した際、かつて蘇軾がここに任官して、民草の税金免除のために朝廷に上書し、塩と茶の専売制を撤廃してもらうよう願ったとともに、法令を執行して冤罪を含む囚徒二百名あまりを解放したことを知った。蔡兆槐は「彼の恵みは春風をも超えている」とその善行を賛嘆し、春風亭を建てて記念としたのであった。

君子亭　東湖の真ん中に位置する。蘇軾は当時、気持ちの通じる友人達と詩酒の集いをしたものだが、詩を吟じるのに便利なように、この亭を建築し、そこに出入する人々はみな心の伸びやかな君子であることを示した。この亭は八角形で、基礎が高くかつ広く、独特の枡形構造をしている。亭に立って周囲を望むと視野は非常に広い。清代に遊歴した書生の魏琪が書いた対聯には「両岸は回寰として先生たる柳、一湖は蕩漾として君子の花」とある（『鳳翔県志』）。この対聯は現在も君子亭の柱に見ることができ、君子亭を生き生きと表現しているだけでなく、東湖の品格を引き締めている。

宛在亭　『鳳翔県志』によると、蘇軾がこの湖を建設する際、まず君子亭と宛在亭を建てたが、そののち廃れて、現在の宛在亭は後人が旧跡により再建したものだという。乾隆十九年（一七五四）に太守の朱偉業は「宛在亭説」で「伊の人宛として在り、とは秦詩なり。秋水方に盛んにして、風人は物を睹て情を生じ、賢人君子を思って、得て之に見えんと欲するなり」と注釈している。つまり蘇軾は鳳翔の人々にとっては心の中の賢人君子であり、この亭の再建には、当地の人々の蘇軾に対する追慕の念が託されているのである。

鴛鴦亭　蘇軾は東湖を散歩する際には妻の王弗を連れだっていき、仲睦まじい様子だったという。そこで同治十年（一八七一）、鳳翔府西鳳営参将の常瑛は、前知事であった李慎に依頼されて、東湖の南側に二つの四角い亭を建てて「鴛鴦亭」と名付け、蘇軾夫婦を慕った。

断橋亭　蘇軾は東湖を建設したあと、元祐四年（一〇八九）に杭州の知事に赴き、そこで西湖に水を引いて蓮や柳を植樹した。こうした縁で、鳳翔の東湖と杭州の西湖とは姉妹関係があるとされる。そこで後人が東湖を修繕したとき、西湖の「断橋」にならって東湖にも「断橋亭」をこしらえたわけである。断橋亭は鴛鴦亭と隣り合い、水上で黒い石橋により結ばれている。

不繋舟石舫　「金山寺画像」の蘇軾の題詩に「心は是れ已灰の木、身は不繋の舟の如し。汝が平生の功業を問うに、黄州・恵州・儋州」とある。後人が東湖を修繕した時に、この詩によって、東湖の北岸に石画舫を作って「不繋舟」という名をつけ、蘇軾の超俗な気概を表したのである。

会景堂　ここはもと会景亭といい、鳳翔の城外南渓にあった。蘇軾が着任してからその西に移動させた。「会景亭」という詩で、これについて蘇軾は「他年誰か改築せる、旧製　因るを須いず」と言っている。光緒二十四年（一八九八）、鳳翔知事の傅世煒は会景亭を東湖に移動させ、名を「会景堂」に改めた。会景堂は内湖の中心島に位置し、広々として明るく、質素かつ典雅である。そこの柱の対聯には「一面の湖山　眼底に来り、万家の憂楽　心頭に注ぐ」とある。これは、蘇軾が美しい景色を楽しんでいるときも人々の気持ちを忘れなかったことを歌っている。

雁南亭　形が雁に似ているのでこの名前となった。蘇軾が鳳翔時代に兄弟である蘇轍（字を子由）を思った詩に「花開き酒美く盍ぞ帰るを言わざる、来り看る南山　翠微冷やかなるを。弟を憶って涙は雲の散らざるが如し、郷を望んで心は雁と南に飛ぶ。明年縦い健なりとも人応に老ゆべし、昨日歓を追うは意正に違う。問わざれ　秋風の強いて帽を吹くも、秦人は笑わず楚人は譏る」とある（『蘇軾詩集』巻三、頁一七四）。この詩の望郷の念・兄弟を思う気持ちに感じて、のちにこの亭が建てられたのである。

望蘇亭　東湖の西南角に位置する、六角二層の亭である。蘇軾が鳳翔を離任する際、全郡の人々が彼をはるか遠くまで送ってもまだ恋々としてあきらめきれなかったと伝えられている。それで蘇軾に対する留恋の気持ちを表してこの亭を建てたとされる。この亭に登って遠望すると、古い街道が延綿とはるか彼方に続く有り様が望まれ、鳳翔の人々の蘇軾に対する留恋がずっと続いたことを想起させる。

蘇堤　光緒二十四年（一八九八）、鳳翔知事の傅世煒が東湖の南側にさらに新たな湖を建設した。これを「外湖」と言い、もとの東湖を内湖と称するようになった。『関中勝跡図志』巻八によると、外湖は山荘・花園・蓮池に分かれ、高低・前後の差があって、曲折・起伏に富んでおり、統一的でありながら主従の分明な構成だった。山荘は蘇軾の「海棠」の「東風には渺渺として崇光を泛べ、香霧には空濛として月は廊に転ず」という詩句のイメージにより、「崇光亭」「空濛閣」「月転廊」が修築された。さらに蓮池には「藕香榭」と「曲橋」が作られた。曲橋は一種の長廊で、外湖の南北をつなぎ、曲折がおもしろい。藕香榭は四角形の亭で、曲橋の上にある。確かに蓮の花を観賞するにはもってこいの場所である。内湖と外湖を隔てる堤は、蘇軾が「古飲鳳池」の泥土を使って築いたもので、長さは三〇〇メートル余り、後世「蘇堤」と呼ばれている。蘇堤には三カ所の石拱橋があり、水は土地が高い内湖からそこを抜けて外湖に入っていくので、「滄浪飛瀑」と呼ばれるめずらしい景観を成している。明代の韓借甫の「東湖詠」に「見説す清泉今ま復た潤す、蘇堤の烟月　古今の談」という。また、岳万階「東湖」に「坐して聴く　耳に盈つる奏、釣して楽しまんとして滄浪を下る」という。いずれも蘇堤の景観を詠じたものである。

東湖柳　蘇軾は東湖の修築に際して広くシダレヤナギを植えた。「柳」詩に「今年手ずから栽え、我に問う　何れの年か去かん。他年我復た来らば、揺落して人の思いを傷ましめん」という。歳月の推移に連れて、シダレヤナギは東湖の一大景観となった。明代の黄麒「東湖柳浪」に「風は繞る　微波緑満の池、風に倚りて楊柳は舞うこと頻りに欹なり。平湖に翠分って流春遠く、碧海に烟籠って上月遅し」というのは、その証拠である。

二、蘇軾とその他の関中の名勝

姜子牙釣魚台は、現在の宝鶏市陳倉区の渭河南岸の磻渓鎮にあり、西周時代の太公望（姜氏は本姓、字を子牙）が餌の付いていない釣り糸を垂れ、文王が彼を見付けた場所に因んで建てられたものである。太公望が周の国を援けて殷の紂王を倒した話は、『呂氏春秋』や『史記』をはじめとして、多くの古書に記されている有名なエピソードである。このため唐代の李白や杜甫も、この地を訪れて詩を詠んでいる。また、唐代の貞観年間（六二七―六四九　第二代皇帝太宗の治世）には、この台の近くに太公廟が創られた。その後は歴代の皇帝と地方の官吏や名士たちが、文王廟・三清殿・王母宮・九天聖母廟など、二〇あまりの広壮な建物を次々とこの場所に造った。これらの建築群は釣魚台を取り巻くように、山を背にしながら小川の畔や林の中に点在し、この地の景観に彩を添えている。蘇軾は、嘉祐七年（一〇六二）の二月にここを訪れ、「磻渓石」と題する詩を詠んだ。(4)

墨突不暇黔　　墨突　黔むに暇あらず
孔席未嘗煖　　孔席　未だ嘗て煖まらず
安知渭上叟　　安んぞ知らん　渭上の叟
跪石留双骭　　跪石　双骭を留むるを
一朝嬰世故　　一朝　世故に嬰げらる
辛苦平多難　　辛苦して多難を平らぐ

亦欲就安眠　亦た安眠に就かんと欲して
旅人譏客懶　旅人　客の懶を譏る

ここで言う「磻渓石」とは、太公望が釣り糸を垂れた時に座り続けた石のことで、膝の跡のような窪みがあるため、俗に「跪石」とも呼ばれている。この詩は、太公望の艱難辛苦に着想を得たものであるが、尾聯では、太公望の苦労に言寄せて、自らの任官中の懊悩を訴えている。ただしこの蘇軾の感情は、単に詩句を読んだだけでは、はっきりとは分からない。

蘇軾は同じ年の七月にも磻渓にやって来ているが、この度の訪問は私的な物見遊山ではなく、仕事としての雨乞いであった。この時も蘇軾は、雨乞いに関する詩を詠んでいる。(5)

夜入磻渓如入峡　夜に磻渓に入れば峡に入るが如し
照山炬火落驚猿　山を照らす炬火は驚猿を落とす
山頭孤月耿猶在　山頭の孤月　耿として猶お在るに
石上寒波暁更喧　石上の寒波　暁に更に喧し
至人旧隠白雲合　至人旧隠せるところ　白雲合す
神物已化遺踪蜿　神物已に化して遺踪蜿たり
安得夢随霹靂駕　安んぞ得ん　夢に霹靂の駕を随え
馬上傾倒天瓢翻　馬上に傾倒して天瓢を翻さんことを

詩の前半では夜に磻渓に入った情景が描かれ、最後の二句では求雨に関する典故が使われている。「安得夢随霹靂駕」について、『酉陽雑俎』（前集巻八）に大略次のようにある。「李鄘は北都介休県に在り。百姓は解牒を送り、夜に晋祠の宇下に止る。夜半、人の門を叩く有りて云う、介休王暫く霹靂車を借りて介休に至って麦を収めんと。良や久しくして（中略）数人共に一物を持ち、幢の如く、上に旃旛を綴る。（中略）凡そ十八葉、光有りて電の如し。以て之に授く。次の日、介休大いに雷雨にして、麦千余頃を損なう」。「馬上傾倒天瓢翻」については、王十朋は趙次公の注を引いて次の典故をあげる（『続玄怪録』にもとづく）。「李靖は客たりしとき、嘗て夜に一巨宅に投宿し、老婦の之を延く有り。中夜、戸を叩くこと甚だ迅く、婦は色を変じて曰く、天符至れりと。実もて靖に告ぐ。曰く、老婦は龍なり。二子倶に出で、今　天の雨を行なうを命ぜば、一行を煩わせんと欲すと。即ち一竿を以て之に跨らしめ、一瓢を以て之に与えて曰く、此に跨れ。至る所、楊の枝を以て瓢の水を洒げば、則ち雨ふるなり」。蘇軾がこの二つの典故を使ったのは、夢の中で龍がもつ天の瓢箪を手に入れられれば、その瓢箪の水を全部傾けて雨を充分に降らせられるのに、という願いをこめたのである。ここには、政治家としての彼の懇切な意識がうかがえるとともに、詩人としての浪漫的な感情が表れている。さらに蘇軾はこの機会を利用して、虢県にある斯飛閣・青峰寺・蟠龍寺などの名勝をも訪ねている。

また蘇軾は、この時に五丈原を訪れている。五丈原は、岐山の南二〇キロのところにあり、南側を秦嶺山脈、北側を渭水、そして東西両面を深い谷に囲まれた非常に険しい場所である。この地は三国時代に、諸葛亮（字を孔明）が魏を討つために十万の大軍を率い、魏の司馬懿（字を仲達）と激戦を繰り広げたが、病気のために陣没した場所としてあまりにも有名である。このため五丈原の北端には、諸葛亮の死を悼んだ後世の人の手によって、武侯祠が建てられている。蘇軾は平素から、諸葛亮の人柄を敬慕していたため、この機会を捉えて参拝しに来たわけである。この五丈原の地で蘇軾は、諸葛亮の出陣から陣没に至るまでのことを詩に詠んだが、この詩には故人を追懐する蘇軾のひたむきな想いが溢れている。(6)

岐山県の西北八キロほどに位置する鳳凰山の南麓に、西周時代の賢者である周公旦を祀った周公廟がある。この廟は、唐の武徳元年（六一八）に建てられたものである。周公廟の東側には大きな土堆があり、伝説では『詩経』で「鳳凰鳴けり、彼の高崗に」と歌われた高崗がそこだという。周公廟の背後には不思議な清泉があり、「潤徳泉」という。伝説では、天下が太平の時はここには清い水が湧出し、天下が騒乱の時は涸れてしまうという。蘇軾は嘉祐八年（一〇六三）の九月、岐山を訪れたのちに、鳳凰山まで足を伸ばして周公廟を参拝した。そして詩を一首詠んでいる。(7)

吾今那復夢周公　　吾れ今　那んぞ復た周公を夢みん
尚喜秋来過故宮　　尚お喜ぶ　秋の来りて故の宮を過るを
翠鳳旧依山硉兀　　翠鳳は旧より山の硉兀《ろつごつ》たるに依り
清泉長与世窮通　　清泉は長えに世と窮通せり
至今游客傷離黍　　今に至るも游客は離黍を傷む
故国諸生詠雨濛　　故国の諸生は雨の濛たるを詠む
牛酒不来烏鳥散　　牛酒は来らず　烏鳥は散ぜり
白楊無数暮号風　　白楊は数無く暮に風号《な》る

潤徳泉は乱世につれて涸れ、いま泉の水が湧出しているのは時代の安定と豊年を予告している。蘇軾はこの吉兆に喜びを感じるとともに、不世出の政治家たる周公旦を思っている。詩全体に周公を偲ぶ気持ちと同時に、過去と現在とが断絶してしまっている寂しい想いを吐露している。

蘇軾は嘉祐七年（一〇六二）の初めに、囚人たちを裁く命を受けて、宝鶏県など四つの県へ赴いた。そして、数日に及ぶ仕事を終えると、以前から思いを寄せている終南山一帯を訪れた。のちに蘇軾は、この時の体験を踏まえて長い詩を一首創り、弟の蘇轍へ贈った。(8) この詩において、蘇軾は遊覧の経緯と場所とを詳しく記したために、この詩は後の人に蘇軾の貴重な伝記資料を提供している。

蘇軾は鳳翔に任官中、何度も終南山に足を運んだ。なかでも南渓は彼が非常に好んだ場所である。南渓は田渓ともいい、静かな山中の渓流であり、今の周至県終南鎮西の田峪河である。蘇軾は太平宮に珍蔵されている『道蔵』を閲覧した。南渓の太平宮は上清太平宮とも呼ばれる道観で、唐の太宗が創建したものである。竣工に当たって太宗は、『道蔵』を一部下賜した。蘇軾はこの『道蔵』を通覧すると、「読道蔵」と題する詩を詠み、太平宮の『道蔵』の素晴らしさと読後感とを記した。(9) また、南渓の竹林の深い所に隠者の建てた小屋があった。蘇軾はそれを詩に書いている（「南渓之南、竹林中、新構一茅堂。予以其所処最為深邃、故名之避世堂」『蘇軾詩集』巻四、頁一八四）。

猶恨渓堂浅　　猶お渓堂の浅きを恨み
更穿修竹林　　更に修竹の林を穿つ
高人不畏虎　　高人は虎を畏れず
避世已無心　　世を避けて已に無心

隠几頽如病　　几に隠りて頽として病むが如し
忘言兀似瘖　　言を忘れて兀として瘖《いん》の似し
茅茨追上古　　茅茨　上古を追い
冠蓋謝当今　　冠蓋　当今を謝す
暁夢猿呼覚　　暁に夢みて猿呼んで覚め
秋懐鳥伴吟　　秋に懐みて鳥伴いて吟ず
暫来聊解帯　　暫く来りて聊か帯を解き
屢去欲携衾　　屢しば去きて衾を携えんと欲す
湖上行人絶　　湖上に行人絶え
階前暮靄深　　階前に暮靄深し
応逢緑毛叟　　応に逢うべし　緑毛の叟
扣戸夜抽簪　　戸を扣いて夜に簪を抽く

『晋書』「郭文伝」によれば、郭文は若いときに山水を愛し、名山大川を遊歴して、楽しんで飽きなかった。のちに杭州の大辟山の狭い谷に至り、無人の地にあばら屋を建てて棲んだ。大辟山は狼や虎が出没し、日頃から家屋に入り込んで人を殺傷していたが、郭文はそこに独居すること十年余、安泰無事であった、という。また伝説によれば、唐の徳宗の大中年間、ある禅師が南岳にいて、緑毛が体を覆っている者に出くわした。禅師は問いただしてはじめて、彼がここに数百年来隠棲している高人であることを知ったという。以上の典故を使いながら、蘇軾はこの茅屋を「避世堂」と命名し、避世堂の主人の高潔な行ないを賛嘆しつつ、みずからもこうした神仙的な超脱の隠逸生活へのあこがれを託しているのである。

数度に亘る南渓への探訪は、蘇軾に忘れがたい印象を与えたであろうが、最もよく蘇軾の心情を表わしているのが、英宗の治平元年（一〇六四）に、友人の張杲之と李彭年とともに訪れた時の詩である。[10] 客観的に見て、この詩は文芸としては取るべきところがないが、詩中に溢れている蘇軾と友人たちとの嬉々とした様子には、誰もが羨むであろう。

仙遊寺は、盩厔県の南を約一五キロ進んだ黒水峪にある。この寺の前身は、隋代に造られた仙遊宮で、文帝の避暑地であった。唐代の晩期になるとここは、白居易が「長恨歌」を書いた場所として特に有名になったが、事情により咸通元年（八六〇）に、三つの寺に分けられた。このうちの一つは既にないが、残りの二つが黒河の南北両岸に現存している。南北の寺の中間に「黒水潭」あるいは「仙遊潭」「五龍潭」と呼ばれる池がある。幅は約六メートル程度だが、水の色は濃黒色で、いかにも深そうである。ここには神龍が住んでおり、唐の皇帝は毎年使者を派遣して金龍を投げ込む儀式を執り行ない、神龍に土地の平安を祈ったと伝承されている。唐の岑参の詩に「石潭　黛色を積《たくわ》え、毎歳　金龍を投ず。乱流は迅湍を争い、噴薄は雷風の如し」とある（「冬夜宿仙遊寺南涼堂、呈謙道人」）。白居易はこの愚かな行為に対して感慨を催している。「肉は堆む　潭岸の石、酒は潑す　廟前の草。知らず　龍神享くること幾多、林の鼠と山の狐は長えに酔い飽く。狐は何ぞ幸いなる、豚は何ぞ辜ある。年年豚を殺して将に狐に餵わす。狐は龍神に仮りて豚を食べて尽きたること、九重の泉底に龍は知れるや無や」（「黒龍潭疾貧吏也」）。蘇軾は仙遊寺とその一帯を、嘉祐七年（一〇六二）、八年（一〇六三）、そして英宗の治平元年（一〇六四）というように三度も訪れ、一三首の詩歌を残している。[11] これらの作品は、鳳翔時代の蘇軾の事跡を知る第一級の資料であるとともに、往時の仙遊寺の様子を後世に伝える、貴重な史料でもある。その一つ「留題仙遊潭中興寺、寺東有玉女洞、洞南有馬融読書石室、過潭而南、山石益奇、潭上有橋、畏其険、不敢渡」（『蘇軾詩集』巻三、頁一三〇）を示しておこう。

清潭百尺皎無泥　　清潭百尺　皎として泥無く
山木陰陰谷鳥啼　　山木陰陰　谷鳥啼く
蜀客曾遊明月峡　　蜀客曾て遊ぶ　明月の峡
秦人今在武陵渓　　秦人今在り　武陵の渓
独攀書室窺巌竇　　独り書室に攀って　巌竇を窺う
還訪仙姝款石閨　　還た仙姝を訪ねて石閨を款《たた》く
猶有愛山心未至　　猶お山を愛する心の未だ至らざる有り
不将双脚踏飛梯　　双脚を将て飛梯を踏むことあらず

この詩に「猶お山を愛する心の未だ到らざる有り、双脚を将て飛梯を踏むことあらず」とあるのは、仙遊潭の断崖絶壁は、形勢が厳しく、登攀が困難だというのである。「仙遊潭」詩の自注で「（仙遊潭の）東路は険しく、騎馬すべからず、西路は潭を隔てり。潭水は深くして測るべからず。上に一木を以て橋と為すも、敢えて過ぎず」とある。「南寺」詩に「東より去かば石を攀るに愁い、西より来たらば橋を渡るに怯ず」とあるのもその一証である。『高斎漫録』でこれについて生き生きした描写をしている。「（蘇軾と章惇）二人は相得て甚だ歓び、同に南山の諸寺に遊ぶ……仙遊潭に抵り、下に望むに絶壁万仞にして、岸は甚だ狭く、横木の架橋するのみ。子厚（章惇）は子瞻（蘇軾）に潭を過ぎて壁に書することを推むるも、子瞻敢えて過ぎず。子厚は平歩して以て過ぐるに、索を用いて樹に繋ぎ、之を上下に蹋んで、神色動かず。漆墨を以て筆を濡らして石壁上に大書して曰く、章惇蘇軾来遊せりと」（『蘇東坡軼事彙編』頁一九による）。査慎行の『蘇詩補注』は『高斎漫録』のこの話を、前掲の詩句の注釈にあてている。対して王文誥は詩の趣旨と構成の完結性から見て、その話にかっちり合っていないとする。思うに、『高斎漫録』の逸話は、その意趣をとるべきであり、その形に拘る必要はないから、査慎行注はあるいは証拠にできるかもしれないが、王文誥の説は形に拘泥しすぎのようだ。

中興寺は黒河北岸にあり、寺の東には玉女洞がある。洞内の飛泉は玉女泉といい、俗に「玉女のすだれ」と呼ばれる。伝説では、ここは秦の穆公のむすめ弄玉が簫を吹いて鳳凰を呼んだ所とされる。蘇軾の「玉女洞」に「洞裏に簫を吹く子、終年　独幽を守る。石泉を暁鏡と為し、山月を簾鈎に当つ。歳晩れて杉楓尽き、人帰りて霧雨愁う。送迎は応に鄙陋なるべし。誰か継がん　楚臣の謳」と歌うのは、この伝説によっている。玉女泉の水がおいしかったため、蘇軾は人をやって取ってこさせ、竹の栞を使って二つに分類し、一つは寺に置かせ、一つは自家用とし、その栞によって手紙の往来に備えた。それを戯れに「調水符」と称した（『蘇軾詩集』巻五、頁一九六・七）。

玉女洞の南は馬融石室である。馬融は後漢の人、扶風郡（鳳翔の近隣）の出身で、かつてここで苦学して一代の学者となったとされる。現在の陝西省扶風県絳帳鎮は馬融が講学した所と伝えられている。扶風県馬召鎮は、馬融が招きに応じて赴任するために馬に乗った場所とされる。蘇軾は「馬融石室」で「未だ将軍の聘に応ぜず、初めて季直に従って遊ぶ。絳紗は生より識らず、蒼石は尚お能く留む。豈に梁冀に依りて害せん、何ぞ李侯を困しむるを須いん。吾が詩は慎んで刻する勿かれ、猿鶴は君が為に羞ず」と歌っている（『蘇軾詩集』巻五、頁一九六）。この詩で蘇軾は、意外にも馬融の石室から筆を起こさずに、馬融の人品から作文している。『後漢書』「馬融伝」によると、「永初二年（一〇八）、鄧騭召すも、馬融は命に応ぜず。既に飢困して、乃ち悔んで嘆息し、往きて応召す」とあり、また同じく

「呉祐伝」に、「梁冀は李固を誣うるに、馬融は坐に在り、冀の為に草を章す。祐は融に謂いて曰く、李公の罪は、卿の手に成る。李公即し誅せらるれば、卿は何の面目ありて天下の人に見えんや」とある。蘇軾はこの二つのエピソードから馬融には潔くない面があり、とくに梁冀にかわって書いた李固を誣告する文は、馬融の人格の一大欠点だと思われたのである。それゆえ蘇軾は、この詩を石に刻したりするな、石に刻したりしたら、馬融の行為に猿や鶴をも恥ずかしく感じさせてしまうから、と詩の中で歌っている。この詩から、文人や士大夫の人格を重視し、かつそれを自らの戒めとする蘇軾の傾向を見て取ることができる。

秦嶺山脈の主峰の太白山は、郿、太白、盩厔の三県に跨る、海抜三千七百メートルあまりの山である。蘇軾は嘉祐七年（一〇六二）、太白山に遊んだ。蘇軾は次のように詠んでいる（注（8）の詩の部分）。

平生聞太白　　平生より太白を聞くも
一見駐行騶　　一見して行騶を駐む
鼓角誰能試　　鼓角誰か能く試みん
風雷果致不　　風雷すら果たして致るや不や
巌崖已奇絶　　巌崖已に奇絶にして
氷雪更琱鎪　　氷雪更に琱鎪《ちょうしゅう》
春旱憂無麦　　春旱に麦無きを憂い
山霊喜有湫　　山は霊にして湫《いけ》有るを喜ぶ
蛟龍懶方睡　　蛟龍懶にして方に睡り

瓶罐小容偸　　瓶缶に小しく偸むを容さん

蘇軾はこの詩に自注を加えて次のように書いている。「是の日の晩、眉より起って清秋鎮に至って宿す。道に太白山に過る。相伝して云う、軍行　鼓角を鳴らして山下を過ぐれば、輒ち雷雨を致すと。山上に湫有り、甚だ霊なり。今歳の旱を以て、方に之を取らんことを議せり」。果たしてしばらくして彼は、雨乞いのために鳳翔知府の宋選とともにこの地を訪れた。宋選らが雨乞いの儀式を執り行なった際、蘇軾は神に捧げる「祈雨文」を起草した。[12]するとしばらくして、鳳翔府に待望の雨が降った。人々は大喜びして太白山の神の霊験に感謝したが、蘇軾はこのことを踏まえて宋選に、「朝廷に奏上して太白山の神に称号を加えるべきだ」と提案した。そして、宋選がこの申し出を許可したために、蘇軾は彼に代わって、改めて朝廷への奏上文を書いた。[13]蘇軾のこうした行動は、一見するとたいそう大げさなように思えるが、別の角度から考えると、蘇軾が如何に人々の生活に多大な関心を持っていたか、ということを如実に表わしている。

以上、蘇軾と関中の名勝について述べてきたが、最後に、今までの内容をごく簡単に纏め、なおかつ蘇軾と関中の名勝とを研究する意義を述べておきたい。鳳翔府での任官中、蘇軾は鳳翔を基点として、関中の大部分の名勝、特に西部の名勝をしきりに訪れた。関中における蘇軾の行動を実地に調査する意義は、単に蘇軾の研究を深化させるだけでなく、我々に関中の名勝が持つ歴史的な文化の重みを認識させることにある。本稿は、蘇軾が遊覧した関中の名勝について、その軌跡をざっと述べたに過ぎない。小稿を足がかりとして、より多くの方々にこの問題を深く研究していただければ、望外の喜びである。

注

（1）「東湖」『蘇軾詩集』（清・王文誥輯注、孔凡礼点校、中華書局、一九八二年）巻三、頁一一一―一一四。

（2）「喜雨亭記」『蘇軾文集』（孔凡礼点校、中華書局、一九八六年）巻一一、頁三四九―三五〇）。原文は次の通り。「亭以雨名、志喜也。古者有喜、則以名物、示不忘也。周公得禾、以名其書。漢武得鼎、以名其年。叔孫勝狄、以名其子。其喜之大小不斎、其示不忘一也。余至扶風之明年、始治官舎、為亭於堂之北、而鑿池其南、引流種樹、以為休息之所。是歳之春、雨麦於岐山之陽、其占為有年。既而弥月不雨、民方以為憂。越三月乙卯、乃雨、甲子又雨、民以為未足、丁卯、大雨、三日乃止。官吏相与慶於庭、商賈相与歌於市、農夫相与抃於野、憂者以楽、病者以愈、而吾亭適成。於是挙酒於亭上以属客、而告之曰、「五日不雨、可乎？」曰、「五日不雨、則無麦。」「十日不雨、可乎？」曰、「十日不雨、則無禾。」無麦無禾、歳且荐饑、獄訟繁興、而盗賊滋熾、則吾与二三子、雖欲優游以楽於此亭、其可得耶！今天不遺斯民、始旱而賜之以雨、使吾与二三子、得相与優游而楽於此亭者、皆雨之賜也。其又可忘耶！既以名亭、又従而歌之、曰、使天而雨珠、寒者不得以為襦。使天而雨玉、饑者不得以為粟。一雨三日、繄誰之力。民曰太守、太守不有。帰之天子、天子曰不然。帰之造物、造物不自以為功。帰之太空、太空冥冥。不可得而名、吾以名吾亭。」

（3）蘇軾「陳公弼伝」『蘇軾文集』巻十三、頁四一五。「凌虚台記」の原文は次の通り（『蘇軾文集』巻一一、頁三五〇―三五一）。「国於南山之下、宜若起居飲食与山接也。四方之山、莫高於終南。而都邑之麗山者、莫近於扶風。以至近求最高、其勢必得。而太守之居、未嘗知有山焉。雖非事之所以損益、而物理有不当然者、此凌虚之所為築也。方其未築也、太守陳公杖履逍遙於其下、見山之出於林木之上者、纍纍如人之旅行於牆外而見其髻也、曰、「是必有異。」使工鑿其前為方池、以其土築台、高出於屋之危而止。然後人之至於其上者、怳然不知台之高、而以為山之踊躍奮迅而出也。公曰、「是宜名凌虚。」以告其従事蘇軾、而求文以為記。軾復於公曰、「物之廃興成毀、不可得而知也。昔者荒草野田、霜露之所蒙翳、狐虺之所竄伏、方是時、豈知有凌虚台耶？廃興成毀相尋於無窮、則台之復為荒草野田、皆不可知也。嘗試与公登台而望、其東則秦穆之祈年・橐泉也、其南則漢武之長楊・五柞、而其北則隋之仁寿・唐之九成也。計其一時之盛、宏傑詭麗、堅固而不可動者、豈特百倍於台而已哉！然而数世之後、欲求其髣髴、而破瓦頽垣無復存者、既已化為禾黍荊棘邱墟隴畝矣、而況於此台歟？夫台猶不足恃以長久、而況於人事之得喪、忽往而忽来者歟?而或者欲以夸世而自足、則過矣。蓋世有足恃者、而不在乎台之存亡也。」既已言於公、退而為之記。」

（4）「磻渓石」『蘇軾詩集』巻三、頁一三三。

（5）「二十六日五更起行、至磻渓、天未明」『蘇軾詩集』巻四、頁一七四。

（6）「是日至下馬磧、憩於北山僧舎。有閣曰懐賢、南直斜谷、西臨五丈原、諸葛孔明所従出師也」『蘇軾詩集』巻四、頁一七六―一七九。原文は以下の通り。「南望斜谷口、三山如犬牙。西観五丈原、鬱屈如長蛇。有懐諸葛公、万騎出漢巴。吏士寂如水、蕭蕭聞馬檛。公才与曹丕、豈止十倍加。顧瞻三輔間、勢若風捲沙。一朝長星墜、竟使蜀婦髽。山僧豈知此、一室老煙霞。往事逐雲散、故山依渭斜。客来空弔古、清涙落悲笳。」

（7）「周公廟、廟在岐山西北七八里、廟後百許歩、有泉依山、湧冽異常、国史所謂潤徳泉世乱則竭者也」『蘇軾詩集』巻五、頁一九九―二〇〇。

（8）「壬寅二月、有詔令郡吏分往属県減決囚禁。自十三日受命出府、至宝鶏、虢、郿、盩厔四県。既畢事、因朝謁太平宮、而宿於南渓渓堂、遂並南山而西、至楼観・大秦寺・延生観・仙遊潭。十九日乃帰。作詩五百言、以記凡所経歴者寄子由」『蘇軾詩集』巻一、頁一二二―一二九。

（9）「読道蔵」『蘇軾詩集』巻四、頁一八一―一八二。原文は以下の通り。「嗟余亦何幸、偶此琳宮居。宮中復何有、戢戢千函書。盛以丹錦囊、冒以青霞裾。王喬掌関籥、蚩尤守其廬。乗閑窃掀攪、渉猟豈暇徐。至人悟一言、道集由中虚。心閑反自照、皎皎如芙蕖。千歳厭世去、此言乃籧篨。人皆忽其身、治之用土苴。何暇及天下、幽憂吾未除。」

（10）「二月十六日、与張李二君遊南渓、酔後、相与解衣濯足、因詠韓公山石之篇、慨然知其所以楽而忘其在数百年之外也。次其韻」『蘇軾詩集』巻五、頁一九八―一九九。原文は以下の通り。「終南太白横翠微、自我不見心南飛。行穿古県並山麓、野水清滑渓魚肥。須臾渡渓踏乱石、山光漸近行人稀。窮探愈好去愈鋭、意未満足枵如飢。忽聞奔泉響巨碓、隠隠百歩揺窗扉。跳波濺沫不可嚮、散為白霧紛霏霏。酔中相与棄拘束、顧勧二子解帯圍。褰裳試入挿両足、飛浪激起衝人衣。君看麋鹿隠豊草、豈羨玉勒黄金鞿。人生何以易此楽、天下誰肯従我帰。」

(11)「仙遊寺」にまつわる詩は、注（8）の作品以外に次のものがある。⑴「留題仙遊潭中興寺、寺東有玉女洞、洞南有馬融読書石室、過潭而南、山石益奇、潭上有橋、畏其険、不敢渡」（『蘇軾詩集』巻三、一三〇—一三一頁）、⑵「自清平鎮遊楼観・五郡・大秦・延生・仙遊、往返四日、得十一詩、寄子由同作　楼観」（巻五、一九二頁）、⑶「同上　五郡」（巻五、一九二—一九三頁）、⑷「同上　授経台」（巻五、一九三頁）、⑸「同上　大秦寺」（巻五、一九四頁）、⑹「同上　仙遊潭」（巻五、一九四—一九五頁）、⑺「同上　南寺」（巻五、一九五頁）、⑻「同上　北寺」（巻五、一九五—一九六頁）、⑼「同上　馬融石室」（巻五、一九六頁）、⑽「同上　玉女洞」（巻五、一九六—一九七頁）、⑾「同上　愛玉女洞中水、既致両瓶、恐後復取而為使者見給、因破竹為契、使寺僧蔵其一、以為往来之信、戯謂之調水符」（巻五、一九七頁）、⑿「同上　自仙遊回至黒水、見居民姚氏山亭、高絶可愛、復憩其上」（巻五、一九七—一九八頁）。

(12)「鳳翔太白山祈雨祝文」『蘇軾文集』巻六二、頁一九一三—一九一四。原文は以下の通り。「維西方挺特英偉之気、結而為此山。惟山之陰威潤沢之気、又聚而為湫潭。缾罌罐勺、可以雨天下、而況於一方乎？乃者自冬徂春、雨雪不至、西民之所恃以為生者、麦禾而已。今旬不雨、即為凶歳、民食不継、盗賊且起。豈惟守土之臣所任以為憂、亦非神之所当安坐而熟視也。聖天子在上、凡所以懐柔之礼、莫不備至。下至於愚夫小民、奔走畏事者、亦豈有他哉！凡皆以為今日也。神　其盍亦鑒之。上以無負聖天子之意、下以無失愚夫小民之望。尚饗。」

(13)「代宋選奏乞封太白山神状」『蘇軾文集』巻三七、頁一〇六一。原文は以下の通り。「伏見当府郿県太白山、雄鎮一方、載在祀典。案、唐天宝八年、詔封山神為神応公。迨至皇朝、始改封侯、而加以済民之号。自去歳九月不雨、徂冬及春、農民拱手、以待饑饉、粒食将絶、盗賊且興。臣採之道塗、得於父老、咸謂此山旧有湫水、試加祷請、必獲響応。尋令択日斎戒、差官莅取。臣与百姓数千人、待於郊外、風色惨変、従東南来、隆隆猟猟、若有駆導。既全之日、陰威凛然、油雲蔚興、始如車蓋、既日不散、遂弥四方、化為大雨、罔不周飫。破驕陽於鼎盛、起二麦於垂枯。鬼神雖幽、報答甚著。臣窃以為功効至大、封爵未充、使其昔公而今侯、是為自我而左降、揆以人意、殊為不安。且此山崇高、足虫五岳、若賜公爵、尚虚王称、校其有功、実未為過。伏乞朝廷更下所司、詳酌可否、特賜指揮者。」

主要参考文献

『蘇軾年譜』　孔凡礼撰　中華書局、一九九八年。
『蘇軾資料彙編』　四川大学中文系唐宋文学研究室編　中華書局、一九九四年。
『蘇東坡軼事彙編』　顔中其編注　岳麓書社、一九八四年。
『鳳翔県誌』　鳳翔県誌編纂委員会　陝西人民出版社、一九九六年。
『関中勝跡図志』　畢沅撰。

朝鮮本『薛仁貴伝』の形成様相

厳　基　珠

一、先行研究検討

十七・十八世紀の朝鮮時代には、不運な英雄が戦争に出て功績をあげて錦衣還郷する小説が多い。その中でも多く読まれたと思われる『蘇大成伝』『張翼星伝』『張豊雲伝』などは『薛仁貴伝』がその原形になったのではないかと言われている。

朝鮮における『薛仁貴伝』の異本は一二種が知られている。表記言語から見ると、漢文本一種、ハングル本一一種である。形態からは、木版、写本、旧活字本がある。一般的に、朝鮮の『薛仁貴伝』は、中国の『薛仁貴征東』四十二回本を元にして翻訳したものであると言われているが、異本の中にはその翻訳とかなり違う内容のものがあり、それは朝鮮人が創作したものではないかという主張もある。(1)しかし、中国における「薛仁貴物語」には種類が多いことは認めているにもかかわらず、粗筋はあまり変わらないだろうと前提した上、そのうちの一つである中国の『薛仁貴征東』だけを基準とし、朝鮮の『薛仁貴伝』を単純に分類してしまうことには疑問がある。さらに朝鮮の『薛仁貴伝』類が中国の『薛仁貴征東』の翻訳なのかどうか判別すること自体にそれほど大きな意味があるかも問題である。

朝鮮時代の小説作者の中には文人達が多数を占めていながらも、興味本位の小説の価値を全く認めていない当時の文化的な雰囲気を考慮すると、中国のものだからといって小説の価値を高く評価し、忠実に翻訳した可能性は極めて低い[2]。すると問題になるのは、翻訳ならばどこまで忠実な訳をし、どこから原文を変えたのか、変えた理由は何なのかという点であろう。しかし、そもそも原本が違っていたとしたら話は成り立たない。従って、その検証がまず行われなければならない。本稿では、翻訳として認められているものを検討した後、翻訳と違う系列と言われるものの内容を検討し、今後の研究のための問題提起を試みる。

二、『薛仁貴征東』四十二回本の翻訳系列について

『薛仁貴征東』四十二回本の翻訳と言われるものとしては、旧活字本、写本である梨花女子大学校図書館所蔵本、延世大学校図書館所蔵本がある。この中で旧活字本は、一九一五年のもの一種、一九二六年のもの二種があるが、二つは、内容と字数があまり変わらない類似版である。筆写本のうち梨花女子大学校図書館所蔵本は、貸本屋のものと見られるが四冊しか残っていないし、残っているものも保存状態がよくなく、資料として使える状態ではない。筆写年代は一九〇八年に推定される[3]。延世大学校図書館所蔵本は、最後に記してある筆写年代の乙卯年が一九一五年に推定され、旧活字本の出版年代と同じである。一部の内容を検討した結果、旧活字本を筆写した可能性はないが、およその長さは旧活字本より三千字ぐらい短い。ここでは、一九一五年発行の旧活字本を対象とし[4]、翻訳の傾向を見る。

旧活字本というのは、俗に ddag-jji 本とも言われるもので、一九〇七年ごろから鉛活字で印刷し出版した、読み物の総称である。本稿で旧活字本を分析することは、『薛仁貴伝』の異本状況及び実態を明らかにするための手がかり

を作ることが一次的な目的だが、その他にも近代に入って数多く出版された旧活字本小説全体の特徴を見る目的も兼ねている。以下、旧活字本『薛仁貴伝』は「旧活」とし、中国の『薛仁貴征東』[5]は「征東」とし、明らかな差がある一部を比べてみれば次の頁の表のようである。[6]

「旧活」においての数字の変更が目立つのは前半部で、後半部はそれほど多くない。ところが、数字の変更には一定な傾向があり、それなりの意味があるようだ。

まず、①②⑤⑨では、登場人物の歳がすべて若くなっている。特に薛仁貴と二人の妻が、同じ歳になっている。主人公とそれに準ずる登場人物の歳が二〇歳未満になっていることは朝鮮時代小説の一般的な傾向でもある。因みに『春香伝』の主人公も異本によって少し差はあるが、一六歳から一八歳の間に設定されている。

③⑥⑦⑧⑪⑫⑯⑰⑱では大きな数字に変わっている。その中でも、③⑰⑱のような部分は、元の作品のなかでも数字を大きく設定し、誇張する部分であり、それをもっと拡張させたのである。それ以外には、⑦⑧のように朝鮮語の感覚上、より確実に多いものとして感じられる数字に変えたと見られる例、数字についての好みなのか奇数になった例が見られる。

一方、④⑩⑬⑭⑮⑲の数字は小さくなっている。これは、現実化の意味があったのではないかと思われる。例えば、④の家の建設工事をやめる時期だが、朝鮮半島での十二月下旬は冬の終わりなので、建設工事をやめる時期としては冬の始まりである十月にした方が適切であるという判断があったのだろう。

(1) 数字の変更

		「征東」	「旧活」
①	薛仁貴の母の歳	一：五三歳	一：三〇歳
②	王茂生と薛仁貴の歳	八：二九歳、二一歳	一一：一九歳、一八歳
③	薛仁貴が王茂生の家で食べたご飯	八：五升	一一：一斗三升
④	家の建設工事を止めた時期	九：一二月下旬	一三：一〇月
⑤	柳大洪、柳金花の歳	一〇：二六歳、二〇歳	一三：一六歳、一八歳
⑥	大紅綾で作った服	一一：二着	一五：三着
⑦	結婚に王茂生が出したお金	一五：銀一両	二二：白銀五両
⑧	薛仁貴が一日に獲った雁の数	一五：四五十羽、二百文	二三：五六十羽、三百文
⑨	樊洪海の娘の歳	二〇：二〇歳	二九：一八歳
⑩	薛仁貴の武器の重さ	二一：二百斤	三一：百五十斤
⑪	風浪の理由	三四：四海龍王が朝見	五六：五湖龍王が朝見
⑫	李慶紅が薛仁貴たちと別れた年月	三八：十有余年	六二：一四年
⑬	鳳凰城を三千人が夜襲する計略	四三：二〇日目には攻めないで薛仁貴と八人が攻撃	六七：六日目は攻めないで薛仁貴と八人が攻撃
⑭	薛仁貴と蓋蘇文の戦い	五二：四十冲鋒、百十余合、また一百十余合、十余合	八〇：四五十合、百余合、十余合
⑮	蓋蘇文の妻の梅月英の歳	五三：三〇歳	なし
⑯	周青の無礼について仁貴が下した罰	六四：四〇棍	下一〇：五〇棍
⑰	老人が仁貴たちに与えた食べ物の量	六八：吃千万年、也不能盡	下一六：億万年すぎでも不能盡
⑱	蓋蘇文が敗北し逃げた距離	九八：二〇里	下五八：三〇里
⑲	扶余国からの援兵	九八：二〇万	下五八：一〇万
⑳	薛雄が仁貴に会うために王茂生に上げたお金	一一二：三千銀子	下七七：二〇両金

(2)内容の省略・縮小・変更

「征東」と「旧活」の粗筋が変わらないことについては既に先行研究があるので、[7] ここではさらに詳しく翻訳方法を見るためにいくつかの本文を直接比べてみる。

「征東」一頁

朕心歓悦 就問他姓名 要他随駕回営 加封厚爵。也説「臣家有事 不敢就来随駕 改日還須保駕 臣要去了。」朕連忙扯住説「快留個姓名 家住何処 日後好差使臣来召 到京師封官受爵。」他説「有四句詩在此 就知臣姓名。」朕便問什麼詩。他詩曰「家住逍遙一点紅 飄飄四下影無蹤 三歳孩童千両価 保主跨海去征東。」剛説完 只見海内透出一個青龍頭来…

「旧活」二頁

太宗が薛仁貴の名前を聞き、封爵しようとしたら、薛仁貴が自分の名前は薛仁貴で、今ではない後日に太宗を護衛すると言う。

「征東」二頁

茂公道「陛下有夢 必有応験 臣詳這四句話 名姓郷地 多是有的。」太宗道「先生詳一詳看 他姓甚名誰 住居那裏。」茂公道「他説家住逍遙一点紅 那太陽沉西 只算一点紅了 必住在山西 他縦下龍口去了 必是龍門県 山西絳州府有一個龍門県 若去尋他 必在那裏。飄飄四下影無蹤 乃寒天降雪 四下裏飄飄落下 没有蹤跡的 其人姓薛。三歳孩童千両価 那三歳孩童値了千両価銭 豈不是仁貴了 仁貴二字 是他名字了 其人必叫做薛仁貴 保陛下跨海征東 東首都是海 若去征東 必要過海的。所以這応夢賢臣説「保了陛下跨海去 平伏東遼。」

「旧活」二頁
茂公が太宗の夢を聞いて、紅光は大きな戦いがある兆候で、顔が青い人が乱を起こすと白袍将軍が平定する兆候なので応夢賢臣ではないかと言う。

「征東」では、中国の太宗の夢に薛仁貴が現れ太宗を救うが、自分の名前を直接語らず、名前が謎として隠されている詩を残したあと去るが、「旧活」では詩を省略し、名前を直接言ってしまい、知的な面白みがなくなっている。

「征東」三・四頁
臣想不如配一個醜陋女子。今訪得史大奈有位令愛　生得妖怪　更犯瘋癲　該是姻縁　未知陛下如何。」太宗准奏　咬金大喜　謝恩退出午門　又到羅府　転説一番。宝夫人喜道「煩伯伯与我小児作伐。」咬金道「這個自然。」就往史府説親　史家要出脱這個厭物　自然許允　到吉日羅家鼓楽喧天　往史家迎親　史家這位姑娘　到也希奇　這日就不癡了　喜嬪与他梳頭　改換衣服。羅通娶到家中　送入洞房　説也奇怪　這位姑娘形状都変了　臉上反白　面也端正　与羅通最和睦　孝順婆婆　十二分好　過門後掌権家事　無不賢能。

「旧活」四頁
咬金が太宗に、史大奈の娘が醜くて、風病にかかっているのでその娘と結婚させ、罪をつぐなうようにすることが聖徳ではないかと言う。太宗がその提案を許諾し、咬金が羅府に伝え、娘を綺麗にめかしたらその醜さがだいぶ隠された。

「征東」一五頁

自此薛仁貴有了小姐這三百銀子　奢侈濫用　他三人　毎日差不多要吃二斗米。誰想光陰迅速　過了一月　銀子漸漸少起来了　柳金花叫声官人「你這等吃法　就是金山也要坐吃山空　如今随便做些什麼事業　湊攢幾分也好。」仁貴道「娘子　這到煩難　手業生意　不曾学得　叫我做什麼事業攢湊　思来算去　真難設法。」忽一日　想着一個念頭　尋些毛竹在窰将刀做起一件物件来。金花叫声官人「你做這些毛竹何用。」仁貴道　「娘子你不知道　如今丁山脚下　雁鵝日日飛来　我学得這様武芸好弓箭　不如射些下来　也得吃了　故我在此做弓箭　要去射雁。」

「旧活」二二一・二二三頁

その後、薛仁貴と柳金花が夫婦になって乳母と一緒に窟の中で安楽に暮らすが、柳金花が持っていた銀をすべて使ってしまう。すると薛仁貴は木を切り、弓をつくる。聞いたら雁を獲てお金にするという。

以上の二個所のように対話の省略及び叙述への変更、粗筋だけ残す縮約のような訳の仕方はその他の「旧活」全体にも共通して見られるものである。

「征東」二三頁

遂走出来道「薛恩人　老漢夫婦感蒙相救　欲将小女匹配恩人　即日成親　以為後日之靠　未知恩人意下如何?」仁貴道「人已有妻室　這事不敢従命。」洪海道「恩人不妨　人家三妻四妾　恩人就娶両位　也不為過　我家女児願做偏房便了。」仁貴道「員外　你家小姐　正在青春　怕没有門当戸対　怎麼反与我作偏房　這是使不得。」樊洪海道「恩人　老漢一言既出　駟馬難追　若不応承　是嫌小女貌醜了。」李姜三人道「薛兄弟　員外既如此説　何不応允。」仁貴道「既

承不棄 就応允遵教 但是得罪令愛 有罪之極。」

「旧活」三四・三五頁

樊洪海が仁貴に、仁貴の恩に報いるため娘を嫁入りさせるという。仁貴はすでに李慶紅（山賊だったが、仁貴と戦って負けて、兄弟の義を結ぶ）に許婚したので李慶紅に嫁入りするのが筋であるという。また、自分は結婚しているという。これに対して李慶紅は、自分と彼女との関係は強制したもので正道ではないし、樊公が望まないので無効であるという。仁貴は再び、李慶紅が改心したので二人は結婚すべきであり、また、もし自分が結婚したら予めそれを狙って戦ったと他人が誤解するだろうという。李慶紅らは、婚約はお互いの家が願ってやるべきで自分達が強制したことは不当だと言い、もう一度仁貴に結婚を勧める。仁貴は、樊繡花がまだ若いのに人の側室になってもいいのかと聞く。樊洪海がそれでもよいと言うので仁貴はやっと受諾し、樊繡花との結婚を決める。

この部分は、異例的に「旧活」の方が長い。仁貴は自分が樊繡花と結婚できない理由をあげて三回も断る。その理由の中で「征東」になかったものとして、すでに結婚を約束した女性はいかなる理由があってもその人と結婚すべきであるという朝鮮時代から女性に強いられた結婚風習が関わっている。このような変更は、韓国の読者を考慮したものとして、小説の教育的な効果を強く意識した翻訳者によるものであろう。このような変更は、他本では現れない。つまり、旧活字本だけの特徴である。

前にも述べたように旧活字本は、一九〇七年ごろから出版され出した、近代に入って生産された読み物である。その中には、『春香伝』『沈清伝』『田禹治伝』などの古小説の縮約や改作版と、いわば新小説という新しい作品が混在していることはよく知られている。しかしここで、さらに中国小説の翻訳を追加する必要があるのではないかと思われる。『薛仁貴伝』の続編にあたる『薛丁山実記』が旧活字本としてしか存在しないことがまさにその具体的な例である。

ところで、このような旧活字本には殆ど翻訳者の名前が載っていない。ところが、『薛仁貴伝』の例を見てみると以前の朝鮮小説の伝統を反映しつつ、元の作品の或る部分を縮小、拡大することによって、自分なりの作品像を作る、かなり手の込んだ翻訳、しかも「小説の教育的な効果を強く意識し」ながら行われた翻訳物であることがみうけられる。果たして誰がこのような中国の長編小説を翻訳したのだろうか。

新小説作家の李海朝は、一九一〇年に発表した『自由鐘』の中で、小説が民衆を啓蒙する教科書でなければならないことを主張した。当時は、作家なら誰でも小説の役割として教訓的な側面だけを認識していた時代でもある。そのような状況まで含め、総合的に考えると、新小説と発表形式も同じだった旧活字本の中国小説の翻訳は、新小説作家たちと意識を同じくする知識人たちによって行われた可能性が非常に高いと思われる。このような推測をさらに推し進めると、中国の『薛仁貴征東』の翻訳である筆写本を含めた一連の『薛仁貴伝』はすべて、旧活字本が出版された一九〇七年以降のものかもしれないというところまで至る。中国の『薛仁貴征東』の翻訳系列に属する異本が一九〇〇年代のものしかないのは、以前のものが滅失したからではなく、以前には存在しなかった可能性があると推測されるのである。

三、『薛仁貴征東』の翻訳ではないと言われる系列について

次は、翻訳と違う系列と言われるものの一部をとりあげてその内容を確認することにしよう。

『薛仁貴征東』四十二回本の翻訳とは異なると言われるものには、写本と木版本がある。写本には、高麗大学所蔵の漢文本、韓国国立中央図書館所蔵本のハングル本と嶺南大学校図書館所蔵本のハングル本などがあるが、漢文本は要約本に近く、嶺南大学校図書館所蔵本は完全に揃ってはいない。筆写本のうちでは、韓国国立中央図書館所蔵本が善本と言われている。木版本は大体、十七世紀ごろできたもので、ソウルで刷ったものを「京板」といい、全羅地方で刷ったものを「完板」という。『薛仁貴伝』は、三〇張本と四〇張本の二種類の「京板」が残っている。三〇張本は嶺南大学校図書館所蔵や漢文本、国立中央図書館所蔵本などと同じ系列に見えるが、四〇張本は異なる。四〇張本については今後の研究課題として残しておいて、ここでは三〇張本を対象とする。写本ではない木版本を選ぶ理由は、筆写本は読者が限られていて、たとえ簡約縮約本であっても木版本のほうが読者は多い。翻訳本の一般的傾向を見るには多くの読者を持った木版本がより適切ではないかと思うからである。

以下、木版『薛仁貴伝』は「京板」とし、中国の『薛仁貴征東』は「征東」とし、内容的に差がある部分をとりあげて比べてみよう。

①

「征東」：薛仁貴の母は父（薛英）初妻である潘氏。五三歳に懐妊。

「京板」：薛仁貴の母は父（薛 man-baeg）の初妻の柳氏ではなく再婚した張氏。

②

「征東」：薛仁貴の母である潘氏が、一星が懐中に入り込む夢を見た後懐妊。

「京板」：薛仁貴が生まれる直前に、父が、白虎が家に入る夢を見る。

③
「征東」…なし
「京板」…薛仁貴が生まれる時、家を五雲がおおう。
④
「征東」…薛仁貴が一五歳になるまで話せない。
「京板」…なし
⑤
「征東」…なし
「京板」…薛仁貴が武芸を好み、父と意見の違いで対立する。
⑥
「征東」…小羅通匹配醜婦（二回）
「京板」…この章全文なし
⑦
「征東」…両親が一緒に病死。
「京板」…父が病気で死んだ後、火災が起こり、張氏は悲観して自殺する。
⑧
「征東」…食べ物がなくて伯父の家に行くが薄待され、悲観した薛仁貴は自殺をはかるが、通りがかった王茂生によって救われ、彼の家に身を寄せる。

「京板」：燐人が薛仁貴を養おうとしたが薛仁貴が食べる量が多すぎて養えなくなる。

⑨
「征東」：薛仁貴の食べる量が多くて困った王茂生は、柳家の建設工事現場に薛仁貴を紹介する。

「京板」：道に迷ったあげく逍遥冠をかぶった老人の家に辿りつく。老人は柳氏。薛仁貴は老人の家で庭の仕事をしながら暮らすようになる。

⑩
「征東」：柳家には二〇歳の娘がいて名前は金花という。

「京板」：柳家には一三歳の娘がいる。

⑪
「征東」：柳家の娘は母と建設中の家を見に行ったら白虎が飛び掛かる幻をみる。

「京板」：ある日、娘は庭の上に浮いている龍を見るが、その下に薛仁貴が寝ていた。

⑫
「征東」：娘は、薛仁貴が寒いところ何にもかけず寝ているのを見て、掛けるものを探すが、突然真っ暗になって父からもらった紅衣を誤って掛けてしまう。

「京板」：娘は彼に嫁入りすることを決心し、自分の上着（下着にあたる）を脱いで薛仁貴に掛ける。

⑬
「征東」：なし
「京板」：薛仁貴が目を覚ましたら、娘は誰にも言わないように注意する。

⑭
「征東」…薛仁貴が紅衣を着ていることを見た娘の父が怒り、娘を殺そうとしたので、弟（柳大洪）と母が知恵をはたらかせて娘を逃がす。薛仁貴も怖くなり逃げるが、偶然二人は古廟で会う。

「京板」…薛仁貴が娘の上着を着ていることを見た娘の父は怒り、二人を家から追い出す。

⑮
「征東」…乳母の勧めで二人は夫婦になる。（薛仁貴には叔父なし。）
「京板」…薛仁貴は娘と一緒に薛仁貴母の弟（叔父）の家へ行く。

⑯
「征東」…薛仁貴が鳥を獲って売り、貧乏暮らしをする。
「京板」…叔母が嫌がって叔父の家から離れたところで樵夫として貧乏暮らしをする。

⑰
「征東」…なし
「京板」…ある日七人の山賊と出会い戦って勝つ。八人は兄弟の縁を結び、従軍を決める。

⑱
「征東」…なし
「京板」…上京のための費用援助を叔父に求めると、叔母は薛仁貴に、怪物が出る畑をすき起こさせる。薛仁貴が怪物を殺したら不思議な現象が起こり、鎧と甲が天から与えられる。

⑲

「征東」：樊家荘洪海訴苦　風火山三寇被擒（八回）
「京板」：この章全文なし
⑳
「征東」：樊繡花願招勇婿　薛仁貴二次投軍（九回）
「京板」：この章全文なし
㉑
「征東」：打山虎老将薦賢　贈令箭三次投軍（一〇回）
「京板」：この章全文なし
㉒
「征東」：金沙灘仁貴大捷　思郷嶺慶紅認弟（一四回）
「京板」：この章全文なし
㉓
「征東」：鳳凰城で蓋賢謨と二人が対決するが、仁貴がだまし討ちで勝利（一五回）
「京板」：蓋賢謨の兵との対決で待ち伏せして勝利。
㉔
「征東」：汗馬城黒夜鏖兵　鳳皇山老将遭難（一六回）
　　　　　尉遅恭囚解建都　薛仁貴打獵遇帥（一七回）
　　　　　太宗被困鳳皇山　蘇文飛刀斬衆将（一八回）

薛萬徹殺出番営　張士貴妬賢傷害（一九回）
梅月英逞蜈蚣術　李薬師賜金鶏旗（二〇回）
蓋蘇文敗帰建都　何宗憲冒認功労（二一回）
敬徳犒賞査賢士　仁貴月夜嘆功労（二二回）
番将力擒張志龍　周青怒鎖先鋒将（二三回）

「京板」：これらの章全文なし

㉕

「征東」：尉遅敬徳が張環を追及し、仁貴のことを知る。（二四回）
「京板」：この章全文なし

㉖

「征東」：なし
「京板」：柳 ji-geom が尉遅敬徳と戦った後帰ったら、母の鄭氏が尉遅敬徳と柳 ji-geom が父子であることを明かす。母は自殺、父子相逢。

㉗

「征東」：張環が仁貴を殺すため谷口に火をつけるが、玄女娘娘にもらった水火布と玄女娘娘の不思議な力によって外に出されて助かる。

㉘

「京板」：張環が仁貴を殺すため谷口に火をつけるが、突然雨が降って助かる。

「征東」：なし
「京板」：仁貴が負傷し、ある家に入ると仙女が薬をくれる。

㉙
「征東」：なし
「京板」：尉遅敬徳と蓋蘇文が鞭を使って対決をするが、尉遅敬徳が耐えられず逃げる。

㉚
「征東」：唐軍に敗れた蓋蘇文が飛刀を求めるため山へ行く。太宗が狩に出て、蓋蘇文と出会い、太宗が逃げる。

（二八回）

「京板」：唐軍が蓋蘇文に敗れて、太宗も逃げる。

㉛
「征東」：太宗が蓋蘇文に降書を書こうとするところを仁貴が救う。（二九回）
「京板」：太宗負傷。蓋蘇文に降書を書くところ、仁貴が救い、傷も仙薬で治す。

㉜
「征東」：張環殿上露奸計　攻関薛礼得龍駒（三〇回）、長安城活擒反賊　譲帥印咸重賢臣（三一回）
張環が反乱を起こそうとし、仁貴がやぶる。
「京板」：なし

㉝
「征東」：売弓箭仁貴巧計　逞才能二周帰唐（三二回）

猩猩膽砧傷唐将　紅漫漫中戟陣亡（三三回）
宝石基採金進貢　扶余国借兵囲城（三四回）
程咬金誘惑蘇文　摩天嶺討救仁貴（三五回）
仁貴大破囲城将　蘇文失計飛刀陣（三六回）
扶余国二次借兵　殊皮山播弄神通（三七回）
香山弟子除妖法　唐国元戎擺陣図（三八回）
「京板」：これらの章全文なし

㉞
「征東」：蘇文誤入龍門陣　仁貴智滅高麗帥
蓋蘇文が命を乞うが、仁貴が拒む。蓋蘇文は自殺。（三九回）
「京板」：仁貴が蓋蘇文を殺す。

㉟
「征東」：唐天子班師回朝　張士貴欺軍正罪
太宗が命じて張環は殺すが、幼い息子は生かす。（四〇回）
「京板」：太宗が張環の三族を殺すように命じる。

㊱
「征東」：柳夫人は乳母、男（丁山）女双児と一緒に暮らしてきた。（四一回）
「京板」：柳夫人は隣の老婆、息子（平山）と一緒に暮らしてきた。

㊲
「征東」：なし
「京板」：柳夫人の父が夢を見て娘を許し、柳夫人は実家に戻る。

㊳
「征東」：平遼王建造王府　射悪怪誤傷嬰児
仁貴が家に帰るが、間違って息子を殺す（蓋蘇文の鬼神の復讐）。仁貴が妻を試してみるが、すぐ事実を言う。（四一回）
「京板」：他の人を送って結婚式の準備を命じ、試す。柳夫人は固く拒んで事実を言っても信用せず、以前自分が仁貴に与えた証拠の品で仁貴を確認。

㊴
「征東」：柳員外送女赴任　薛仁貴双美団円
樊繍花をまねき、柳・樊の二人が王妃になる。（四十二回）
「京板」：なし

以上のような差を、どのように解釈すべきなのか。先行研究では、このような差こそ『薛仁貴伝』が朝鮮における創作であることを語っているという。しかし、朝鮮で作られたことを認め、差をいくら強調しても、単純な創作ではないことは明らかである。問題は、創作か翻訳かより、どのような状況でこのような作品が生まれたかではなかろうか。

「京板」がどのような作品なのか知るためには、現段階ではまず「征東」と比較してみるしかない。しかし、残っている「京板」は、写本と比べても何分の一かに縮約されたものなので、「征東」にあった部分がいくらなくなったとしても不思議ではない。むしろ、「征東」にない場面が「京板」にあるとしたら、それが「京板」の特徴であり、それを追求すると「征東」とは異なる、今は知られていない別の根拠にたどりつく可能性が生じるのではなかろうか。

「征東」と大きく違うところは、まず薛仁貴の父と母の名前である。他の人物の名前にも差が見えるが、名前の差は、元を探すのに大きな手がかりになる可能性がある。それ以外にも「京板」だけにある場面の中で特徴ある内容は、3、5、8、9、11、12、13、15、17、18、26、28、29、30、31、34、35、36、37、38に該当する部分である。具体的には、薛仁貴と柳金花が夫婦になる過程で、一三歳の柳金花が薛仁貴の優れた能力を察知して、自ら積極的なアプローチをして結縁する。そして薛仁貴を理由なく憎み、いじめる人物として叔母が登場し、そのために薛仁貴が危険に落ちそうな場面があるが、怪物を殺したら、箱があり、そこで鎧と甲、帰りに馬を得る。薛仁貴をもっぱら特別な能力を持った英雄として描いていることが分かる。また、薛仁貴と関係はないが尉遲敬徳が息子と会う話もある。

特に注目したいところは、29で、尉遲敬徳と蓋蘇文が対決する場面である。二人は百余合を戦うが、勝負がつかない。すると蓋蘇文が鞭で背中を五回ずつ打って堪えられない方が降伏しようと提案する。尉遲敬徳が提案をうけいれて力いっぱい鞭で蓋蘇文を打つが、蓋蘇文は平気である。尉遲敬徳が打たれる番になると尉遲敬徳が怯えて逃げたという。このような話は、元雑劇の材料になった「三鞭換両鐗」や「尉遲敬徳三奪槊」などと関連があるのではないかと思われる。

次は、太宗が高句麗征伐を決めるようになった事件とそれについての描写の部分である。この部分は、「征東」や「京板」だけではなく歴史的な事実とも比べてみる必要がある。「征東」で淵蓋蘇文が百済使臣の頬に刻ませた句は次のようである。

面刺東海不斉国高麗大将蓋蘇文、把総催兵都元帥、先鋒掛印独称雄、幾欲興兵離大海、三番挙義到長安、今年若不来進貢、明年八月就興兵、生擒敬徳秦叔実、活捉長安大隊軍、戦書寄到南朝去、伝与我児李世民

要するに蓋蘇文が唐を威嚇している。薛仁貴は、歴史的な人物として『旧唐書』『新唐書』『三国史記』『朝鮮王朝実録』などにも名前が見える。『新唐書』によると、太宗が高句麗征伐を決めるようになったのは、高句麗の淵蓋蘇文が王を殺して政権を奪い、そのうえ太宗に逆らうので、太宗が使臣を送って諫めるが、逆に使臣を威嚇し監禁したので征伐をするようになったという。つまり、「征東」は大体『新唐書』の内容に沿っている。

一方、「京板」でも「征東」と同様、使臣の頬に刻まれた句が問題になる。しかし、内容が違う。「京板」は、淵蓋蘇文が太宗に対して、「無道残忍で、父を監禁する大逆無道なもの」だと叱る内容になっている。「京板」において高句麗征伐の原因を語る部分は簡略ではあるが、どちらを悪く言っているのかは明らかである。つまり、全体が高句麗征伐に功績がある唐将薛仁貴を主人公にする話だが、この部分ではその高句麗征伐を命令する唐太宗の無道を指摘しているのである。唐太宗についてこのような描写をどう理解すべきなのか。唐太宗の高句麗征伐理由は、様々な文献に様々な形で残っている。もっと広い範囲の文献を調べる必要性が感じられる。その結果によって「京板」の意味合いがわかるだろう。

四、今後の課題

薛仁貴は、『三国史記』『三国遺事』『高麗史』『朝鮮王朝実録』等にも名前が見える。その中でも有名な、薛仁貴が書いて新羅の文武王十一年（六七一）に送った文章とそれに対する「答薛仁貴書」は『三国史記』に記載されている。

ここですでに唐と新羅の葛藤および対立がみえるが、文武王十五年（六七五）や十六年（六七六）の記事に載っている薛仁貴関連の記事ではその葛藤や対立が一層はっきり現れている。そこには新羅軍が薛仁貴と何回も戦って勝ったことになっている。しかし、中国の『新唐書』や『旧唐書』によると、その時期には薛仁貴が島流しされていたという。つまり、新羅軍が薛仁貴と戦って勝ったという記録はフィクションであることになる。唐と新羅の葛藤や対立を語るところで、どうして薛仁貴が必要だったのか疑問である。

一方、『高麗史』や『朝鮮王朝実録』「地理誌」の積城県に関する部分にも薛仁貴の名前が載っている。紺嶽山についての説明で、新羅人たちが唐将薛仁貴を祭祀し山神にしたという内容がある。薛仁貴以外にも新羅の将軍である金庾神、金異斯夫など、高句麗征伐に功績があった人達が同じく神として祭られたことがあるので、薛仁貴が山神になった理由も、高句麗征伐に功績があったからではないかと思われるが、『三国史記』における薛仁貴のイメージとはずいぶん距離があるようだ。

検討しなければならない様々な点が残ったままだが、一応朝鮮における『薛仁貴伝』の問題は、中国の『薛仁貴征東』の翻訳なのかどうかという単純な問題ではないことが分かった。これには歴史的な事実および記録も大いに関与しているのではないかと思われるが、今後の課題である。

注

（1）李允錫「『薛仁貴伝』異本考」『研究論文集』二七、暁星女子大学校、一九八三、七～二二頁。
（2）文学作品として価値を認められたもの、例えば杜甫の詩は国の事業として、一字一字丁寧に翻訳されている。
（3）残っているものは巻二、三、九、十で、そのうち筆写記があるのは三冊である。筆写年は「sye-mu-sin-chyun-pil-syeo」（巻二)、「chyu-ha-syun-pil-syeo」(巻三)、「jyung-chyu-jyung-syun-pil-syeo」(巻十)になっている。「musin」は、一九〇八年。

(4)『旧活字本古小説全集』影印本、仁川大学民族文化研究資料叢書刊行委員会、銀河出版社、一九八三(『薛仁貴伝』朝鮮書館(上)東美書市(下)、一九一五)。

(5)『征東・征西・掃北』排印本、文化図書公司、一九八三。

(6)数字はそれぞれ収録本のページを表す。

(7)李允錫、前掲論文。

(8)『影印古小説板刻本全集4』金東旭編、延世大學校出版部、一九七三。

日本古代の「郊祀之礼」と「大刀契」

矢野建一

はじめに

中国陝西省西安市の陝西師範大学構内にある「唐天壇址」が発掘され、一九九九年にその調査概要が報告された（中国社会科学院考古学研究所西安唐城隊『唐長安城圜丘遺址考古発掘成果匯報』）。報告書によれば、創建は隋代にさかのぼるものの、唐代を中心に「郊祀の礼」などの皇帝祭祀に用いられた「圜丘」の遺構と見られている。北京に残る明清の天壇はよく知られているが、この隋唐の圜丘は現認される明清以前の唯一の壇丘であり、その構造の特徴は世界の多くの研究者の注目するところとなっている。

報告によれば、北京の天壇は三層構造となっているが、西安市の壇は四層からなる円丘で、第一層の直径が約五四メートル、第二層が約四〇メートル、第三層は約二九メートル、第四の頂層は約二〇メートルであった。なお、各層の高さは一律でなく、一・五メートル～二・三メートルとばらつきが見られたという。各層の周囲には一二の陛が設けられ、十二辰を表していた。このうち午陛は他の陛に比べて幅が広く、皇帝専用の階段であったと考えられている。建築資材には石や磚等は一切使用されず、すべて版築で、壇には石灰が塗布され外観を白く保つよう工夫がこらされていた。

小論は二〇〇四年八月のシンポジュウムにさいして、調査に当たった陝西師範大学の胡戟氏に詳細なご教示を頂き、また、同年十月には西北大学文博学院の王建新氏の案内で復元なった圜丘を見学することができた。しかし、両氏の懇篤な教示にもかかわらず、残念ながら現時点ではその成果を十分に生かすには至っていない。そこで先行研究に学びつつ日本の郊祀の礼と古代中国・朝鮮のそれを比較し、日本の郊祀の礼の特質について考えてみたいと思う。

一、古代中国・朝鮮における郊祀の礼

a、中国

古代中国の皇帝祭祀は、都の南郊に設けられた「圜丘」において天を祀る「郊祀の礼」と祖先の霊を祀る「宗廟」制を軸として成立したとされている。この天を祀り祖先を崇拝する観念自体は古くから存在したが、郊祀・宗廟という基本的な形態が整ったのは、それまでの法家思想や黄老思想に代わって皇帝支配を正当化する儒家思想が優位となった前漢末から後漢初期にかけてのことと考えられる。

皇帝が南郊で円壇を設けて天を祀る「郊祀の礼」には、第一に昊天上帝と天子の遠い祖先を祀る冬至の祀、第二は正月の上辛（最初の辛の日）祈穀の祀、第三が孟夏（陰暦四月）の雩祀（祈雨）、第四が季秋（陰暦九月）の明堂（諸侯朝参）の四祀が恒例とされていた。

また「宗廟」とは、神主という位牌を安置して祖先を祭る「廟」のことで、儒家の説では皇帝だけが王朝の基礎を据えた太祖と六代の祖先を祭ることができるとされた。

ところで、こうした郊祀・宗廟制は皇帝の権威確立にかかわる祭祀として後漢末までには揺るぎない地位を獲得していたが、小論が注目したいのはこうした恒例の祭祀よりも、むしろ王朝交代の際に行われる臨時の郊祀の礼のもつ歴史的役割についてである。

金子修一氏の研究によれば、古代中国では歴代王朝が交替するごとに王朝の創立者は居処の南郊に天壇を設け、天と直接交霊し、みずからの王朝の正統性を受命したとする郊祀の礼をおこなったという[1]。

たとえば後漢末期の初平元（一九〇）年、遼東に拠ってその自立を宣言した公孫度は、遼東公・平州牧を名乗ると、漢の二宗廟（高廟と世祖廟）を建て、壇墠（郊祀壇）を襄平城（遼寧省遼陽市）の南に設け、天地を郊祀した（『三国志』魏書巻八公孫度伝）。これは前の年に董卓によって後漢最後の皇帝献帝が擁立され、その正統性を誇示すべくこの年の正月に南郊で献帝による親郊が行われたことに対して、みずからの自立の意志を内外に宣告するための行為であったとされている。

また、黄初元（二二〇）年十月、曹丕（文帝）は二百年続いた後漢を打倒し魏王朝を開くことになるが、その時、彼は壇を築いてこれに登り、「皇帝臣丕、敢えて玄牡を用い、皇皇后帝に昭告す」という告天の祝文を読み上げ、魏の建国を高らかに天に告げる告天の儀礼を行った（『三国志』魏書巻二裴松之注所引献帝伝）。さらに蜀の劉備も翌年四月に壇を設け、「皇帝備、敢えて玄牡を用い、昊天上帝・后土神祇に昭告す」と、告天の祝文を述べて即位した（『宋書』巻一九）。また呉の孫権は、黄龍元（二二九）年の建国の際に、「皇帝臣権、敢えて玄牡を用い、皇皇后帝に昭告す」（『三国志』巻四七呉書二裴注所引呉録）と、南郊で告天文を読み上げている。

このように後漢から唐にいたる歴代王朝は建国時に、皇帝即位とともにその居処の南郊に壇を築いて天を祀り、「皇帝臣某（＝諱）敢用玄牡、昭告于皇皇后帝（昊天上帝）」という告天文を読み上げることが慣例となった[2]。儒家の思想にもとづくこうした建国時の告天儀礼を別に「告代祭天」ともいい、王朝交代の時には太祖の即位儀礼とともにこの儀礼が執り行われることとなったのである。こうした代告祭天の儀礼は、北東アジアの国々にもさまざまな影響をあたえ、旧「満州国」執政溥儀が「新京」(長春)の南郊の杏花村に天壇を設けて郊祀祭天の儀を行うなど、近年に至るまで歴史の大きな節目にはしばしば姿を見せることとなったのである。次に朝鮮の事例を見ておきたいと思う。

b、朝鮮

『三国史記』高句麗本紀によれば、高句麗において郊祀・円丘・祭天などの郊祀の礼が行われたことを示す徴証は見られない。ただ、『後漢書』の『北史』に「十月を以て天を祭る」とあって、わずかながら郊祀との関連をうかがわせるものがある。しかし、高句麗は唐と対立した時期を含めて国王が天子をもって任じたことはなく、元号や官職名、国家制度等においても中国風の形式や儀礼を積極的に受容した形跡は見られない。おそらく高句麗の場合、その王権祭祀に中国風の郊祀祭天の儀礼を採用することはなかったと考えられる。

また『三国史記』新羅本紀によれば、新羅においても中国風の郊祀祭天の儀礼が行われたことを示す記述は見られない。新羅は三国時代から統一時代を通じて中国に臣従し、その冊封下に組み込まれていた。同雑志第一祭祀の項には、天子七廟や名山大川などの祭祀は見られるが、新羅王が天子の礼式として郊祀祭天の儀礼を行うことはなかったと思われる。なお、『新羅蔚珍鳳坪碑』によれば、新羅王権が在地の有力者を服属させるに当たって「天」を仲立ちとし、あわせて「殺牛儀礼」を行わせていたことが記されている[3]。たしかに、中国の郊祀においては各種の獣肉を焼き天に炊きあげる「燔祀の儀」がきわめて重要な儀礼であった。しかし、すでに指摘されているようにこれはあくまでも誓盟儀礼のひとつであり、天を皇帝みずからが祀る郊祀の礼とは峻別すべきものであったと考えられる[4]。

これに対して百済の場合には、同巻三二雑志第一祭祀の項に

冊府元亀云、百済毎以四仲之月、王祭天及五帝之神、立其始祖仇台廟於国城、歳四祠之。

とあって、百済は毎年二・五・八・十一月に「王は天と五帝の神」を祭ったとされている。この「天」が昊天上帝を意味し、「五帝」が五方上帝にあたることは疑いないように思われる。また、同書は「古記」なる文献を引いて、初代の温祚王二十年春二月以下、次の十例をあげて「南壇」に「天」を祭ったとされている。

イ、初代温祚王二十年春二月、王設大壇、親祠天地。
ロ、　同　三十八年冬十月、王築大壇、祠天地。
ハ、二代多婁王二年二月、王祀天地於南壇。
ニ、八代古爾王五年春正月、祭天地用鼓吹。
ホ、　同　十年春正月、設大壇、祀天地山川。
へ、　同　十四年春正月、祭天地於南壇。
ト、十三代近肖古王二年春正月、祭天地神祇。
チ、十七代阿莘王二年春正月、祭天地於南壇。
リ、十八代腆支王二年春正月、祭天地於南壇。
ヌ、二十四代東城王十一年冬十月、王設壇祭天地。

このうち近肖古王以前については伝説的な要素が濃く、後世の潤色と見るのが妥当であろう。ただ、二四代東城王の時期に祭天の儀礼が行われていたらしいことは、後世の絵図にその都城である熊津（公州公山城）の南正中門外に「祭壇」と記す施設が存在したことからもうかがうことができる。(5)

またこの東城王は、百済歴代諸王のなかでも最も版図を拡大し、南斉にも二回（四九〇・四九五年）にわたって朝貢を行っているが、そのさい将軍号の除正とともに、百済王の家臣で新たに支配下に組み込まれた面中・都漢・阿錯・邁盧（羅）・辟中・弗斯などの地の王侯貴族への除正も願い出ている。これは南斉に認められたものの、林陸朗氏は、東城王が祭壇を設けて天地を祭った十一（四八九）年州月が都漢王以下の除正を上表した前年に当たっていることに注目し「このとき東城王は貴族たちを都漢王以下に任命して王侯冊封を行い、自らそれに君臨する立場にたって郊祀祭天に類似する儀礼を行い、かつ群臣を宴したのではなかろうか」と指摘されている。(6) 所与の史料に照らして妥当な結論と思われる。

中国王朝の冊封下にあっても、その国の歴史の節目には郊祀の礼の行われることがあったことを示す興味ぶかい事例といえよう。

二、日本における郊祀の礼と桓武天皇

日本における郊祀の礼は、『日本書紀』神武天皇四年二月壬戌朔甲辰条に

四年春二月壬戌朔甲辰。詔曰。我皇祖之霊也。自天降鑒。光助朕躬。今諸虜已平。海内無事。可以郊祀天神。用申大孝者也。乃立霊畤於鳥見山中。其地号曰上小野榛原・下小野榛原。用祭皇祖天神焉。

とあって、神武天皇が即位四年目に鳥見山の山中に畤（まつりのにわ）を立て、天神と皇祖の霊を「郊祀」したとあるのが最初であろう。もとより史実ではないが、おそらく漢の皇祖が雍（陝西省鳳翔県）に立てたとされる四時、あるいは黄龍が成紀に表れたことを寿いで五帝を時に配して郊祀したという故事などにならって述作されたものであろ

う。また『経国集』にもその名がみられるが、これは中国古典の知識に関する策問と見るのが妥当であろう。

このような例を別とすれば、日本で郊祀の礼が実際に行われたのは、『続日本紀』延暦四（七八五）年十一月壬寅（十日）条に、

祀天神於交野柏原、賽　宿祷也。

とあって、桓武天皇が造営途中の長岡京の南郊の交野の柏原において「天神」を祀ったとあるのが最初のことであろう。郊祀壇の位置については諸説あるが、『河内志』に「郊祀壇を廃す、片鉾村に在り」などとあるところから、現在の大阪府枚方市片鉾、または同市牧野坂の式内社片野神社周辺のことと推測される。(7) また延暦六（七八七）年十一月五日にも大納言藤原継縄をして交野で「天神」を祀らしめているが、その時の祭文が『続日本紀』に次のように記されている。

十一月。甲寅。祀天神於交野。其祭文曰。維延暦六年歳次丁卯十一月庚戌朔甲寅。嗣天子臣謹遣従二位行大納言兼民部卿造東大寺司長官藤原朝臣継縄。敢昭告于昊天上帝。臣恭膺睠命。嗣守鴻基。幸頼穹蒼降祚覆燾騰徴。四海晏然万姓康楽。方今大明南至。長晷初昇。敬采燔祀之義。祇修報徳之典。謹以玉帛犠齋粢盛庶品。備茲禋燎。祇薦潔誠。高紹天皇配神作主尚饗。又曰。維延暦六年歳次丁卯十一月庚戌朔甲寅。孝子皇帝臣諱謹遣従二位行大納言兼民部卿造東大寺司長官藤原朝臣継縄。敢昭告于　高紹天皇。臣以庸虚忝承天序。上玄錫祉率土宅心。方今履長伊始。粛事郊禋。用致燔祀于昊天上帝。高紹天皇慶流長発。徳冠思文。対越昭升。永言配命。謹以制幣犠斉粢盛庶品。式陳明薦。侑神作主尚饗。

この「天神の祀」が、いわゆる「天神」（アマツカミ）ではなく「昊天上帝」と明記されていること、また、その場所が長岡新京のほぼ真南に当たる交野であったこと、さらに季節は「大明南に至り、長晷初めて昇る」とあるごとく、

十一月五日の冬至の日が選ばれていることなどから、古代中国の郊祀の礼を模したものと見て間違いないであろう。

なお延暦六年以降に郊祀の礼が実施された確実な例としては、文徳天皇の斉衡三（八五六）年十一月辛酉（二十二日）に藤原朝臣良相を交野に派遣し、次のような祭儀が行われている。

a『日本文徳天皇実録』斉衡三（八五六）年十一月辛酉（二十二日）条

遣権大納言正三位安倍朝臣安仁、侍従従四位下輔世王等、向後田原山稜、告以配天之事、策命曰。天皇大命、掛畏平城宮尓天下所知知之倭根子天皇御門尓申賜閇止奏。今月廿五日河内国交野乃原尓、昊天祭為止志天、掛畏御門乎主止定奉天可祭事乎、畏牟畏牟毛申賜久止奏。

b同月壬戌（二十三日）条

大祓於新成殿前。諸陣警戒。帝進出庭中、大納言正三位藤原朝臣良相跪授郊天祝板。左京大夫従四位下菅原朝臣是善捧筆硯　帝自署其諱訖。執珪北面拝天、乃遣大納言正三位藤原朝臣良相、右大弁従四位上清原真人岑成、左京大夫従四位下菅原朝臣是善、右中弁従五位上藤原朝臣良縄等、向河内国交野郡柏原野、設蕝。習礼。祠官尽会。

c同月甲子（二十五日）条

有事圓丘。夜漏水上一剋、大納言藤原朝臣良相等帰来献胙。

まず、祭儀の三日前に後田原山陵（光仁天皇）に事前の報告がなされた。これは唐制に基づけば文徳天皇の父仁明天皇陵のはずであった。また前々日の二十三日に代拝の任に当たった藤原良相以下、事に供奉する祀官が祭場の交野に参集し、蕝を設けて習礼を行ったが、すでに都は平安京に遷っており、その真南とは言い難い交野の柏原において祭天儀礼がとりおこなわれたのである。このときの郊祀の礼は唐制というよりは、桓武天皇によって行われた延暦四年・六年郊祀の礼に倣ったと見るのが自然であろう。

こうした日本の「郊祀」のありように一早く着目した狩野直喜氏は、その特徴を次のように論じている。(8)

① 延暦六年の昊天上帝に対する祭文は『大唐郊祀録』や『大唐開元礼』に収められた唐代の冬至の祀の祝文にもとづき若干の修正をほどこしたものである。

② 中国ではこの祭典は皇帝の親祭で、特別の事由のないときは代拝しないものとされたが、延暦六年と斉衡三年には代拝者の名が明記されており、延暦四年の場合も前後の事情から代拝であったと推測される。

③ それに唐では代拝の際は、大尉（司空・司徒とともに三公―日本の太政大臣・左右大臣相当）の官位をもつものが派遣されるのがならわしであったが、日本では大納言が代拝し、取り扱いとしてはやや軽いものとなっている。

④ 中国では冬至の郊祀はとくに重要な祭典として、古くから昊天上帝とともに天子の遠い祖先（太祖・高祖）を祭ってきたが、延暦六年の祭文の末尾には「高紹天皇の配神作主、尚くは饗けたまえ」とあって、桓武天皇の先皇（父）の光仁天皇が配されている。

⑤ 斉衡三年の時も遠い祖先でも父帝仁明天皇でもなく光仁天皇がまつられている。

なにぶんにも七十五年も前の研究であり、今日の研究水準に照らせば不十分な点も少なくはない。たとえば②について最近の研究は、唐代以降代拝（有司摂事）が一般的であり、皇帝親祭がむしろ例外であったことが明らかとなっている。(9)ただ、④⑤についてはその後も多くの研究者が注目するところとなった。

まず、瀧川政次郎氏は、唐の郊祀は太祖李虎（景皇帝）ないしは高祖李淵（神堯皇帝）を配祀する形をとって「孝子皇帝臣諱」と皇帝自らのことを述べているのに対して、桓武天皇の場合に天照大神や神武天皇、あるいは天武天皇を配祀せず父光仁天皇を祀っている点に着目し、光仁天皇が天命をうけて新王朝を創めた始祖である、という認識にも

とづくもので、桓武天皇による郊祀はまさに天智系王朝の復活宣言に他ならないとされた。⑽

また武者小路穣氏も、飛鳥浄御原以来の天武天皇の直系（男子）は称徳天皇をもって途絶えたが、これに代わって即位した白壁王＝光仁天皇は、天智天皇の皇子施基王子の子であった。桓武天皇のなかには、父帝の光仁天皇の即位による天智系の皇統の復活という明確な意識があり、長岡京への遷都にあたり、それまでの天武系のさまざまな呪縛から解き放つ証として、高祖や太祖など王朝の創始者を配祀する唐の郊祀の礼に倣い、新しい皇統の儀礼として光仁天皇を配した冬至の郊祀の実施に踏み切ったのではなかったかとされた。⑾

これに対して、高取正男氏は、桓武期特有の思想的背景を認めつつ、桓武天皇は在位中に二度しか郊祀の礼を実施していないこと、また唐制によりながらも親祭していないこと、さらに代拝の際には唐制のように三公クラスを派遣することなく、万事に手軽であったこと、さらにまた、もし天智系の復活という明確な意識をもって唐制に倣ったものであれば、先帝の光仁天皇よりも天智天皇を配主としたほうが、冬至の郊祀には高祖や太祖をあわせ祭った唐制により近いことなどをあげ、文徳天皇はもとより、桓武天皇にも天智朝の復活というそれ程強烈な意識はなく、唐風文化に対する王者の「すさび」の域を大きく出るものではなかったのでは、との慎重な姿勢を示した。⑿

たしかに唐制を基準にすれば日本の郊祀は、おおむね簡略で、それ程の政治的宗教史的な意義をもつとはいいがたいように思われる。なにより桓武天皇は、天応元年に奈良朝以来の即位儀礼にのっとって即位を達成していた。また、かりに延暦四年の郊祀が新しい王朝の誕生を天に報告する「告天儀礼」であったとしても、その後は延暦六年と、それから時を隔てた文徳天皇の斉衡二年の計三回しか挙行されていないとすれば、郊祀の礼にそれほど大きな意義を見いだすことは難しいようにも思われる。

しかし、まず郊祀の実施例についていえば、かならずしもこの三回にとどまるものではなかったように思われる。

『日本後紀』の散逸によってその詳細は不明だが、『類聚国史』巻一二帝王によれば

延暦十二（七九三）年十一月乙酉（一〇日）、遊猟交野。右大臣従二位藤原朝臣継縄献揩衣。給五位已上及命婦采女。

とあって、延暦十二年に桓武天皇は交野に行幸しているが、十一月十日はこの年の冬至に当たっていた（『暦日原典』参照）。しかも、「揩衣」を献じた右大臣従二位藤原朝臣継縄は、延暦六年の時に大納言として代拝の任に当たった人物であることが注目される。『類聚国史』はこの行幸を「遊猟」のためとしているが、これを桓武天皇によって挙行された郊祀の礼のひとつと見て誤りないように思われる。延暦十二年は、三月十二日に五位以上の者および主典以上のものに命じて役夫を動員し、新京の宮城を築く準備に着手し、九月二日には菅野真道・藤原葛野麻呂らを派遣して宅地の班給が行われた。おそらく新京造営の無事を天に祈るための郊祀の礼だったのではなかろうか。もしこの延暦十二年の交野行幸を郊祀の例に加えうるならば、桓武朝から文徳朝にかけて交野への行幸は都合八回にのぼっているが[13]、そのうちの幾つかは郊祀の礼であったとも考えられる。もし桓武朝以降数度にわたって郊祀の礼が実施されていたとすれば、その政治的役割には看過しえないものがあるように思われる。ただ、桓武期の郊祀の礼に関する記録ははなはだ簡潔で断片的であり、桓武天皇によって実施された郊祀の礼を天智王朝の復活宣言と断定するためには、さらに桓武期の祖に対する年忌などの追善・追福儀礼をめぐる問題等もあわせて検討しておく必要があるように思われる。

三、桓武天皇の諒闇・国忌と外戚政策

最初に光仁天皇の崩御の直後に起きた諒闇をめぐる問題に注目したい。光仁天皇は、天応元（七八一）年四月三日に位を山部親王に譲り、山部親王は桓武天皇として即位した。そして、十二月二十三日に光仁天皇が崩御すると、桓武天皇は諒闇三年を詔するが、公卿等の意見を容れて六ヶ月とすることで妥協が成立した。しかし桓武天皇は同月二十七日に、ふたたび前詔の一部を撤回し、「先帝に承顔する日なく、（中略）終に侍謁の期を虧《か》くは、終身の痛み」との理由で、六ヶ月の著服を一年に延長することを決定した。ところが、翌延暦元（七八二）年七月二十九日に至り、ふたたび右大臣以下公卿たちの奏上にしたがって著服を停止する旨の詔を発布し、八月一日には、釈服が実施に移されたのである。こうした公卿たちの頑強な主張が、奈良時代の天皇の諒闇を先例としたものであったことは言うまでもない。養老喪葬令によれば天子以下の服紀（期）は一年と定められていた。しかし『続日本紀』によれば、文武天皇は慶雲四（七〇七）年六月十五日に崩御し、遺詔によって挙哀三日・凶服一ヶ月とされた。また桓武天皇によって准正とされた「後奈保山朝廷」（元正天皇）による元明天皇の葬儀においても、元明は養老五（七二一）年十二月七日に崩じ、同月十三日に大和国添上郡椎山陵に葬られたが、遺詔によって「喪儀を用いず」とされている。服紀の短縮と諒闇のすみやかな停廃による政務遅滞の回避が、君主の徳と観念されていたことを物語るものであろう。こうした観念に対する桓武天皇の執拗なまでの挑戦の背景には、群臣をして、先帝光仁天皇、ひいては天智系皇統への尊崇をもとめるものであったと見て間違いない。

さらに注目されるものに、延暦十（七九一）年になされた国忌（天皇の命日）をめぐる政策の転換がある。

太政官奏言。謹案礼記曰。天子七廟。三昭三穆与太祖之廟而七。又曰。舎故而諱新。注曰。舎親尽之祖。而諱新死者。今国忌稍多。親世亦尽。一日万機。行事多滞。請親尽之忌。一従省除。奏可之。

桓武天皇は、延暦十（七九一）年三月、『礼記』を引いて親等の隔たった天皇の国忌を廃止し、新たに死んだものを諱み敬うべしとの方向を打ち出した。こうした思想に立てば、天武系奈良朝の歴代天皇に替わって光仁天皇、ひいては天智系の祖を尊崇する方向に向かうことは自明の理といえる。

東野治之氏（一九九九年『遣唐使船―東アジアのなかで―』）は、新しく祭られたものを諱み敬う思想は古代中国にも存在するが（『礼記』王制篇・檀弓篇上）、そこには「親尽くるの祖を舎《す》てて、新たに死する者を諱む」とする注釈はなく、むしろこれは『春秋』左氏伝（桓公六年）を解釈した杜預《どよ》の説ではないかとする。(14) 宝亀八（七七七）年に第一六次遣唐使で請益生として入唐し、翌年帰国した伊予部家守等による三伝を中心とした儒学研究、とりわけ注釈研究の飛躍的な発展に示唆を受けたものだというのである。たしかに伊予部家守の卒伝には「帰来の日、直講に任じ、尋いで助授に転ず。大臣奏して、『公羊』『穀梁』、三伝の義を講ぜしむ、云々」とあるごとく、従来の『左氏伝』に加え『公羊』『穀梁』の三伝、およびその注釈にまで踏み込んだ研究がなされている。即位する前の桓武天皇（山部王）は、天平神護二（七六六）年に従五位上に叙せられ、その前後に大学頭に補せられた経験をもっていた。なにより中国の学殖に通じ、当代一流の学者が選ばれるのが常とされた大学頭に、山部王がたまたま補せられたとは考えがたい。桓武天皇は幼少の頃から大陸の文物に触れる機会も多く、またその変化にもひときわ敏感であった。こうした『春秋』の政治的利用を通じての「新たに死する者を諱む」という政策の背後には、天智系皇統の復活を内外に印象付けようとする明確な意図があったと見て誤りないように思われる。

なお、こうした『春秋』の政治的利用という点で注意されるのは、延暦四（七八五）年五月と延暦九（七九〇）年十二月に出された、次のふたつの詔である。

・詔曰、春秋之義、祖以子貴、此則典経之垂範、古今不易也。朕君臨四海、于茲五載。追尊之典。或猶未崇、興言念此、深以懼焉。宜追贈朕外祖父贈従一位紀朝臣正一位太政大臣、又尊曾祖妣道氏曰太皇大夫人、仍改公姓為朝臣、又臣子之礼、必避君諱、比者、先帝御名及朕之諱、公私触犯、猶不忍聞、自今以後、宜並改避、於是改姓白髪部為真髪部、山部為山。

・詔曰、春秋之義、祖以子貴、此則礼経之垂典、帝王之恒範。朕君臨寓内、十年於辞茲、追尊之道、猶有闕如、興言念之、深以懼焉。宜朕外祖父高野朝臣、外祖母土師宿禰、並追贈正一位。其改土師氏為大枝朝臣。夫先秩九族事彰常典、自近及遠、義存曩籍。亦宜菅原真仲、土師菅麻呂等同為大枝朝臣矣

第一詔の前段は桓武天皇が自分の母方の曾祖父である紀諸人に正一位・太政大臣を贈り、その夫人に太皇大夫人の称号を贈るというものであり、後段は光仁天皇と自分の諱が蔑ろにされていることに対する避諱の政策となっている。また第二詔の前段は、桓武天皇の母方の祖父、すなわち外祖父の故高野乙継とその妻に正一位を贈ることが、後段では母方の祖母の土師氏を大枝朝臣に改賜姓することが宣言されたのである。いずれも『春秋』左氏伝の杜預の説が引用され、「九族」、すなわち外戚の祖もそれ相応に遇することは、古典に明記されたもので、朕が外戚の祖を崇めるのは当然の措置であるとされている。

『続日本紀』によれば、桓武天皇の生母高野新笠は和史氏の出身で、和史氏は百済の武寧王の太子純陁の後裔とされている。こうした渡来系氏族は奈良時代を通じてさまざまな分野で律令体制の維持・発展に貢献したが、必ずしも官位には恵まれなかつた。たとえば和史氏の本宗で百済最後の王義慈王の末裔とされる百済王南典は、天平九（七三七）年に従三位の位に昇りながら、その後、天平宝字二（七五八）年まで二十一年間従三位に据え置かれた。またその弟の百済王敬福は天平二十一（七四九）年に従三位に昇叙したが、天平神護二（七六六）年に六九歳で薨ずるまで十七年間にわたって従三位にとどめおかれ、極官も刑部卿にすぎなかった。坂上苅田麻呂は延暦四年に宿禰を賜姓され、すでに従三位となっていたが、ついに議政官（参議）に就任することはなかった。この時の議政官には従三位の苅田

麻呂より位階の低い神王（正四位下）と大中臣朝臣子老（従四位上）が参議として名を連ねていたが、苅田麻呂は最後まで参議に列することはなかった。

こうした渡来系氏族の前に立ちはだかる大きな壁が最初に破られたのは、延暦十五（七九六）年の和朝臣家麻呂の参議就任であった。家麻呂は弟嗣（高野乙継）の孫で高野朝臣新笠の甥、すなわち桓武天皇の従兄弟であった。『日本後紀』の和朝臣家麻呂の薨伝によれば、家麻呂は「人となり木訥にして、才学無し。帝の外戚を以て特に擢進せらる。蕃人の相府に入るもの此れより始まる」と評されている。「才学無し」の評はさておき、「蕃人の相府に入るもの此れより始まる」との指摘は注目に値する。この後、延暦二十四年に菅野朝臣真道と坂上大宿禰田村麻呂が参議となり、田村麻呂は嵯峨天皇の大同五（八一〇）年には大納言の地位に昇っているが、延暦四・九年の詔がこうした渡来系氏族の議政官就任に道を拓く突破口となったことは疑いない。

もっとも、この延暦四・九年の詔は、渡来系氏族の地位を飛躍的に高め、桓武王権を確立する上において大きな役割を果たしたが、右に見た桓武天皇の釈服・諒闇や国忌をめぐる政策とはやや趣を異にし、天智王朝の復活や新王朝樹立宣言と直結するものではなかったように思われる。とくに新王朝の樹立を内外に印象づけるのであれば、古代中国歴代王朝の太祖がそうしたように、桓武天皇は譲位から年月を隔てることなく、新しいスタイルの就任儀礼を行うべきであったと考えられる。

四、新即位儀礼と宝器捧持

桓武天皇は、天応元（七八一）年四月三日に、「是の日、皇太子禅を受けて位に即き給う」とあって、光仁天皇の譲位から十二日後の同月十五日に即位儀礼を行った。譲位から即位の記事までに十二日ほどの空白期間が存在し、この間に何らかの儀礼が行われていた可能性もなくはないが、文武天皇の場合にも先帝崩御から即位までの間に半月ほどの開きがあり、かならずしも桓武天皇の場合を異とするには当たらない。また桓武天皇の大嘗祭については、この時点で即位儀礼としての性格を有していたかをめぐっては議論があるが、同年十一月十三日に太政官院において「大嘗之事」が挙行されている。すなわち、桓武天皇の即位は、ほぼ八世紀の天皇の即位儀礼を踏襲する形で挙行され、そこには新王朝創設を意識したとおぼしき大きな変化は見られない。

天皇の就任儀礼に大きな変化が生じたのは、桓武天皇よりもむしろ大同元（八〇六）年三月の皇太子安殿親王（平城天皇）の即位の時であった。

天皇崩於正寝、春秋七十。皇太子哀号擗踊、迷而不起、参議従三位近衛中将坂上大宿禰田村麻呂、春宮大夫従三位藤原朝臣葛野麻呂固請扶下殿、而遷於東廂、次璽並剣櫃　奉東宮、近衛将監従五位下紀朝臣縄麻呂、従五位下多朝臣入鹿相副従之

前年八月に不豫（重篤）となった桓武天皇は、三月十七日、七〇歳で崩じた。その直後に近衛中将坂上田村麻呂や東宮大夫の藤原葛野麻呂等が擗踊《へきよう》する皇太子を扶けて東廂に遷し、「璽並剣櫃」を皇太子に奉ったというのである。即位儀礼は三ヶ月後のことであった。養老神祇令によれば、かかる神宝捧持の儀は、「践祚」とよばれ、先帝の譲位及び崩御の直後に忌部氏によって宝器（レガリア）が奉献される祭儀のことであった。『日本書紀』によれば、こうした宝器の献上は允恭・清寧・顕宗・継体・宣化・推古・舒明・孝徳・持統紀などに見えているが、八木充氏によれば、持統を除く大王は皇位継承に問題があるか、ないしは史料的に容疑性の濃いものとされている。[15]　おそらく『書紀』編纂時に中国の知識にもとづいて述作されたものではないかと考えられる。それというのも唐代の皇帝即位のさいには、

玉璽のなかから伝国璽を授ける制があり、そのなかに神璽とよぶ宝器が存在した。例えば、唐太宗が貞観二十三（六四九）年五月に崩じたとき、遺詔して「皇太子（即位して高宗）柩前に即位せよ。喪紀漢制を用うべし。秘して喪を発せざれ」（『旧唐書』巻四）と宣したとされている。西嶋定生氏によれば、この「漢制」とは、漢代から唐代まで継承されたもので、前帝の柩前で行われる天子即位の儀と皇帝即位の両儀を指し、前者は喪服のままで行われる凶礼であるのに対して、後者は吉服に着替えて行う嘉礼であった。(16)『続漢書』礼儀志下の大喪条には、皇帝の崩御から新皇帝の即位にいたる諸儀礼の次第が記されているが、それによれば、皇帝の柩が宮中の正殿「両楹の間」に安置され、皇后・皇太子・百官による「殯」の礼が終了すると、三公が周代の王ないしは天子の即位儀礼の次第を奏上し、太子は、即日、柩前において天子位に即いたという。かくして天子としての即位儀が終わると三公はただちに皇太子が皇帝の位に即き、先帝の皇后が皇太后となるよう求める奏を上《たてまつ》まつり、奏が可とされると群臣は両楹の間より出て吉服に着替え、ふたたび入場して着座する。こうして柩前が凶礼から吉礼の場に転ずると、ここで大尉が「策」を読み、跪いて伝国の「玉璽綬」を皇太子に授け、この祭儀によって皇帝即位が成就したとされている。

しかし、日本の奈良時代には、こうした柩前即位の例はなく、『令集解』の神祇令践祚条の引く古記に「践祚之日、答、即位之日」とあって、とくに践祚と即位、天子即位と天皇即位、あるいは凶礼と吉礼を明確に区別する観念は存在しなかったように思われる。その理由については改めて検討する必要があるが、八世紀をつうじて、称徳天皇を除き譲位による即位が六度、崩御によるもの二度で、譲位を受けての皇位継承が主流となっていたことが関係しているように思われる。また、皇位継承の舞台となった喪葬儀礼にも変化が生じていたことも関係しているように思われる。天武天皇の即位儀礼を見ると殯宮における奉誄が皇位継承の重要な要素となっていたが、持統・文武天皇の場合には、殯宮が営まれたものの遺骸は火葬に付され、しかも天皇の殯は文武天皇を最後に消滅し、ふたたび行われることはなかったのである。

一方、平城天皇以降の天皇の就任儀礼を見ると、仁明天皇が崩じ、文徳天皇が即位した嘉承三年四月には、公卿等が「遺制に云わく、皇太子柩前において皇帝位に即くこと、専ら周漢の故事に依るべし」（『文徳天皇実録』嘉承三年四月己酉条）と上啓し、すでに広く「遺制」として認識されていたことが注目される。なお、嵯峨天皇の場合は大同四年四月一日に「天皇…遂禅位於皇太弟」とあるのみで、譲位直後にどのような祭儀がなされたかは明らかでない。また淳和天皇の場合も嵯峨天皇から「欲伝位於太弟」とされたものの、譲位にさいしてどのような祭儀がなされたかはつまびらかになしがたい。しかし、先帝の崩御を受けての即位した文徳・清和・宇多・冷泉・後朱雀・後三条・鳥羽・後白河天皇の即位儀礼には顕著な変化が認められる。

（1）文徳天皇　嘉承三年三月二十一日「献天子神璽宝剣符節鈴印等」→同四月十七日「天皇即位於大極殿、策命曰云々」（『文徳天皇実録』）

（2）清和天皇　天安二年八月二十七日「奉天子神璽宝剣節符鈴印等於皇太子直曹」→同十一月七日「天皇即位於大極殿」（『日本三代実録』）

（3）宇多天皇　仁和三年八月二十六日「令賚天子神璽宝剣等、奉皇太子直曹」→同十一月二十六日「天皇即位於大極殿」（『日本三代実録』）

（4）冷泉天皇　康保四年五月十七日「奉璽剣於皇太子直曹襲芳舎」→同年十月十一日「天皇於紫宸殿即位、依不豫不御大極殿」（『日本紀略』）

平城天皇以降、先帝崩御の場合には「天子即位」と「天皇即位」が明確に区別され、「皇帝」・「策命」などの唐風の表現が用いられるのが注目されよう。しかも神宝捧持の儀によって「天子位」に就くことが「天皇即位」にとって不可欠の前提となっていたことがうかがわれる。桓武天皇の崩御直後に皇太子を太極殿の「東廂」に遷したのも、唐制が嘉礼としての即位式を太極殿の「東序」に遷して執り行ったことに倣ったものであろう。

おそらく桓武天皇も新王朝の復活を意識し、こうした唐制を参酌しながら新しい即位儀礼を模索することがあったのではあるまいか。すでに柩前即位自体の知識は『後漢書』や『大唐開元礼』等によって早くから将来されていたからである。ただ、桓武天皇の段階にはそれを実施に移すだけの詳細な知識を持ち合わせていなかったのではなかろうか。それが平城天皇の時にはじめて採用されるにいたったのは、皇太子安殿親王の側近で、父帝の死去に惑乱する皇太子を扶けて東廂に遷し、ただちに「璽並剣櫃」を奉った東宮大夫藤原朝臣葛野麻呂の存在を抜きにしては考えがたいように思われる。

藤原朝臣葛野麻呂は、延暦二十三（八〇四）年、平安時代に入って最初の第一八次遣唐使の長官（大使）として入唐した経験をもっていた。しかもこの時の遣唐使は、十一月十五日に長安城に入り、同月二十五日に麟徳殿で徳宗皇帝に拝謁し、慣例にもとづき祝宴が催されるとともに、遠来遣使の労がねぎらわれた。ところが、この頃から健康を害していた徳宗は、翌年正月二十三日に崩御してしまったのである。ここに葛野麻呂等一行は大唐帝国皇帝の大葬の礼と新皇帝の即位の礼を目の当たりにするという僥倖に浴することになったのである。葛野麻呂は帰国後、その様子をつぎのように報告している。

廿一年正月元日於含元殿朝賀、二日天子不豫、廿三日天子雍王适崩、春秋六十四、廿八日臣等於亟（承）天門立仗、始着素衣冠、是日太子即皇帝位、諒闇之中、不堪万機、皇太后王氏、臨朝称制、臣等三日之内、於使院朝夕挙哀、其諸蕃三日、自餘廿七日而後就吉。（『日本後紀』延暦二四年六月乙巳条）

これまでにも中国の皇帝の即位儀礼の断片は、将来されたさまざまな史書にみることができた。しかしその多くは簡略で、それを元に実際に祭儀を執り行うことは事実上困難であったと思われる。それゆえ葛野麻呂等が見聞した唐の皇帝即位儀礼の次第は、平城天皇が新しい即位儀礼を挙行するに当たって大いに参考となったと考えられる。とくに先帝の崩御から日をおかず、服喪の期間にもかかわらず新帝が即位するという大唐帝国皇帝の即位儀礼は、新しい王朝の即位儀礼にふさわしいものと観念されたのではなかろうか。桓武天皇と平城天皇の間には藤原薬子の問題をはじめとしてさまざまな軋轢が存在した。しかし、すくなくとも新王朝の天皇にふさわしい独自の即位儀礼の創出という課題は、こうした父子間の微妙な対立を超えて継承されていたものと考えられる。

五、郊祀の礼と大刀契

ところで、平城天皇の即位儀礼に関連してもうひとつ注意しておかなければならないのは、践祚の儀にさいして「璽ならびに剣櫃を東宮に奉る」とされていることである。いわゆる皇位継承のシンボルたる神器が鏡・剣の二種であった（後に三種となる）ことは大宝令・養老令・『古語拾遺』からも明らかで、しばしば「神璽之鏡剣」などと記された。東宮に奉られた「璽」がこの鏡・剣の神器に当たることは間違いないが、では「剣櫃」は何を意味するのであろうか。伴信友は、「この剣櫃は、大刀契の事なり、（中略）践祚の時神宝に副て、大刀契を奉ることの、史に見えたるは、此御時（平城天皇）ぞ始なる」として「大刀契」のことに他ならないとしている。[17] たしかに平安時代の天皇の践祚の儀に「大刀契」が副えられていたことは、前掲のごとく『日本後紀』『続日本後紀』『文徳実録』『三代実録』等からも明らかである。この大刀契は別に「節刀契」とも称され、二振りの剣と魚符形からなり、『本朝世紀』『扶桑略記』などによれば、唐櫃に納められて温明殿（賢所）に安置されていた。[18] もっとも、本来、こうした宝器は時代とともに数を増し、王権を荘厳化する属性をもつもので、大刀契もそうした宝器のひとつと考えられなくもない。

しかも、ここで注意されるのは、この大刀契を『中右記』が「件の二腰、本旨百済国献ずる所」とし、『禁秘抄』が「是、百済より渡さる所」、『塵袋』が「百済国ヨリタテマツル所也」と明記していることである。この大刀契の伝来については、百済王のレガリアが百済王善広(光)の手によって献上されたとする説や、百済国王が亡命した折りに献上したものではないかとの説もある。しかし禅広は百済滅亡以前の舒明朝に来日しており、百済国王自身がわが国に亡命したという事実はない。むしろ、百済王氏の本宗家に伝来した「大刀契」が、百済王氏を「朕の外戚」とした桓武天皇の頃に宮中に入ってレガリアのひとつとなったとする上田正昭氏の推論に蓋然性が認められる[19]。

その時期が何時なのかもとより明らかではないが、小論は桓武天皇によって郊祀が行われた延暦六年か、ないしは四年のことではなかったかと考えている。延暦四年の郊祀の前後の事情は不明だが、延暦六年の時は、十月十七日、天皇は交野に「放鷹遊猟」を名目に行幸し、大納言藤原継縄の別業に行宮を定めている。その三日後に交野を本拠とする百済王氏は行宮で種々の楽を奏し、百済王玄鏡・元信(真)・善貞・忠信・明本及び藤原乙叡が叙位された。藤原継縄が郊祀のために交野に派遣されたのは翌十一月五日のことであったが、この継縄の妻は、やはり百済王氏出身の明信で、乙叡はふたりの間に生まれた子であった。明信は若かりしとき桓武天皇と親密な関係にあったといわれ、継縄の妻となって後は尚侍として後宮を一手にとりしきった。

尚侍とは、内侍司の長官のことで、後宮十三司を掌握したが、奈良時代の後半から有力な貴族の妻が尚侍と尚蔵を兼任した。はじめ尚侍は従五位相当に過ぎなかったが、のちには尚蔵に准ずる形で従三位相当に昇格し、天皇に最も信頼される女性が任命されている。この尚蔵の職掌を養老後宮職員令は、次のように定めている。

蔵司

尚蔵一人。掌。神璽。関契。供御衣服。巾櫛。服翫。及珍宝。綵帛。賞賜之事。典蔵二人。掌同尚蔵。掌蔵四人。掌。出納。綵帛。賞賜之事。女孺十人。

ここで注目されるのは、いうまでもなく「神璽」が尚蔵によって掌握されていたことであろう。この「神璽」について、公式令は「内印」のこととするが、神祇令集解の引く令釈は、唐の「璽」は白玉で作った印のことで、日本の「璽」とは異なるものとの立場をとっている。また、義解は「璽は信なり。神明の徴信を云う、これ即ち鏡剣をもって璽と称す」として、践祚のさいに天皇に奉られる神器のこととしているが、かかる神祇令集解所引の明法家の説に妥当性があるように思われる。

また、平安初期の尚侍・尚蔵を見ると、桓武朝には明信、平城朝にはかの薬子が任命されているが、仁明朝には百済慶明（慶命）、文徳朝には菅野人数が補任され、これを大和舘子が補佐するなど、この時期の神器の管理はさながら渡来系氏族出身の女性によって占められていた感がある。

大刀契が百済王氏から桓武天皇に奉られ、それが「新王朝」の践祚儀礼の宝器のひとつとしての意味をもつようになったのが、延暦四年なのか、あるいは六年の郊祀の礼なのか定かではないが、いずれにせよ、交野における郊祀の礼の場を通じてのこととみてあやまりないであろう。桓武天皇によって創始された郊祀の礼は、新王朝の創設宣言という要素とともに、百済王をはじめ朝鮮半島から渡来した氏族を「朕の外戚」とし、その一翼に取り込む役割を果たした。それがかつて百済の東城王が郊祀の礼を行い、各地の王侯貴族を冊封したときの記憶にもとづくものであったかどうかは不明だが、百済王氏による大刀契の奉献には、桓武天皇を渡来系氏族の王とあおぐ意味も込められていたと見ることもできよう。

注

（1）金子修一『古代中国と皇帝祭祀』汲古書院　二〇〇一年。古代中国の郊祀の礼については多くを金子氏の論考に拠った。
（2）尾形　勇「中国の即位儀礼」『東アジア世界における日本古代史講座』9「東アジアにおける儀礼と国家」学生社　一九八二年。
（3）李成市「蔚珍鳳坪新羅碑の基礎的研究」『史学雑誌』九八―六、一九八九年、『東アジアの民族と国家』一九九八年所収。『韓国古代史研究』2韓国古代史研究会編「蔚珍鳳坪新羅碑特集号」一九八九年を参照。
（4）「殺牛馬」と郊祀の関連については、栗原朋信「犠牲礼についての一考察―とくに古代の中国と日本の場合」『上代日本対外交渉史の研究』吉川弘文館、一九六八年。佐伯有清『牛と古代人の生活』至文堂、一九六七年。鈴木英夫「古代日本と朝鮮の殺牛馬祭祀・漢神信仰」『古代日本と東アジアの境界をめぐる祭祀・信仰・交流』國學院大學二一世紀COEプログラム報告要旨、二〇〇五年参照。
（5）金応根撰『公州誌』所収の「公州邑古図」（李朝時代）に南西中門外に「祭壇」とされる施設が存在している。林陸朗氏注（6）論文はこれを『三国史記』の「大壇」・「南壇」の遺構ではないかとする。
（6）林陸朗「朝鮮の郊祀円丘」『古代文化』二六―二、一九七四年。
（7）林陸朗『長岡京の謎』新人物往来社、一九七二年、林氏は片鉾の杉ケ本神社の西北角周辺ではないかとする。同「長岡・平安京と郊祀円丘」『古代文化』二六―三、一九七四年参照。
（8）狩野直喜「我朝に於ける唐風の模倣と祭天の礼」『徳雲』二巻二号、一九三一年、一九四七年『読書纂餘』に所収。
（9）金子修一、前掲書。
（10）瀧川政次郎『京制並びに都城制の研究』角川書店、一九六七年。
（11）武者小路穣「幻影の唐から―風謳歌から国風自立へ」『国文学―解釈と教材の研究』一九七六年。
（12）高取正男『神道の成立』平凡社選書六四、一九七九年。なお高取は金子前掲書注（1）に中国皇帝の即位式の最後、または直後に行われた「謁廟の礼」とよばれる臨時の祭祀が同姓内の帝位をうけつぐ儀礼として位置づけられていることに注目し、宝亀九（七七八）年の山部王（桓武天皇）と延暦十（七九一）年の安殿親王（平城天皇）の伊勢参宮をこの「謁廟の礼」に関連づけて理解されている。しかし伊勢神宮を「廟」と見るかどうかについてはもう少し検討が必要であり、当面の考察から除外した。

(13)　交野行幸の内訳は次のとおりである。
『日本後紀』延暦十八（七九九）年二月壬午（八日）条
　行幸交野。（嵯峨太上天皇加冠の翌日）
同　弘仁三（八一二）年二月甲辰（十五日）条
　遊猟交野。山背河内摂津等国献物。賜侍従以上及国宰掾已上衣被。
同　弘仁四（八一三）年二月己亥（十六日）条
　遊猟交野。以山埼駅為行宮。是日、津頭失火。延焼三十一家。給米綿有差。
同　弘仁六（八一五）年二月己未（十七日）条
　行幸交野。庚申（十八日）百済王等奉献。五位以上并六位以下及百済王等賜禄。
『続日本後紀』承和三（八三六）年二月戊子（十九日）条
　先太上天皇遊猟交野。己丑（二十日）是日、授旡位百済王永琳従五位下。癸巳（二十四日）授正六位上百済王慶苑、百済王元仁並従五位下元仁是婦人也。
同　承和四（八三七）年十月戊午（二十八日）条
　授従五位上百済王慶仲正五位下、正六位上百済王忠誠従五位下。先太上天皇自交野遊猟処、有諷旨、因所叙也。
同　承和十一（八四四）年二月戊寅（二十五日）条
　行幸交野。賜扈従群臣侍従以上、及河内摂津等国司禄。日暮車駕還宮。
(14)　東野治之『遣唐使船―東アジアのなかで―』朝日選書、一九九九年。
(15)　八木　充「日本の即位儀礼」『東アジア世界における日本古代史講座』9「東アジアにおける儀礼と国家」学生社、一九八二年。

（16）西嶋定生「皇帝支配の成立」岩波講座『世界歴史』4、一九七〇年。

（17）「大刀契考」『伴信友全集』第二。

（18）「大刀契」については、多くの論考があるが、大石良材『日本古代王権の成立』塙選書、一九七五年参照。

（19）上田正昭「桓武朝廷と百済王氏」『論研・古代史と東アジア』岩波書店、一九九八年。

唐三彩陶からみた日唐交流史の研究

亀井明徳

はじめに

七・八世紀のアジアは、唐帝国に対して、東・東南・西アジアの各国が遣使して、政治的・文化的な紐帯関係を保っていたことは、重言を要しない。日本もまた、「遣唐使」の名で、他のアジア諸国と同じように長安に遣使し、それによって将来された「唐物」は、正倉院や有力寺社に納められ、現在まで伝世している。一方、考古資料として、少数ながらこの時期の将来遺物が発掘されている。本稿では、それらを代表する遺物として唐三彩陶を取り上げ、出土の状況、遺跡の性格、出土三彩陶の器種などの特徴を個別に追及することによって、その実態を明確にし、当時の朝貢貿易に携わった下級の乗船者の役割と、彼らが将来した唐物の行方を追跡したい。

一、日本における唐三彩陶出土遺跡

二〇〇四年一月現在、盛唐以前の三彩陶の出土遺跡数は、三五個所であり、西日本から東日本各地の遺跡に分布し

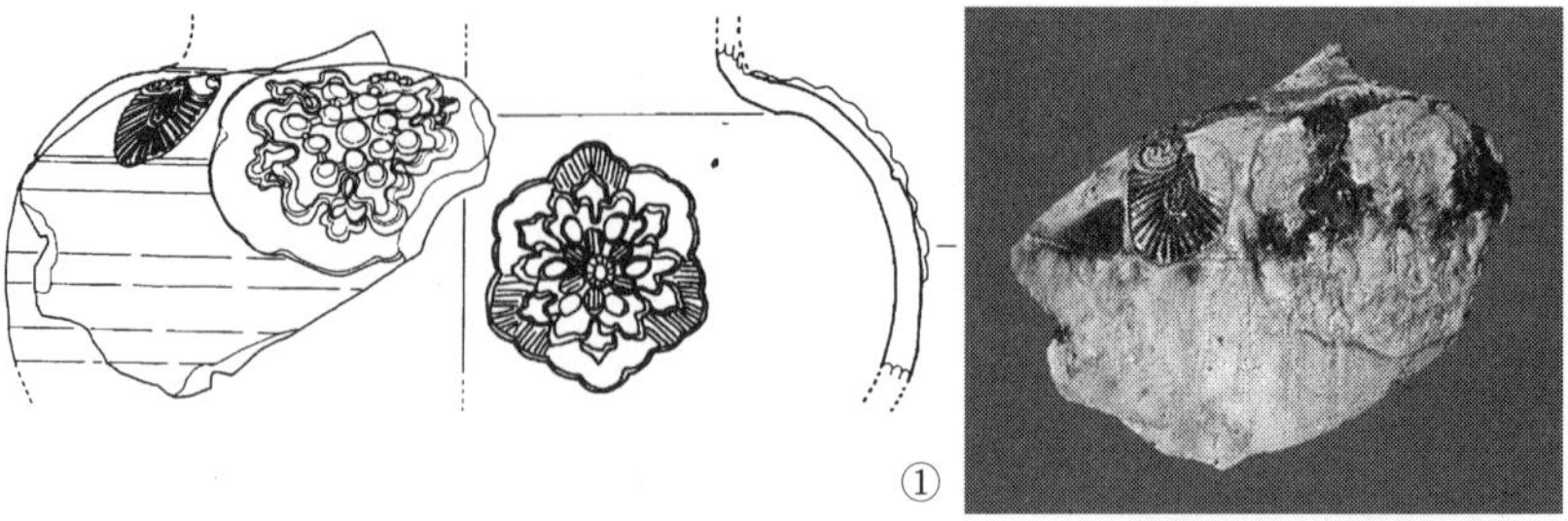

①

③

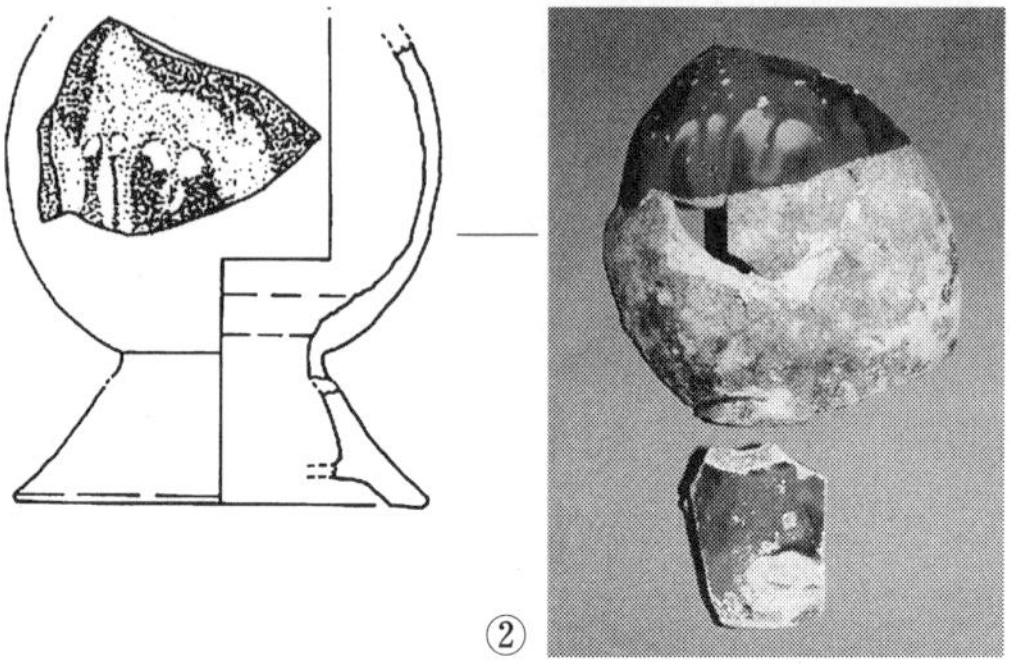

②

①観世音寺跡 SD 1300
②備後寺町廃寺講堂跡
③奈良・大安寺跡

ている。これらの遺跡の性格を見ると、a寺院跡11、b古墳・祭祀遺跡3、c官衙跡9、d住居跡12の各遺跡から検出され、一遺跡一片程度が大部分を占めており、これらは一度に大量に運搬される貿易陶瓷ではなく、将来陶瓷であることを示している。遺跡の性格別に、その代表例をまず紹介したい。

a寺院跡

① 福岡県太宰府市大字観世音寺　大宰府史跡・観世音寺跡SD1300、三彩三足炉片1+3、九州歴史資料館

筑紫国の雄寺である観世音寺境内の排水溝から検出された。破片は厚さ7ミリほどで、罐形の頸部から肩部であり、二条の沈圏線とメダリオンの貼付位置からみて三足炉である。大小二種のメダリオンのうち、大型片は型崩れがひどいが、唐花文であり、鞏義市黄冶窯址に類似品がみられる（鞏義市文管二〇〇〇、図版34）。小型片は、宝相華文である。メダリオンの意匠が、本品と大小ともに類似している三足炉として、河南博物院蔵品がある（鞏義市文管二〇〇〇）。

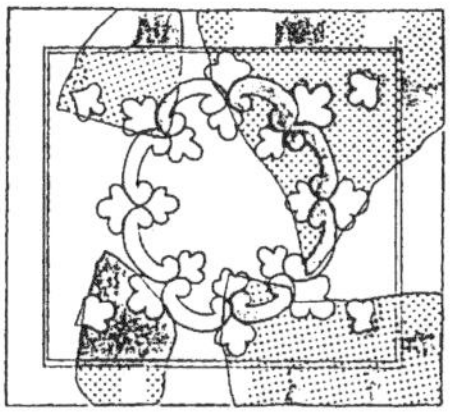

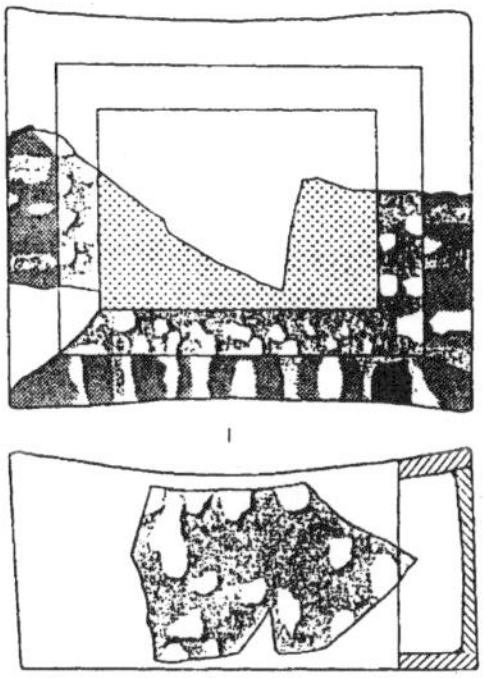

③奈良・大安寺跡

② 広島県三次市向江田町大字寺町　備後寺町廃寺講堂基壇上層　三彩瓶、三次市教育委員会（広島県立歴史民俗資料館）

この寺跡は、七世紀後半の創建とされ、百済系軒丸瓦が出土し、『日本霊異記』記載の三谷寺と推定されている。講堂付近から出土し、被火しており、長頸瓶の胴部中位以下から脚部の破片とみられる。メダリオンを欠くが沖ノ島遺跡出土長頸瓶と同形であり、器高21-24センチ、と推定でき、洛陽市博一九八〇、nos.97に類似している。

③ 奈良市大安寺町大安寺跡　三彩陶枕約二〇〇片、奈良文化財研究所・奈良市教育委員会

講堂前の焼土層の中から検出し、九一一年の焼亡に際して一括投棄されたものと考えられる。検出された三彩陶の破片、二〇〇片以上は、日本製の少数の三彩陶（奈良三彩陶）の他はすべて唐三彩陶枕片で、復元すると三〇個体以上の陶枕である。陶枕の文様別種類は、四弁花文、唐花対葉文、C字形唐花文、鳥文（連珠環双鳥文）、無文、絞胎である。

④ 三重県三重郡朝日町縄生字中谷　縄生廃寺塔心礎　三彩碗一、文化庁

本品は、木造五重塔の心礎に納められていた石製舎利容器の蓋として用いられていた半球花弁文碗で、蓮弁文とみられる花弁文を五—七段積み重ねる文様構成である。

この寺は、出土瓦の形式などからみて、七世紀後半代に創建されたと推定され、塔心礎に埋納されていたので、遅くともその時点までには、おそらく七世紀中葉に、わが国に将来されていたと考える。この三彩半球形碗は、銀器碗（白鶴美術館蔵）にその原形がもとめられ、三彩陶では、出光美術館蔵品が同笵ではないが、側面の花弁文や珍珠文の入れ方がこれに類似している。

b古墓・祭祀遺跡

⑤　福岡県宗像市大島字沖ノ島第五号・七号遺跡　三彩貼花文長頸瓶二三片、宗像大社宝物館

二個所の岩蔭祭祀遺跡から発見され、接合した貼花文長頸瓶である。口沿の頸内部へつづく中央部分は六弁花を白斑で鹿の子様に描き、その中央に橙色釉を流彩し、貼花宝相華文の小片である。山西省大原金勝村三号墓、東京国立

④

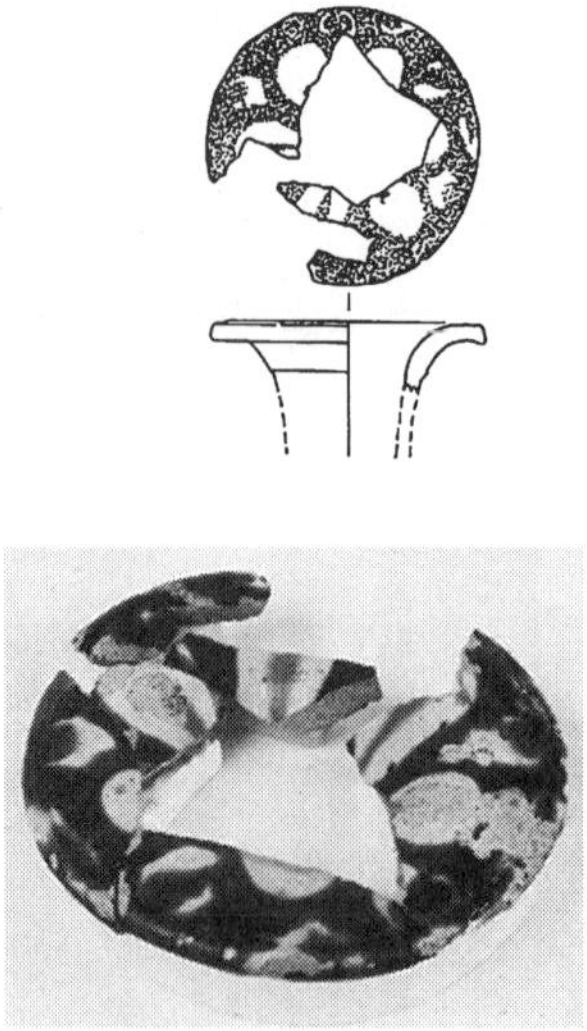

⑤

④三重・縄生廃寺塔心礎
⑤福岡・沖ノ島第５号・第７号遺跡

博物館（TG668）、ブリティシュ・ミュゼウム品（OA1968.4-22.22）などに類品がある。

⑥　群馬県佐波郡赤堀町大字今井三騎堂　多田山一二号古墳前庭部、三彩陶枕片一個体分、群馬県埋蔵文化財調査事業団

七世紀第４四半期に築造された横穴式石室の前庭から発見された。現在までのところ、この遺跡がわが国における唐三彩陶出土地の東限である。陶枕の文様は、やや簡略化された唐花文である。これと類似したものが江西・瑞昌県范鎮郷唐墓から発見されている（南方文物1999-2、pp.8-10）。

⑦　奈良県生駒郡斑鳩町龍田　御坊山三号墳　三彩蓋硯一、奈良県立橿原考古学研究所付属博物館

総高5.2センチ、有蓋の硯台であり、白と緑釉を基本とし、蓋甲部は、白釉、緑釉、橙褐釉と、白抜き斑文の三彩釉である。この三彩蓋硯の生産地として、中国では類例は未発見であるが、緑釉の発色、白抜き技法、支釘痕、およ

⑥

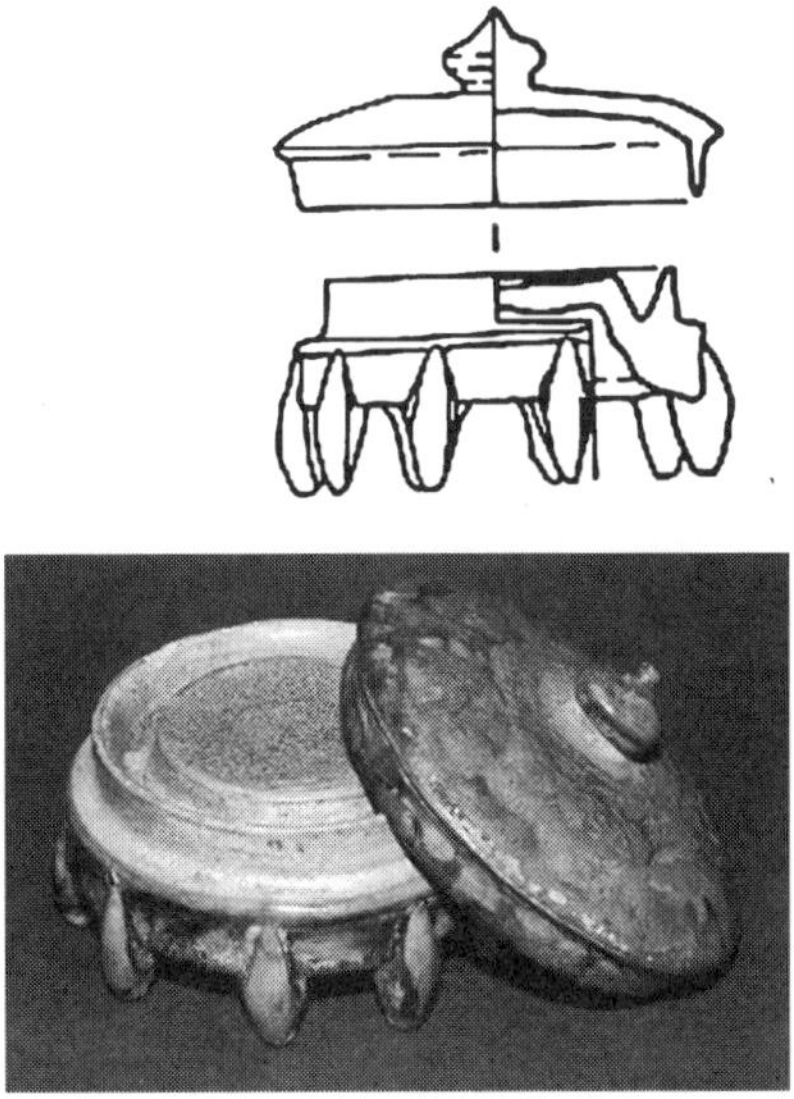

⑦

⑥群馬・多田山12号古墳
⑦奈良・御坊山３号墳

び硬質で白瓷胎に近い状態をみると、鞏義市黄冶窯を中心とする中原の産品と考えたい。詳細は公にされていないが、六六五年の陝西省李震墓出土の環状底部につくる滴足深緑釉硯台も類似している。

御坊山三号古墳の年代については、七世紀中葉と、後半・末とする見解に分かれている。

c官衙跡

⑧　福岡市中央区城内　鴻臚館跡第六次調査土坑、三彩陶枕一片　福岡市教育委員会

八世紀後半から十一世紀前半の唐宋代陶瓷器が大量に検出され、そのなかに鉛釉陶器を少数ながら見いだせる。検出された三彩陶の小片は、上面を凹形につくる鴛鴦文陶枕の中央部上端の破片である。類例として、洛陽市孟津県朝陽（北邙山）前李村唐墓出土品（洛陽市博1980、東博1998、TG2428）があり、これと類似している東京国立博物館品（TG2428、東博1988、No.265、高6.0、12.0×10.0cm）とは、大きさがほぼ一致し、文様も類似しているが同一型ではない。

⑨　静岡県浜松市若林町（旧浜名郡可美村）城山遺跡A10B30区第Ⅳ層、三彩陶枕一二片、浜松市博物館

検出された破片は三個体分の陶枕で、いずれも鴛鴦文であり、鳥文以外の花文などはすべて省略されており、周縁をフレーム状に画している。この遺跡は、郡衙推定地で、その倉庫跡付近の包含層から検出されている。

⑨静岡・城山遺跡

d住居跡

⑩　奈良市二条大路南二丁目（左京二条二坊・三条二坊）長屋王邸宅、三彩碗・三彩蓋盒各一片、奈良文化財研究所

この遺跡は、七二九年に自害した貴族である長屋王の邸宅であり、碗・盒ともに日本出土例は他にはない。三彩盒は、山西省大原金勝村三号墓出土品は、直径9.5センチとほぼ

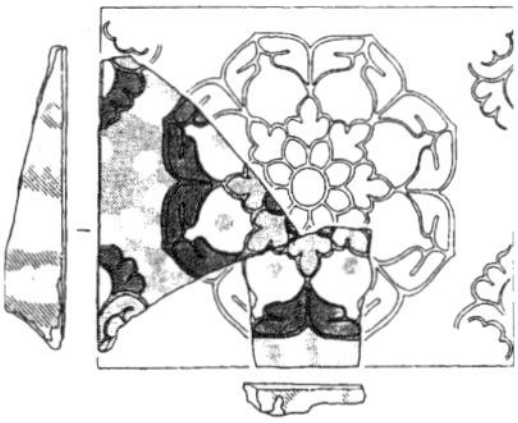

⑪群馬・境ケ谷戸遺跡２号住居跡
⑫奈良・藤原京右京二条三坊東南坪

⑪実測図

同形同大とみられ（考古1960-1、p.39）、また、ビィクトリア・アルバート美術館蔵C13-1935、C129-1936、アシュモレアン美術館（ASM）224、東京国立博物館（TG1120、2423）などに類例がある。宮都における推定貴族邸宅の出土品例である。

⑪　群馬県新田郡新田町大字村田　境ケ谷戸遺跡二号住居跡、三彩陶枕一片、新田町教育委員会

　この三彩陶片を検出した二号住居跡は、全体の竪穴住居跡一五棟、掘立柱建物五棟のなかではとくに大きいわけではなく、八世紀中葉の土器と共伴して出土し、復原すると上面凹型で、11.9×9.8センチの陶枕である。この種の陶枕のなかでストックホルム東アジア博物館品が最も整った文様構成であり、本品は、これに類似している。東日本の農村の農民住居跡出土品として例示する。

⑫　この他に、三彩俑片が出土している（奈良県橿原市、橿原市千塚資料館）、出土遺跡は、下級官吏クラスの住人が考えられる。三彩俑片は、七世紀後半の土坑から発見され、人物俑の破片であり、淡い色彩からみると女性俑における衣服を表現した個所と推定できる。中国外から俑が出土する例は極めて稀少である。

二、日本出土の唐三彩陶の諸問題

三彩陶の初源については、墓誌による紀年銘共伴資料を根拠にして、六七〇年代から出現するとされているが、白瓷龍耳瓶など三彩陶と共通する器形を形式的に並列して研討すると、隋代に位置付けられる最古式の白瓷龍耳瓶に続く形式があり、三彩陶最古の形式は、相対編年の示すところ六六〇年代よりも遡上し、初唐後半に出現した可能性がある。従って、唐三彩陶の日本への将来は、その生産が開始される七世紀第2四半期まで遡上する可能性があり、七世紀後半に廃棄および埋納されたとみられるのは、奈良・御坊山三号墳、三重・縄生廃寺等があり、それらの将来年代は、遅くとも七世紀中葉と考える。

日本出土唐三彩陶の基本的属性として以下の点が指摘できる。唐三彩陶の日本の遺跡出土量は、一部を除いて、一遺跡当りの点数は極めて少なく、これらが交易のルートにのって恒常的・継続的・組織的な構造で、わが国にもたらされたものではないことを示している。すなわち、すでに指摘したように、貿易陶瓷器にたいして、「将来陶瓷器」という概念を与える。

一部の器種をのぞいて、使用目的にそって意図的にもたらされたとは考えがたいこと、これが将来陶瓷の具備している一つの性格である。

中国における三彩陶の多種類の器種のうち、日本出土品は、三足炉・罐・長頸瓶・火舎式香炉・陶枕・碗（杯）・盒・俑であり、火舎・盒・俑はわずか各一片にすぎない。さらに、龍耳瓶や灯形品に代表される大型品がなく、かつ鳳首瓶のような実用に供し得ない器種は含まれていない。逆に、日本出土品では、後述するように実用に供したとみられる中型品の三足炉・長頸瓶・火舎式香炉と、陶枕・碗（杯）のような掌中にのるような小型品が多いことを注意したい。この点に日本将来品のもつ特徴の一つである。

三、三彩陶出土遺跡の性格と器種

盛唐以前の唐三彩陶を出土する三五遺跡に関して、遺跡の性格と出土三彩陶の器種との関係を中心に再考したい。

a寺院跡　一一遺跡のうち、まず注目されるのは、大安寺跡から三〇個体以上の大量の陶枕が出土しているが、これは異例な、特殊な事例と考えたほうがよい。この個数は、中国における一遺跡の発見数をはるかに超えているばかりではなく、世界各地の美術館などに現在保有されている総数に匹敵している。講堂もしくは金堂でおこなわれた仏事の際に用いられていたのであるが、具体的な使用方法と目的について、明らかにすることは難しいが、量の多さからみて、この寺によって、これらが意識的に将来されたものであることは間違いない。

寺院跡出土品を通観すると、こうした小型品もあるが、中型品ともいうべき三足炉・長頸瓶・火舎式香炉がある。これらの器種は寺院における必需品の一つであり、わが国で本来的な用途を、理解して、その使用目的に沿って将来されたと考えられる。

b古墓・祭祀遺跡　三遺跡について、沖ノ島の場合、宗像氏の航行安全祈祷地での祭祀である。御坊山三号墳の硯では、墨痕からみて、被葬者の案上の愛用品がそのまま随葬されたとみられる。多田山一二号古墳前庭部の場合は、墓前でおこなわれた葬祭儀礼に用いられている。

c官衙跡　九遺跡について、平城京や大宰府などの上級官衙と、東日本等の郡衙推定遺跡から発見されているが、特別に多い数ではなく、いずれも陶枕が多く、出土位置をみると、官的・公的な保有品とは考え難い。

d住居跡　一二遺跡の出土例は、農漁山村集落と都城域に分けられ、前者では掘立柱住居跡とともに竪穴住居跡も相当数がある。これらの竪穴住居跡から、共通して三彩陶枕が検出されていることは注意される。わが国全体として陶枕の発見例が多いわけではあるが、こうした集落にもたらされた三彩陶枕はいかなる存在であったのか。実用に供したとも考えられず、単に珍奇なあるいは珍異な唐物程度の意味をもっていたに過ぎないのであろう。

つぎに平城京内などの都城における住居跡出土品も杯などの小型品であり、上記集落に多い陶枕検出の場合と同様に、ともに小型品という共通性がある。同じく平城京内ではあるが、長屋王邸宅出土品は、碗や蓋盒であり、前者は盤の可能性があり、後者の盒とあわせて、庶人の住居出土品とは異なる。農漁山村集落と都市住居跡に共通して、わが国の唐三彩陶出土遺跡の三分の一にあたる一二遺跡が、居住遺跡であることに意味がある。官衙関連遺跡としたが、その実質は官人居住遺跡の可能性のあるものを加えると、将来された唐三彩陶の過半数が個人の所有に帰していたと考えられる。

四、唐三彩陶の入手経緯

盛唐以前の三彩陶がわが国にもたらされた経路として遣唐船による蓋然性がもっとも高い。いうまでもなく、七―八世紀において、送迎使を含めて、日唐間の十数次にわたる交渉は、この船の往来によっている。しばしば触れられる日羅や日渤交渉によって唐三彩陶が将来されたとする考えは、とくに根拠を明示できるものではない。

日本からの遣唐使は、総員二五〇名から六五〇名に達する使節団であるが、正・副使等が長安に赴いた間、それ以外の大多数の人々は滞在地である揚州・楚州・蘇州などに留まっている。以下この状況が比較的判明している承和の最後の遣唐使の例を、『入唐求法巡礼行記』（小野勝年一九六四、足立喜六・塩入良道一九七〇、以下『行記』）に従って述べたい。

この時は入唐できた五一一人のうち、入京したのは、大使・判官二・録事二・通事一・請益生二・射手一ならびに雑職あわせて三五人であり、残りの四七六人の人々が約四ヶ月間揚州に滞在している。残留者で記録されているのは、監督する責を負う判官一・録事一、それに次ぐ知乗船事、下級官人である史生や（新羅）訳語、（請益・留学）学問僧・画師などであり、これらの人を除くと、船師・船匠・船工・（梅師）・挟杪・水手長・水手・射手・都匠・番匠・鍛工であり、いずれも船舶運行関係者で、かつこれらの人々が、人数的に大多数を占めている。一隻の乗船者一二〇～一四〇名の半数はこの水手、射手が占めていた。

このように遣唐船の半数以上は、船舶の運行・修理関係者と、傔従をふくめた下級官人である。彼らが四ヶ月に及ぶ揚州・楚州滞在中の行動は『行記』のなかに断片的にうかがうことができ、遣唐大使一行が長安から楚州に帰還し、帰国の準備に入った時点で、市で雑物を購入する記録がしばしば見られる。

すなわち、史生・画師・傔従・水手・射手など、いわば下級者が揚州の市場において、唐土から祖国への土産物として、雑物を買い求め、そのなかに勅断の色（交易禁止品）を購入したために捉縛された者もいたために、記録されている。雑物の品名は香、薬等以外は明記されていないが、購入できた唐物のなかの一つとして小型の唐三彩陶が含まれていた可能性がある。これら三彩陶は、重量制限を受けて小型品で、かつ購入者が知識階級とは云い難いので、その買物を選ぶ基準が特定の使用を目的にしたものではなく、珍奇な唐物にあったと推測する。

唐三彩陶が長安や揚州などの市で販売されていたことが、この推測を裏付ける。唐三彩陶が、墳墓随葬品だけではなく、実用器であることは、すでに指摘されているところで、洛陽皇城内の磚瓦作坊の包含層から三彩三足炉・小壺などが発見され、揚州唐城手工業作坊跡の調査においても、盛唐期とみる三彩小盂、小執壺、刻花器片が発見されている。器皿だけではなく、人物俑も揚州木橋遺跡から発見され、長安城西市遺跡の盛唐期の飲食店舗と推定されている付近の路面から三彩釉器皿が検出され、日常の生活用器として西市で購入できたことを示している。

揚州の市の調査はおこなわれていないが、唐代において益州（四川省成都市）とならんで「揚一益二」と称せられ、天下一の商業都市であった揚州市場において、三彩陶が売買されていた蓋然性は高く、下級入唐者が、揚州の市で買い求めた土産物としての唐物のなかに、小型三彩陶が含まれていたと推測する。

五、唐三彩陶の将来者

ここで再び、上述した唐三彩陶のわが国での出土状況を、遺跡の性格と器種との相関から、さらに集約すると、A中型品ともいえる三足炉・長頸瓶・火舎式香炉が寺院の講堂ないしその近辺から検出されていること、B陶枕・杯などの小型品が、都市部および農村部を問わず、個人住居跡や地方官衙の周辺住居跡から検出されていること、の二形態に分けられる。

まず、Aの場合、香炉としての三足炉・火舎式香炉および花瓶としての長頸瓶は、寺院においては必需品であり、それらが実際に使用されたとみられる場所から検出されている。このことは、これらの器種が、揚州などの市において、意識的、目的的に選択されて購入されたと考える。これが検出された寺院の関係者が購入したのか、あるいは依頼された随員が求めたのか、確かめる術はないが、帰国後、それぞれの寺院に施入されたと推測する。

唐物が遣使の帰国後に伊勢大神宮に奉られたように、その地の出身者による寺社への奉納の場合もありえよう。縄生廃寺塔心礎に納められた三彩碗は、まさにそのようなケースとみられ、後述するが、周辺集落から徴用された水手・射手のような人が、無事帰還したお礼として、この寺に寄進し、それが舎利容器の外蓋に転用された想定も成り立つであろう。

唐物といっても必ずしも唐地で購入したと限定することもできない。唐物が都の宮市で販売されており、それを直接的ではないにせよ、入手できる機会があったわけであり、寺としての必需品の一つとしての唐物を国内で調達することも考える余地がある。

Bのケースがわが国出土例の大部分を占め、遣唐使随員によって、珍奇な唐物として市において購入され、帰国後、個人保有、寄贈、喜捨・施入されたとみる。この場合、長屋王邸宅跡や貴族の邸宅と推定されている平城京右京二条三坊二町遺跡などでは、他と異なり、やや上手な中型品を含む三彩陶が発見されているのは、遣唐使の中枢官人との関係かと考えられる。あるいは、内裏の建礼門前で、宮市がひらかれ、唐物が置き並べられ、内蔵寮の官人や内侍等が交易をしているので、そこで購入することも可能であった。都市部において下級官人あるいはそれ以下と推定されている住居からの出土は、彼らが史生や傔従など下級の随員として、自ら購入し個人保有となり、それが転居なども含めて伝世し、廃棄されたものと考える。

問題となるのは、西日本の一部、東日本の広範囲で、農山漁村の竪穴住居に象徴される住人および郡衙等の周辺集落住人が保有していた場合である。彼らと遣唐使との接点として考えられるのは、遣唐使の一員として徴用された水手および射手である。遣唐使船のほぼ半数を構成する彼らは、船載の関係で、陶枕に代表できる小型三彩陶わずか一個を、市で土産物として購入し、帰郷後、珍奇なもの、ただそれだけの理由で保有していた。それらの所有者として、遣唐使随員のなかで想定できるのは水手および射手以外には考えられない。しかも西海道・東山道・東海道に偏在する出土分布は、徴用された彼らの本貫地を示している。

射手および水手などについてはほとんど分からないし、史料の少なさの故であろうか、研究も進んでいない。『行記』のなかでは、その姓名が記されており、わずかにその姿が浮かび上がる。

まず射手は、衛門府の衛士のなかから、勇敢便武の輩が選抜されたことである。その衛士は、正丁の搖役の一つであり、各地域の軍団の兵士のなかから選ばれているが、京畿からは徴発されず、畿外、四方国（ヨモックニ）の力役とみなされ、さらに西海道や山陽道は徴発を免れていた可能性がある。そうすると、防人と同じように、東海道・東山道を主とした兵士、すなわち律令農民の正丁から徴発されていた可能性がある。

大部分の射手は、各地から徴用され、ひたすら無事帰郷を願っていた無名の人々である。幸いにして唐から帰還できた射手は、難波津から東海道・東山道などの郷里への帰郷を許されるが、その帰途、本貫地の国衙や郡衙に立ち寄り、帰国報告をし、あるいはその際に唐物の一部を置いていった場面も想定される。彼らは、水手と同じように、一定期間課役が免じられ、その竪穴住居には唐物が不釣合いな状況で置かれていたのであろうし、将来者の死にあたって、墓前に奉げられたことも想定できる。

水手についても、史料は多くを語っていない。遣唐使船のなかで、船師・柂師・挾杪・水手長は、水手よりも上級の技術者である。『行記』などのなかでもわずかに記されている。これに対して、水手は官米などの沿海運漕に従事する者であり、おそらく海人（海部）集団のなかから徴用されている。多くの水手のなかからどのようにして遣唐使船に徴用されたのかは明らかにし難い。そうしたなかで、『行記』に姿をみせる丁勝《よぼろのまさ》小麻呂《おまろ》は、才覚があり、通詞となった希有の例であるが、彼の本貫地とみられる地域から唐三彩陶枕が出土している。

水手の本貫地の中心は西日本とみられる。西国各地の港津から徴発された水手は、遣唐中は徭役を免ぜられ、帰国後は、三年の課役が免ぜられ、射手と同様に出身の郡衙などに使命を果たしたことを報告し、ある場合はそこに土産品をおいたり、寺院へ謝恩として唐物の奉納もしていたであろう。西海道から京畿までの沿海部から発見されている小型三彩陶は、それが寺院や官衙を含めて、水手が将来者であったと考える。

このように盛唐三彩陶をもたらした人々の姿がほのかに見えてきたが、その出土地は、現在三五遺跡にすぎないが、さらに増加することが予測されることを述べて擱筆したい。

参照文献

足立喜六・塩入良道　一九七〇　『入唐求法巡礼行記』東洋文庫一五七、平凡社、東京

王仁波　一九八二　「陝西省唐墓出土的三彩器綜述」文物資料叢刊六、pp.139-150、文物出版社、北京

小野勝年　一九六四　『入唐求法巡礼行記の研究』第一―四巻、法蔵館、京都

河南文考研　二〇〇二　河南省文物考古研究所他『鞏義黄冶唐三彩』p.57、112、大象出版社、鄭州

亀井明徳　一九九七　「渤海三彩陶試探」アジア遊学第六号、pp.82-98、勉誠出版、東京

亀井明徳　一九九九―一　「隋唐期陶范成形の陶瓷器」出光美術館館報一〇六号、pp.64-88、出光美術館、東京

亀井明徳　一九九九―二　「隋唐期龍耳瓶の形式と年代」専修人文論集六五、pp.51-84、専修大学学会、東京

亀井明徳　二〇〇〇　「唐三彩〝陶枕〟の形式と用途」高宮廣衛先生古希記念論集、pp.211-239、同論集刊行会、沖縄県西原村

亀井明徳　二〇〇三　「日本出土唐代鉛釉陶の研究」日本考古学第一六号、pp.129-155、日本考古学協会、東京

鞏義市文管　二〇〇〇　河南省鞏義市文物保存管理所編著『黄冶唐三彩窯』科学出版社、北京

謝明良　一九九四　「日本出土唐三彩及其有関問題」『中国古代貿易瓷国際学術研討会論文集』pp.191-223、国立歴史博物館、台北

文物精華　一九九七　文物精華編輯委員会編『中国文物精華一九九七』nos.13・14、文物出版社、北京

洛陽市博　一九八〇　洛陽市博物館編『洛陽唐三彩』No.117、文物出版社、北京
李知宴　一九九三「日本出土の緑釉滴足硯考―併せて唐代彩釉陶瓷の発展について考える」橿考研1993、pp.262-269

鸚鵡の贈答——日本古代対外関係史研究の一齣——

皆川雅樹

はじめに

モノを贈るという行為（贈答）は、交換という複雑なシステムの物質的な一部に過ぎず、どの社会にも何らかの形で存在する。モノという形をとるにせよとらないにせよ、交換は様々な社会関係を表現するコミュニケーションの重要な手段である。(1)したがって、モノを贈ること、贈られることを文字（史料）として残すことは、何らかの社会関係を示す行為であると考えられる。

本稿では、古代日本列島に齎されるモノから見える様々な関係を抽出してみたい。今回は、特に動物の贈答に注目する。

東アジアの国際関係において、動物の贈答は諸史料に動物名とともに明記されることが多い。また、動物は贈答品として人間以外で唯一動く存在であり、「人」の視覚（容姿・動き）、聴覚（鳴き声）、嗅覚（体臭・排泄物等）及び場合によっては味覚に訴える可能性が高いものである。このことが明確に窺える例として、時代は降るが、近世の「見世物」があげられ、その一種類として外来の動植物等が含まれる「天然奇物類」（珍禽獣）がある。(2)

本稿では、東アジアの国際関係における動物の贈答の具体的な様相を考えるため、七〜十二世紀の日本列島に齎されたオウム（鸚鵡）に注目して検討する。

鸚鵡は今日、亜熱帯から熱帯の森林、南半球の温帯地帯に生息して、アフリカ、アジア、オーストラリア、中南米等に広く分布しているという。(3) また、当該期前後では、西域、中国南部、ヴェトナム、東南アジア諸地域に産することが中国正史等に見られることから、日本列島において鸚鵡は「外来品」である。

一、中国唐代における鸚鵡の贈答

1　唐に齎された鸚鵡

東アジアの国際関係において、中国皇帝への贈り物としての鸚鵡が、中国正史だけを見ても多くあり、そこには鸚鵡の特徴が明記されている。唐代までを見てみると、その特徴として次の三つがあげられる。

第一に、言葉を話す鳥という特徴があり、古くは『漢書』巻六・武帝紀の元狩二（前一二一）年に南越国（中国広東・広西、ヴェトナム北部）から「能言鳥」、つまり鸚鵡が献じられた記事が見られる。(4) 唐代においては、環王・林邑国（ヴェトナム中部）が献じた鸚鵡が、中国皇帝と会話をする様子が伝えられている。『旧唐書』巻一九七・林邑国伝に、

（貞観）五年、又献二五色鸚鵡一。太宗異レ之、詔太子右庶子李百楽為之賦。又献二白鸚鵡一、精識弁恵、善於応答。太宗憫レ之、並付二其使一、令レ放二還於林藪一。自レ此朝貢不レ絶。

とあり、貞観五（六三一）年に「精識弁恵、善於応答」（知識が豊富で応答が上手い）と評価される「白鸚鵡」が献じられ、太宗はこれを憫んで「林藪」（故郷）に「放還」している。また、『新唐書』巻二二二・環王伝に、

（貞観時）又献二五色鸚鵡・白鸚鵡一、数訴レ寒、有レ詔還レ之。

とあり、貞観年間に「五色鸚鵡・白鸚鵡」が太宗に「訴レ寒」えるので、詔を下して還したとある。この二つの史料が直接関連するかどうかは不明であるが、太宗と鸚鵡の会話により、鸚鵡が故郷に戻ることを訴えたことは確かであろう。

第二の特徴として、鸚鵡の色が明記されることが多く、先述の唐代においても「五色」「白」と記されている。鸚鵡の色について中国正史を通覧すると、唐代以前は主として赤・白・五色、その後の五代・宋代は主として金・黄と記されている。

第三の特徴として、仏教的要素を持つということがあげられ、それは以下の史料から窺える。

○『新唐書』巻二二二・訶陵国伝

元和八年、献二僧祇奴四・五色鸚鵡・頻伽鳥等一。

○『旧唐書』巻一五・憲宗紀、元和十年八月丙寅条

訶陵国遣レ使献二僧祇僮及五色鸚鵡・頻伽鳥并異香名宝一。

○『旧唐書』巻一九七・訶陵国伝

元和十年、遣レ使献二僧祇僮五人・鸚鵡・頻伽鳥并異種名宝一。

（元和）十三年、遣レ使進二僧祇女二人・鸚鵡・玳瑁及生犀等一。

以上の史料より、「僧祇」（僧伽、仏教修行者集団）、「頻伽鳥」（迦陵頻伽、仏教で雪山または極楽にいるという想像上の鳥）という仏教と密接に関連するものとのセットで鸚鵡が献じられており、いずれも訶陵国（ジャワ）から元和八（八一三）年・十（八一五）年・十三（八一八）年に贈られたものである。

以上のように、中国皇帝に贈られた鸚鵡は、皇帝の視覚や聴覚に刺激を与えるものであり、さらに仏教的要素を齎すものであった。

2　唐から新羅に齎された鸚鵡

一方、中国皇帝が他の国に贈った鸚鵡について、『三国史記』巻八・新羅本紀第八、聖徳王三十二（七三三）年十二月条に、唐の玄宗帝が新羅の聖徳王に贈った鸚鵡について記されている。[5]

冬十二月。遣二王姪志廉一、唐朝謝恩。初帝賜二王白鸚鵡雌雄各一隻及紫羅繡袍・金銀鈿器物・瑞文錦・五色羅綵、共三百餘一。王上表謝曰、「伏惟陛下執レ象開元。聖文神武、応二千齢之昌運一、致二万物之嘉祥一。風雲所レ通、咸承二至徳一。日月所レ炤、共被二深仁一。臣地隔二蓬壺一、天慈洽遠。郷暌二華夏一。睿渥覃レ幽。伏視二瓊文一、跪披二玉匣一。含二九霄之雨露一、帯二五彩之鵷鸞一。弁二恵霊禽一、素蒼両妙。或称二長安之楽一、或伝二聖主之恩一。羅錦彩章・金銀寶鈿、見之者爛レ目、聞之者驚レ心。原其献二款之功一、実由二先祖一。錫二此非常之寵一、延及二末孫一。微効似レ塵、重恩如レ嶽。循涯揣レ分、何以上レ酬。」詔饗二志廉内殿一。賜以二束帛一。

新羅王が唐皇帝に伝えた鸚鵡の評価として、この史料の傍線部には「くださった霊禽を識別してみますと、それは素蒼な二羽の妙鳥でありました。或いは長安の楽と称し、或いは聖主（＝唐皇帝）の恩を伝えてくれます」とある。ここにおける鸚鵡を示すキーワードとして、「霊禽」「妙（鳥）」は珍しさ、「素蒼」は見た目の色合いを表す。また、「称二長安之楽一」「伝二聖主之恩一」は「楽」を音楽、「伝」える「恩」を皇帝の言葉と捉えることができる。[6] したがって、これらのキーワードより、鸚鵡は霊妙で人間の視覚・聴覚に訴える贈り物であることが窺える。

以上のように、七・八世紀の中国唐を中心とした東アジアの国際関係における鸚鵡の贈答は、通常のモノが持つ視覚を刺激する効果に加えて、聴覚にも訴えるものである。「精識弁恵、善於応答」とあること等から鸚鵡は知識が豊富で応答にも優れていることが窺える。また、新羅王が「或称二長安之楽一、或伝二聖主之恩一」と評した鸚鵡は、それ自身が持つ能力に加えて、長安の音楽や唐皇帝との会話をも伝えている可能性を持つものであり、これと同時に贈られた「羅錦彩章」「金銀宝鈿」について「見之者爛レ目、聞之者驚レ心」という視覚的効果と相まって、唐と新羅との先祖以来の友好関係を確認する材料となっている。

この鸚鵡が唐から新羅に贈られた七三〇年代は、唐と渤海及び新羅と渤海が対立関係にあったことに伴い、唐と新羅は対渤海同盟的関係にあった時期であり、七三二年には渤海王大武芸が臣下の張文休に命じて海賊を率いて登州に入寇する事件が起こり、これに対抗して唐が新羅に命じて渤海南境を攻撃させたという[7]。ここにおける新羅の渤海攻撃は、唐の冊封関係に基づく支援であるとともに、自己の危険においての負担と見ることができ[8]、このような状況において鸚鵡の贈答が行われたことは、唐皇帝と新羅王との直接的な関係を確認することを示していると言えよう。

二、七〜十二世紀日本列島に齎された鸚鵡

1　日本列島に齎された鸚鵡

本章では、日本列島に齎された鸚鵡について検討する。七〜十二世紀日本列島に齎された「鸚鵡」関係の史料を整理すると〔表1〕のようになる（以下、a〜jは表1の史料を示す）。

〔表1〕七～十二世紀日本列島に齎された「鸚鵡」関係史料　※〈　〉は割注を示す。

番号	西暦	年号	月/日	本文	出典
a	六四七	大化三	是歳	新羅遣二上臣大阿飡金春秋等一、送二博士小徳高向黒麻呂・小山中中臣連押熊一、来献二孔雀一隻・鸚鵡一隻一。仍以二春秋一為レ質。春秋美二姿顔一善談笑。	『日本書紀』
b	六五六	斉明二	是歳	西海使佐伯連帛縄、〈闕二位階級一。〉小山下難波吉士国勝等、自二百済一還、献二鸚鵡一隻一。	『日本書紀』
c	六八五	天武一四	五／二六	高向朝臣麻呂・都努朝臣牛飼等、至レ自二新羅一。乃学問僧観常・霊観従至之。新羅王献物、馬二匹・犬三頭・鸚鵡二隻・鵲二隻及種種物。	『日本書紀』
d	七三二	天平四	五／一九	金長孫等拝朝。進二種種財物并鸚鵡一口・鴝鵒口・蜀狗一口・猟狗一口・驢二頭・騾二頭一。仍奏二請来朝年期一。	『続日本紀』
e	八四七	承和一四	九／一八	入唐求法僧恵雲（運）献二孔雀一・鸚鵡三・狗三一。	『続日本後紀』
f	九九六	長徳二	閏七／一七	大宋国献鵝有入京間事。	『小記目録』
			閏七／一九	大宋国鸚鵡・羊入朝事。	
				唐人献二鵞・羊一。	『日本紀略』
	九九七	長徳三	九／八	返二給去年唐人所レ進鵞・羊一。	『日本紀略』
g	一〇六六	治暦二	五／一	大宋国商客王満献二種々霊薬等一。但鸚鵡於二途中一死了。只献二其羽毛一。	『扶桑略記』
				大宋商客王満献二鸚鵡并種々霊薬一。於二鸚鵡一者死去畢。	『百練抄』
h	一〇八二	永保二	八／三	大宋商客楊宥所レ献之鸚鵡、仰二越前国司一令二進上一。	『十三代要略』
			八／八	覧二大宋商客楊宥所レ献之鸚鵡一。〈九月十一日返二給之一。〉	『百練抄』
				永保二年、大宋人献二鸚鵡一。天下大有二杏（咳カ）疫一。其後年有二中宮晏駕之事一。	『元亨二年具注暦』裏書『江記』寛治七年一〇／二一条
i	一一四七	久安三	一一／一〇	伝聞、摂政献二孔雀・鸚鵡於法皇一。是西海庄所レ貢云々。	『台記』

			一一／一四	見㆓摂政所㆑献之鸚鵡㆒。於㆓孔雀㆒者、已返給云々。	
			一一／二〇	自㆑院被㆑進㆓鸚鵡㆒事。久安三年十一月廿日、庚辰、被㆑進㆑之。	『御室相承記』四
			一一／二五	返㆓奉孔雀於殿下㆒。	『台記』
			一一／二八	法皇、借㆓給鸚鵡於禅閤㆒。余見㆑之、舌如㆑人、能言是故歟。但聞㆓其鳴㆒無㆓言語㆒。疑是依㆓漢語㆒日域人不㆓聞知㆒歟。	
j	一一四八	久安四	閏六／五	仰去春比、大宰府博多津、宋朝商客渡㆓孔雀及鸚鵡於本朝㆒。即献㆓宇治入道太相国㆒。太相国被㆑伝㆓献法皇㆒。	『本朝世紀』

〈表1〉から窺える傾向として、まず、鸚鵡の流入経路について、七～八世紀（史料a～d）における鸚鵡はいずれも新羅から齎されたもの、九世紀（史料e）は入唐僧が将来したもの、十～十二世紀（史料f～j）はいずれも中国商人が齎したものである。次に、鸚鵡の特徴について、唐や新羅のように色や性別等が記されていない。また、鸚鵡の数について、七～九世紀では一～三羽（隻・口）、十～十二世紀では数が記されていない（おそらく一羽）。加えて、注目すべきは、鸚鵡は他の動物とともに齎される場合が多く、特に孔雀とのセット関係が見受けられることである。以下、この点について詳細に検討してみたい。

2　鸚鵡とともに齎された動物

鸚鵡とともに齎されたモノを整理すると、次のようになる。

a…鸚鵡一隻、孔雀一隻
b…鸚鵡一隻のみ
c…鸚鵡二隻、馬二匹、犬三頭、鵲二隻、種種物
d…鸚鵡一口、種々財物、鵁鶄一口、蜀狗一口、猟狗一口、驢二頭、騾二頭

e…鸚鵡三、孔雀一、狗三
f…鸚鵡、鵝、羊
g…鸚鵡、霊薬
h…鸚鵡のみ
i…鸚鵡、孔雀
j…鸚鵡、孔雀

まず、鸚鵡と他の動物との区別について検討する。史料fの長徳二（九九六）年閏七月十七・十九日には、「唐人」が鵞・鸚鵡・羊を献じるが、翌年九月八日には、去年「唐人」が進めた鵞・羊を返給すると記されている。ここでは、去年（長徳二年）来日の「唐人」が献じた鵞・鸚鵡・羊のうち、鸚鵡だけは返却されていないことになる。ただし、史料fの『日本紀略』には鸚鵡について明記されていないので、必ずしも鸚鵡が返却されていないとは言えない。

史料fと類似の事例として、『続日本後紀』嘉祥三（八五〇）年二月三日条に、

御病殊劇。（中略）放㆓諸鷹犬及籠鳥㆒。唯留㆓鸚鵡㆒。（後略）

とあり、仁明天皇の病気が進行している際、鷹犬と籠鳥は放つが鸚鵡だけは留めるという状況が見られる。ここに出てくる鸚鵡は、年代から推測して史料eに見える鸚鵡の可能性がある(9)。

このように、「唐人」が献じた鵞・鸚鵡・羊のうち、鸚鵡だけが返却されていないことや天皇が本来であれば放つはずの動物の中で鸚鵡だけを側に留めていることから、鸚鵡だけを「内」に残すことに意味があると推測できる。

しかし、十一世紀後半以降になると、鸚鵡の返却の例が見られるようになる。史料hの永保二（一〇八二）年八月三日に、越前国司に「大宋商客」楊宥の献じた鸚鵡を進上させ、同月八日には、白河天皇がその鸚鵡を「御覧」になっ

ている。そして、その鸚鵡は九月十一日に「返給」されたという。また、史料hの『元亨二年具注暦』裏書『江記』寛治七（一〇九三）年十月二十一日条には、鸚鵡が齎されたことにより、「天下」に「咳疾」が発生したり、中宮（藤原賢子）の「晏駕」が起こっていることが記されている。このような鸚鵡の返却が行われた背景には、これを留め置くことにより「天下」の情勢へ影響を及ぼすという意識が当該期に強くなっていたことが推測できる。これと関連して、『本朝世紀』久安四（一一四八）年閏六月五日条には、

内裏炎上之由、被レ行二大祓一。権中納言藤重通卿参二仗座一。先定二申日時一。次参議藤経定卿参二八省東廊一行二大祓事一。（史料jが入る）（中略）又入道相国仰二直講中原師元一被レ勘レ之、申二吉祥之由一。但至二于孔雀・鸚鵡一者、先例申下有二火事一之由上云々。而今年自レ春及レ夏炎上連々。遂及二皇居一、可レ謂二天火一。珍禽奇獣不レ蓄レ国。誠哉斯言。

とあり、先例として、孔雀や鸚鵡が齎されたときに「火事」が発生していることがあげられている。現に、史料hの直前の七月二十九日に内裏と中院が「焼亡」している[10]ので、史料hの鸚鵡の返却は、この火事によるものとも想定できる。

このような動物の返却は、「天下」の情勢に影響を及ぼすときにおいて行われる行為であることが窺える。さらに、『本朝世紀』久安四年閏六月五日条では、内裏が炎上し、孔雀や鸚鵡が齎された時に火事が発生する先例をあげ、さらに「珍禽奇獣不レ蓄レ国」といったことまで言われている。ただし、動物の返却は、中国商人が齎したその場で行われているのでなく、京進させ天皇が「御覧」になるという過程を経てから行われているので、「内」に入れることを避ける行為とは一概には言えない。

次に、鸚鵡と孔雀との関係について、次の二つの特徴から検討する。

第一に、十二世紀以前の日本列島に齎された動物の中で、鸚鵡と孔雀のみが回覧・譲渡される事例が、久安三（一

一四七）年・四（一一四八）年に見られる。ここに見られる登場人物は、院では鳥羽院（法皇）、崇徳院（新院）、摂関家では藤原忠実（前摂関、「禅閤」「宇治入道太相国」）、藤原忠通（摂政、忠実の長男）、藤原頼長（内大臣、忠実の次男、『台記』の作者）、加えて、覚法法親王（仁和寺法親王、『御室相承記』は仁和寺の記録）である。

久安三年・四年の鸚鵡と孔雀が回覧・譲渡される事例について整理すると、以下のようになる。[11]

【久安三年十一月（史料ｉ）】

＊鸚鵡…西海庄→（貢）→忠通→（一一／一〇献）→鳥羽→（一一／二〇進）→覚法→鳥羽→（一一／二八借給）→忠実

＊孔雀…西海庄→（貢）→忠通→（一一／一〇献）→鳥羽→（一一／一四返給）→忠通→（頼長）→（一一／二五返奉）
→忠通

【久安四年春（史料ｊ）】

＊鸚鵡・孔雀…博多宋商→忠実→鳥羽

また、孔雀のみが回覧・譲渡される事例も見られ、それを整理すると、以下のようになる。

【長和四（一〇一五）年四月】

○『日本紀略』長和四年閏六月二十五日条

大宋国商客周文徳（裔）所レ献孔雀、天覧之後、於ニ左大臣小南第一、作ニ其巣一養レ之。去四月晦日以後、生ニ卵十一丸一。異域之鳥忽生レ卵。時人奇レ之。或人云、此鳥聞ニ雷声一孕。出ニ因縁自然論一云々。但経ニ百餘日一未レ化レ雛。延喜之御時、如レ此之事云々。

○『百練抄』長和四年閏六月二十五日条

大宋国商客周文商〔裔〕所レ献孔雀、天覧之後、於二右〔左〕大臣小南第一養之。生二卵十一一。但未レ化レ雛。云云。

*孔雀…宋商周文裔→（献）→三条天皇→左大臣藤原道長

【久安四年三〜四月】

○『本朝世紀』久安四年閏六月五日条

又仁和寺法親王、自二商客之手一伝二得孔雀一。同被レ献二法皇一、御覧之後、各被レ遣二返本所一。

○『御室相承記』四、久安四年三月二十七日条

杵嶋庄進孔雀事。

久安四年三月廿七日乙酉、進レ之。仍令レ進レ院、依二御召一也。而叡覧以後返給。仍賜二真慶一了。

○『台記』久安四年四月五・六日条

（五日）申二孔雀於新院一見レ之。仁和寺法親王所レ献云云。其尾、頗似二画孔雀一。其躰貌、美二於去年孔雀一。

（六日）今日返二献孔雀一。

*孔雀…宋商→杵嶋庄→（進）→覚法→（三／二七進）→鳥羽→（返給）→覚法→（四／五献）→崇徳→（四／五）→頼長
→（四／六返献）→覚法 or 崇徳

このように、鸚鵡や孔雀の回覧・譲渡は、天皇や院（法皇）を中心に行われ、当該期の人間関係を如実に表してお

り、このような事例が十二世紀以前、動物の中で鸚鵡と孔雀でしか行われていないことは注目に値する。特に、久安三・四年の状況は、院・法親王と摂関家との関係に加えて摂関家内における関係も物語るものである。康治二（一一四三）年以来、忠実・忠通・頼長三者が摂関家の嫡流をめぐり微妙な関係にあったが、久安四年四月に頼長の男で忠通の猶子となっていた兼長が忠通の邸宅で元服しており、一時的ではあるが忠通と忠実・頼長との連携が見える。[12]このような背景に、鸚鵡や孔雀の回覧に見える関係が成り立っている可能性はある。

第二の特徴としては、邸宅の庭の装飾として鸚鵡と孔雀が用いられていることである。十一世紀末以降成立した『栄花物語』音楽には、「七宝の橋は金玉の池によこたはれり、雑宝の船植木の影にあそび、孔雀鸚鵡中の洲にあそぶ。この御堂を御らんずれば、七宝所成の宝殿なり。」とあり、藤原道長建立の法成寺の池の洲に孔雀と鸚鵡が遊んでいる様子が描かれている。また、平安時代中期に成立した『宇津保物語』吹上には、「たからは天下の国に無き所なし。新羅・高麗・常世の国まで積み収むる財宝の王也」とまでいわれた紀伊の長者種松が豪邸を造ったが、その庭には「孔雀と鸚鵡の鳥遊ばぬ許りなり」とあり、多くの財宝を持っていても孔雀と鸚鵡は庭に置けない状況が記されている。このような庭や池に孔雀と鸚鵡が遊ぶ様子は、朝鮮半島においても見られ、『三国遺事』巻三、南白月聖・努肹夫得・恒恒朴朴条に、「不レ如下蓮池華蔵、千聖共遊二鸚鵡・孔雀一以相娯上也。」とあり、蓮池華蔵（極楽浄土）において、千聖（多くの仏）が鸚鵡や孔雀とともに遊んでいることが記されている。

このように、貴族の邸宅の庭の装飾としての鸚鵡と孔雀は、貴族等に欲求され、しかも入手が困難であったことが窺える。[13]そして、それは回覧事例と同様に、天皇・院や摂関家のみがその恩恵に与れたことが想定できる。

3　日本列島における鸚鵡の評価

日本列島に齎された鸚鵡は、天皇・院や摂関家のもとに置かれることが明らかになったが、その評価は如何なるものであったのか。日本列島における鸚鵡の特徴が明示された史料[14]から、次の二つの特徴があげられる。

第一に、やはり言葉を話す鳥という特徴があげられる。十世紀前半成立の『倭名類聚抄（十巻本）』巻十八、羽族名・鸚鵡には、「山海経云、青羽赤喙、能言、名曰二鸚鵡一。〈桜母二音〉郭璞云、今之鸚鵡〈音武〉脚指前後各両者也。」とあり、中国古代の地理書である『山海経』を引用し、青い羽と赤いくちばしを持ち、人の言葉を話すとある。また、十世紀末～十一世紀初頭成立の『枕草子』三八段には、「鳥は、こと所の物なれど、鸚鵡いと哀れなり。人のいふらん事をまねぶらんよ。」とあり、鸚鵡は外国のもので哀れで、人の言葉をまねると作者の清少納言は評価している。加えて、十二世紀前半成立の藤原忠実の談話等を大外記中原師元が筆録した説話集である『中外抄』上・七五には、

又仰云、鸚鵡言由聞食、今度鳥不レ言如何。申云、唐人の唐音の詞を唱也。日本和名詞不レ可レ唱也。

とあり、鸚鵡は話をしないのはなぜかということに対して、それが「唐音」（中国語）を話しているという問答が行われている。この問答の直前の『中外抄』上・七四における孔雀の問答（後掲）の冒頭に久安四年四月十八日の日付があることから、先述の久安三・四年に齎された鸚鵡についての会話であることが想定できる。同様のことは、史料iにおいて藤原頼長も述べるところである。

第二に、聡明な鳥という特徴がある。『本朝文粋』巻三、「鳥獣言語」の延喜八（九〇八）年八月十四日付の菅原朝臣淳茂対には、「如下彼猩々巧笑、鸜鵒黠而剪レ舌、鸚鵡恵而入上レ籠、斯則素性所レ資、同レ類而異レ種矣。」とあり、鸜鵒（ㇵ鵒）は賢く、鸚鵡は恵みを与えると述べている。また、第一の特徴とも関連するが、十一世紀前半成立の『和漢朗詠集』巻下、四七二（出典は元稹「薛涛に寄贈す」の一節）には、「言語巧偸二鸚鵡舌一文章分二得鳳皇毛一元」とあり、言葉遣いの賢さは鸚鵡を盗んでその舌を借りてきたかのようであると詠われている。加えて仏教的要素との関連で、

十二世紀前半成立の『今昔物語集』巻第三、「須達長者家鸚鵡語第十二」には、

今昔、天竺ニ須達長者ト云フ長者有ケリ。(中略)其ノ家ノ内ニ、二ノ鸚鵡ト云フ鳥有リ。(中略)阿難、長者ノ家ニ来テ、此ノ二ノ鳥ノ聡明ナルヲ見テ、鳥ノ為ニ四諦ノ法ヲ説キ聞カシム。家ノ門ノ前ニ樹有リ。此ノ二鳥、法ヲ聞ムガ為ニ樹ノ上ニ飛昇テ、法ヲ聞テ歓喜シテ受持ス。(後略)

とあり、二羽の聡明な鸚鵡が仏法の教えを受けて、常に記憶する姿が語られている。

このように、日本列島における鸚鵡は、巧みに言語を話す聡明な鳥として評価されている。ただし、このような評価は、藤原忠実・頼長以外は、生きている鸚鵡を目の前にして行っているものではなく知識の範囲でしかないことが推測でき、直接的に視覚や聴覚に刺激を受けてのものではない。

以上、七~十二世紀に日本列島に齎された鸚鵡は、第一章で検討した唐や新羅等のような色に関する記載が見られないことや数量に関する記載が十世紀以降ほとんど見られないことから、贈答における視覚的効果がそれほどないことが推測できる。また、巧みに言語を話す聡明な鳥としての鸚鵡であるが、藤原忠実や頼長は鸚鵡が話す言語が中国語であるため聞き取れないということが見られることから、贈答における聴覚的効果も唐や新羅のような鸚鵡の言説そのものが持つものではなかったことが推測できる。

むしろ、動物の返却が、中国商人によって齎されたその場で行われているのでなく、京進させ天皇が「御覧」になるという過程を経てから行われていることなどの事例から、鸚鵡が齎されたことへの対応を日本王権側がしなくてはならず、所持していることだけでもその意義は大きいということになる。この点は、孔雀についても同様のことが言える。また、鸚鵡・孔雀の回覧や庭の装飾という事例から、天皇・院や摂関家のみがその恩恵に与かれたことが見受けられ、このようなことにより、彼らの人間関係と王権構造が築かれていたことが推測できる。

三、鸚鵡贈答の史的意義

1　日本列島への鸚鵡の齎し手

第一章では唐や新羅、第二章では日本列島における鸚鵡を贈られる側の評価・影響について見てきたが、それを贈る側にはどのような意図があったのか、贈られる側の意図を含めて検討してみたい。

鸚鵡が日本列島に齎されるまでの交易ルートについて、先述の通り、七〜八世紀においては、中国・南方→朝鮮半島（新羅・百済）→日本列島であり、九〜十二世紀においては、中国・南方→（中国商人・入唐僧）→日本列島である。

七〜八世紀段階について、史料bは「西海使」（遣唐使）が帰朝する途中、百済を経由し、そこから鸚鵡を持ち帰っている。この時期（斉明紀）は、斉明三（六五七）年に同じく遣唐使が百済経由で帰朝し、その際百済から駱駝と驢を持ち帰っている。[15]また、斉明四（六五八）年には阿倍比羅夫が北方の「粛慎」から「生羆」を持ち帰っている。[16]このような斉明紀における動物の収集は、近年発掘調査が進んでいる飛鳥京跡苑池遺構や石神遺跡の苑池等との関係が注目され、これらの苑池が「宮廷付属動植物園」である可能性があることから、王権と苑池という別の側面からの検討が必要なので、ここでは保留したい。[17]

また、史料a・c・dの新羅王が日本列島に齎した鸚鵡は、当該期の東アジア情勢との関係で見ることが可能である。

史料a段階（六四七年）の新羅情勢は、対外的には百済との敵対関係にあり、国内では伊飡毗曇の乱が起き、善徳女王が死去している。したがって、この年の倭（日本）への遣使は、百済への牽制のためであったことが想定できる。

史料c段階（六八五年）の新羅情勢は、朝鮮半島統一後、まだ政情が安定せず、前年には高句麗報徳王亡命政権（「小高句麗」）が反乱を起こし鎮圧・吸収されている。同年に倭から「小高句麗」に遣使が派遣されていることから、この事件は倭側にも重要な問題であったことが窺える。このような状況を受けて新羅から倭への遣使を派遣し「小高句麗」吸収の事情説明し、了承を求めようとしたことが推測できるが、この時は失敗に終わり、その二年後に新羅側は王子を派遣してこの問題を解消したという(18)。

史料dの鸚鵡は、第一章で検討した唐皇帝が新羅王に鸚鵡を贈ったのとほぼ同時期に贈られている。先述の状況を考慮すると、新羅から日本王権への遣使は、七二七年以来、日本との関係を持つ渤海への牽制のためであったことが想定でき、この時三年一度の新羅使来朝の年期を約束させている(19)。

このように、新羅王が倭ないし日本の王権に贈った鸚鵡は、東アジア情勢を考慮した重要な外交上の贈り物の一つであったことが推測できる。

それでは、九世紀以降の中国商人が齎す鸚鵡はどのような意味を持つのか。

中国商人が齎した鸚鵡について、『本朝無題詩』（十二世紀半ば成立）大江佐国作の「聞大宋商人献鸚鵡」には、

隴西翅入漢宮深　　隴西の翅は　漢宮の深きに入り、
采采麗容馴徳音　　采采たる麗容　徳音に馴る。
巧語能言同弁士　　巧語能言　弁士に同じく、
緑衣紅觜異衆禽　　緑衣紅觜　衆禽に異なる。
可憐船上経遼海　　憐ぶべし　船上遼海を経しことを、
誰識籠中思鄧林　　誰か識らん　籠中鄧林を思はんことを。

商客献来鸚鵡鳥　　商客献じ来る　鸚鵡鳥、
禁闈委命勿長吟　　禁闈に命を委ねて　長吟すること勿れ。

とあり、商客が献じた鸚鵡に対して、「禁闈」（天子のいる禁裏）に運命の身をまかせながら悲しみの声で長く鳴き続けるのは止めよと詠っている。この詩に詠まれている鸚鵡は、史料hの宋商楊宥が齎した鸚鵡について詠んだものの可能性があり、また、『文選』（巻一三）、後漢の人禰正平（禰衡）作「鸚鵡賦」の語句を使用しているという。なお作者の大江佐国は、生没年未詳で十一世紀頃の薄官の詩人であるという[20]。

ただ、最後の二行の「商客～長吟」の部分は、『文選』とは違う表現であり、この部分から中国商人が鸚鵡を齎すことにより、天子（天皇）に直接渡ることが詠われている。これより、中国商人と日本王権及びその周辺との直接的関係を導く贈り物としての鸚鵡という位置付けができよう。

このように、中国商人が日本王権及びその周辺との直接交渉（交易）を行うための手段として鸚鵡を贈るという行為があるとすると、これとセットで贈られることの多い孔雀との関係は如何に捉えるべきか、次に検討してみたい。

2　鸚鵡と孔雀の関係

南海交易における鸚鵡と孔雀について、九世紀後半～十世紀初頭のムスリム商人の記録である『シナ・インド物語』第二話[21]では、

インドやシナの海には、海中に真珠や龍涎香あり、島には宝石に金山あり、獣の口には象牙あり、植物には黒檀、蘇枋木、竹、沈香、龍脳、肉荳蔲の実、丁香、白檀、その他良質の香り良き香料あり、また鳥にはファファーギーすなわち鸚鵡、孔雀、地上で狩猟ができるものに麝香猫、麝香鹿ありで、良いものがあまり多過ぎて誰も数えあ

げることが出来ないほどのものがある。

とあり、南海交易品の鳥の代表格として鸚鵡と孔雀があげられる。

この鸚鵡と孔雀が日本列島に齎されると、それぞれ違う評価が同一人物によって為されている。

まず、藤原忠実は、鸚鵡について、前掲の『中外抄』上・七五において、「唐音」を話す鸚鵡であることが示されている。一方、孔雀について、『中外抄』上・七四において、

> 久安四年四月十八日。祇二候御前一。被レ仰二雑事一之次仰云、孔雀ハ何ナル物ソ。申云、古仏ハ非符瑞祥志度之来二本朝一時火事候。聞二雷声一孕。仰云、聞二雷声一孕申尤有レ興。故忠尋座主示之、為レ雷無レ恐之物ハ三也。人界ニハ転輪聖王、獣ニハ師子、鳥ニハ孔雀也。雷与孔雀一物也。

とあり、孔雀と「火事」との関係に加えて、雷と同一であることが示されている。

次に、藤原頼長は、鸚鵡について、史料 i の『台記』久安三（一一四七）年十一月二十八日条において、忠実同様、「漢語」を話す鸚鵡であることを述べている。一方、孔雀については、前掲の『台記』久安四（一一四八）年四月五日条に、「其尾、頗似二画孔雀一。其躰貌、美二於去年孔雀一。」とあり、孔雀の尾や躰に注目し、画や前年の孔雀と比較している。

このような二人の評価から、十二世紀段階において、鸚鵡は「唐音」「漢語」を話す鳥であり、孔雀は雷鳥として語られ、その身体的特徴に注目が向いている。したがって、鸚鵡は言葉を巧みに話すことにより聴覚への刺激を与え、孔雀は身体的特徴により視覚への刺激を与えるということになる。

加えて、孔雀は「転輪聖王」（正義をもって世界を治める古代インドの理想的国王）、「師子」（獅子、諸獣の王）とともに雷鳥として語られている。古代インドでは雨季が近づき雷鳴が轟くと孔雀が羽を広げて舞い、また多数の雛を育てる

ところから、この鳥は自然の再生ないし豊饒の象徴とされたという。[22]このような象徴性は、九世紀以降、日本列島において積極的に行われるようになった孔雀王経を用いる仏教的修法（孔雀経法）と同質であり、この修法では孔雀尾を必要としたという。また、十一世紀以降、孔雀経法の幅広い現世利益が貴族社会で歓迎され、天変消除、除災延命、安産などの祈祷として盛行し、東密・台密や仁和寺において修されたという。[23]

このように、孔雀には仏教的要素が強く、先述の孔雀の回覧事例は、法皇及び仁和寺（法親王）を中心とした国家における王法と仏法を確認する行為と推測できる。一方の鸚鵡にも、仏教的要素があることは第一章の検討や先述の仏教的要素とも関連する庭の装飾として孔雀と共に鸚鵡が用いられていること等から見出される。また、鸚鵡も孔雀と同様に回覧事例があり、仏法と密接な関係であることが推測できる。したがって、仏法において、鸚鵡は巧みに言語を話す聡明な鳥として聴覚への刺激を、孔雀は姿形が美しく現世利益を齎す鳥として視覚への刺激を、それぞれ担うものとして位置付けられると考えられる。

以上のことから、九世紀以降日本列島に齎される鸚鵡は、齎し手の中国商人と天皇（王権）との直接的関係を結ぶ手段として機能する。つまり、中国商人は鸚鵡を齎すことにより円滑に日本王権及びその周辺との交易を展開し、王権側等も鸚鵡を需要しているということになる。[24]

また、鸚鵡とともに齎される孔雀は、十一世紀以降、貴族社会において歓迎された孔雀経法との関係等により仏教的要素が強く備わっていたことが推測できる。鸚鵡についても同様であり、仏教的要素のある庭の装飾として孔雀と共に用いられていることから、これらは単なる愛玩品という要素だけではないと考えられ、齎す側の中国商人もこのことを承知していたと推測できる。

東アジアの国際関係における鸚鵡の贈答は、「能言鳥」という特徴から、他の動物の贈答とは違う様相を持つことは明らかである。また、今回の検討により、孔雀も他の動物とは違う様相を持つものと想定でき、これについては別に検討を要する。

おわりに

七〜十二世紀日本列島における鸚鵡の贈答は、日本王権側により鸚鵡が齎されたことへの対応をすることが最優先であり、それを所持していることだけでも意義は大いにある。このことは、特に、鸚鵡・孔雀の回覧や庭の装飾等の事例により、天皇・院や摂関家のみがその恩恵に与れたことから窺える。このようなことは、鸚鵡を齎す側の新羅王権や中国商人も承知しており、倭ないし日本の王権との友好な関係や円滑な交易を展開する手段として鸚鵡が機能することになる。

地域は変わるが、十世紀後半にブズルク・イブン・シャフリヤールというペルシア系船主が、当時のムスリム船乗りの冒険談や彼らがインド・東南アジアの各地で見聞したことの奇談を集めた『インドの不思議』という文献の第六四話「インド王と鸚鵡」には、王が鸚鵡のバラーウジャール（自ら仕える長と運命を共にする「腹心の者」を意味するインドの言葉）になることを鸚鵡に約束する話が収められている。[25] この話で鸚鵡は猫に食べられてしまい、それに対して王は焼身自殺をとげるのだが、このような王と鸚鵡との関係が特殊であれ、鸚鵡でなければならないとすれば、鸚鵡を贈ることは、各地域の王権に対して贈る側の意図に従わざるをえない状況をつくり出す可能性がある。

最後に、本稿において、鸚鵡を贈ることにより展開する外交や交易について、具体的に検討することができなかった。この点は、日本列島で展開する対外交易と鸚鵡を含めた動物との関係や動物と動物以外の所謂「唐物」[26]との関係で検討する必要がある。また、他の地域との比較検討等も含めて、今後の課題としたい。

注

（1）ジョイ・ヘンドリー著・桑山敬己訳『社会人類学入門―異民族の世界』（法政大学出版局、二〇〇二年、原著一九九九年）。

（2）朝倉無声『見世物研究』（ちくま学術文庫、二〇〇二年、初出一九二八年）。勝盛典子「ラクダのつくりもの」（『ｉｓ（イズ）』七八、一九九七年）、川添裕『江戸の見世物』（岩波新書（新赤版）六八一、二〇〇〇年）等も参照。

（3）『平凡社大百科事典』（平凡社、一九八四年）「鸚鵡」の項。

（4）「能言鳥」について、唐代の師古注に「即鸚鵡也、今隴西及南海並有レ之。」とある。

（5）『冊府元亀』巻九七五、外臣部褒異二・開元二十一（七三三）年十二月条にもほぼ同文が収められている。

（6）新川登亀男「調（物産）の意味」（同『日本古代の対外交渉と仏教―アジアの中の政治文化―』吉川弘文館、一九九九年、初出一九八八年）。

（7）『旧唐書』巻一九九下・渤海靺鞨伝。八世紀前半の東アジア情勢については、古畑徹「日渤交渉開始期の東アジア情勢―渤海対日通交開始要因の再検討―」（『朝鮮史研究会論文集』二三、一九八六年）、李成市『東アジアの王権と交易』（青木書店、一九九七年）、石井正敏『日本渤海関係史の研究』（吉川弘文館、二〇〇一年）、酒寄雅志『渤海と古代の日本』（校倉書房、二〇〇一年）、濱田耕策『新羅国史の研究―東アジア史の視点から―』（吉川弘文館、二〇〇二年）等参照。

（8）酒寄雅志「渤海国家の史的展開と国際関係」（酒寄雅志前掲註（7）著書、初出一九七九年）。

（9）梶島孝雄『資料日本動物史　新装版』（八坂書房、二〇〇二年）。

（10）『百練抄』永保二年七月二十九日条。

（11）久安三年・四年の鸚鵡と孔雀の整理については、服部英雄「久安四年、有明海にきた孔雀」（同『歴史を読み解く―さまざまな史料と視角―』青史出版、二〇〇三年、初出一九九六年）参照。
(12) 元木泰雄『藤原忠実』（吉川弘文館、二〇〇〇年）。
(13) 秋山謙蔵『日支交渉史研究』（岩波書店、一九三九年）。
(14) 秋山謙蔵前掲註（13）著書、堺信子「古代文学の「鸚鵡」」（『学習院大学上代文学研究』三、一九七七年）、新川登亀男前掲註（6）論文等参照。
(15)『日本書紀』斉明三年是歳条。
(16)『日本書紀』斉明四年是歳条。
(17) 近年の飛鳥地域の苑池の発掘成果や苑池の管理体制等については、伊佐治康成「苑池と「嶋官」」（『日本歴史』六七一、二〇〇四年）において整理されているので、そちらを参照されたい。
(18) 七世紀後半の新羅を中心とした東アジア情勢については、古畑徹「七世紀末から八世紀初にかけての新羅・唐関係―新羅外交史の一試論―」（『朝鮮学報』一〇七、一九八三年）、坂元義種「東アジアの国際関係」（『岩波講座日本通史』第二巻、岩波書店、一九九三年）、砺波護・武田幸男『世界の歴史六　隋唐帝国と古代朝鮮』（中央公論社、一九九七年）等参照。
(19) 新川登亀男前掲註（6）論文では、「鸚鵡をもたらした天平四年五月の新羅使は、三年一度の来国を日本に約させるほどの権力と文化を発揮しえた」と指摘している。
(20) 小島憲之編『王朝漢詩選』（岩波文庫、一九八七年）。
(21) 藤本勝次訳注『シナ・インド物語』（関西大学出版広報部、一九七六年）。『シナ・インド物語』は、第一話が九世紀後半、第二話が十世紀初頭に成立したもので、当時のムスリム商人の東方海上交易の様子や彼らが見聞したインド、東南アジア、中国の制度・習慣・事件などを記述した報告書であるという。
(22)『平凡社大百科事典』（平凡社、一九八四年）「孔雀」の項。
(23) 秋山謙蔵前掲註（13）著書、阿部猛「法成寺の孔雀」（『日本歴史』八三、一九五五年）、『平凡社大百科事典』（平凡社、一九八四年）「孔雀明王」の項。なお、日本列島に齎された孔雀については、皆川雅樹「孔雀の贈答――日本古代対外関係史研

究の一齣――」（『専修史学』四一、二〇〇六年）参照。

(24)　一一七八年成立の周去非による広南・南海の風土・貿易に関する情報書である『嶺外代答』や一二二五年成立の趙汝适による泉州の南海情報書である『諸蕃志』の「鸚鵡」の条では、第一章であげた『新唐書』巻二二一・環王伝が引用されている。このようなことから、中国商人は諸地域の王（王権）に鸚鵡を贈ることによる有効性を承知していたことが推測できる。

(25)　藤本勝次・福原信義訳注『インドの不思議』（関西大学出版広報部、一九七八年）。

(26)　「唐物」をめぐる論点・課題については、皆川雅樹「九世紀日本における「唐物」の史的意義」（『専修史学』三四、二〇〇三年）「平安期の「唐物」研究と「東アジア」」（『歴史評論』六八〇、二〇〇六年）参照。

『源氏物語』初音巻における明石の御方の手習歌

――唐代における『毛詩』小雅・伐木篇解釈と日本でのその受容に基づいて――

高野菊代

一、はじめに

『源氏物語』[1]初音巻において、明石の御方は次のような手習歌を書き付けている。

小松の御返りをめづらしと見けるままに、あはれなる古言ども書きまぜて、

「めづらしや花のねぐらに木づたひて谷のふる巣をとへる鶯

声待ち出でたる」などもあり。

『孟津抄』では「明石のうへの楽書にしておかれたる也」と位置付けているこの詠歌は、明石の御方が、今は紫の上に養育されている明石の姫君のもとへ和歌を贈り、その返歌を得た喜びを表したものである。姫君を紫の上のもとに預けて四年以上の年月が経ち、自ら同じ六条院の敷地内に住むことになったのにも関わらず、未だ再会できぬ我が子から初めて届けられた文。その文を見て、これからも届けられるであろうという期待とその刹那の喜びをかみしめる。その思いを様々な感慨や苦衷の内にしたためた古歌や自作の歌の中に織り交ぜ、書きつけていたのがこの和歌である。

元日、六条院の女君達への新春の挨拶回りをしている光源氏は、夕暮れ時になって冬の町を来訪する。渡殿の戸を押し開けるやいなや御簾の内から奥ゆかしく風雅な薫香が漂い、源氏は明石の御方の格別高貴な気品を感じずにはいられない。しかし、御方自身はあいにく不在であって、しかも硯の辺りはその優雅な部屋の佇まいに反して乱雑に取り散らかしてある。女君達へは事前に新年用の衣が源氏から贈られており、恐らくその来意も伝えられていたであろうから、これは明石の御方の故意の不在とみなせよう。つまり、自らの苦衷をしたためた手習歌の数々を源氏にさりげなく読ませるがための行動なのである。(2) 明石の御方の思惑どおり、源氏はそれらの手習歌を目にし、そして心動かされる。

とりわけ源氏の目に留まり、感じ入ったこの「めづらしや」の和歌は次のように解される。『花鳥余情』に「第一句にめつらしやとあればとへる鶯は心詞あひかなひ侍り花のねぐらは春の御かたをたとへていへるなり」、そして『細流抄』に「花のねぐらには姫君の紫のうへに養はれ給ふを云ふ也谷のふる巣をとへるは今日姫君の御返歌あるをいふ也とづる鶯の説河海にあり猶とへる鶯成るべし」とあるように、この和歌における「花のねぐら」は姫君が住んでいる紫の上の御殿（春の町）を指し、「木づたふ」は姫君が源氏の手から紫の上の手へと大切に傅かれ養育されている様子を表し、「谷のふる巣」は明石の御方の御殿（冬の町）を、そして「鶯」は明石の姫君を指している。養母のもとで大切に養育されながらも実母のことを忘れないという姫君からの返歌の内容を、明石の御方はこの上なくありがたく思う。さらに逢えないながらも同じ六条院に住まうのだから、これからも文を得ることはできるだろうと期待し自慰する。そのような歓喜と哀切と苦衷とが綯い交ぜになっているこの和歌は、景物が擬人化されてもいる。「源氏物語の和歌は単に登場人物の台詞ではない。和歌の伝統を踏まえてそこに描かれた風景は、物語世界を支配し、人物造型にも深く係わっている」と指摘されるように、(3) こうした明石の御方の感慨もさることながら、ここで最も注目したいのは、明石の御方が自らの住まいを「谷（のふる巣）」と喩えていることである。『源氏物語』の中に見られる〈鶯〉の語はこの箇所も含めて二二例ある。このうち和歌中に〈鶯〉の語が用いられているのは一一箇所である。物語中に用いられた語例がそう多くはないため、数を根拠にすることは出来ないが、〈鶯〉と〈谷〉を結びつけて詠んだものは初音巻の明石の御方の手習歌のみである。この手習歌は、明石の姫君の声（便り）を期待する気持ちを表しただけでなく、我が身をわざわざ「谷（のふる巣）」と喩えたことに、やはり何らかの意味があるのではないだろうか。

本論では、この「谷（のふる巣）」という言葉が、単に「花のねぐら」と対比される表現であるだけでなく、さらに深遠な意味を含んでいる可能性があることを検討していきたい。

二、〈鶯〉に対する認識

まず、〈鶯〉が当時一般にどのような鳥として捉えられていたのかを見ていこう。

〈鶯〉は『倭名類聚抄』に「鸎　陸詞切　云鸎鳥　反楊氏漢語抄云春鳥子宇久比須春鳥也」とあるように、古来から春告げ鳥、花見鳥、歌詠み鳥、経読み鳥、人来鳥、匂鳥、春鳥、金衣鳥などの異名を持つ[4]、春の景物とされてきた。早春の歌題として用いられ、その鳴き声（初音）をめでたり、春の到来を待ったり謳歌したりする心の象徴として多く詠まれてきた。

〈鶯〉の語は『万葉集』には五三例あり、巻五、六、八、一〇、一三、一七、一九、二〇の諸巻に点在し、歌語「うぐひす」が注目されて詠出されるのは、万葉後期に入ってからと指摘されている。[5] さらに、『古今和歌集』[6]（『新編日本古典文学全集』による。以下同じ）巻第一・春上・一一番歌でも

春のはじめの歌　　壬生忠岑

春来ぬと人はいへども鶯の鳴かぬかぎりはあらじとぞ思ふ

と詠まれているし、『和漢朗詠集』巻上「鶯」の七二番歌から七四番歌にも収められている、次に挙げるA～Cの和歌三首も、いずれも春告げ鳥としての鶯の役割がうかがえるものである。

A『拾遺和歌集』（『新日本古典文学大系』による。以下同じ）巻第一・春・五番歌

延喜御時、月次御屏風に　　素性法師

あらたまの年立帰《たちかへる》朝《あした》より待たるゝ物は鶯の声

B『続後撰和歌集』（『新編国歌大観』による）巻一春歌上・一五番歌

麗景殿の女御の屏風に　　紀貫之(7)

あさみどり春たつそらに鶯のはつねをまたぬ人はあらじな

C『拾遺和歌集』巻第一・春・一〇番歌

天暦十年三月廿九日内裏歌合に　　中納言朝忠(8)

鶯の声なかりせば雪消えぬ山里いかで春を知らまし

特にAの和歌は『蜻蛉日記』『枕草子』『源氏物語』等、多くの作品の中で引歌として採られているので、この時代において新春の光景を詠んだ和歌として広く持て囃されていたといえよう。

しかし、鶯は早春に鳴くばかりではない。『枕草子』（『新編日本古典文学全集』による）ではその欠点の口惜しさを、次のようにやや批判を込めて語っている。

鶯は、文などにもめでたきものに作り、声よりはじめて、さまかたちもさばかりあてにうつくしきほどよりは、

九重のうちに鳴かぬぞいとわろき。人の、「さなむある」と言ひしを、「さしもあらじ」と思ひしに、十年ばかり候ひて聞きしに、まことにさらに音せざりき。さるは、竹近き紅梅もいとよく通ひぬべきたよりなりかし。まかでて聞けば、あやしき家の見どころもなき梅の木などには、かしがましきまでぞ鳴く。夜鳴かぬもいぎたなき心地すれども、今はいかがせむ。夏秋の末まで老い声に鳴きて、「むしくひ」など、ようもあらぬ者は名をつけかへて言ふぞ、くちをしくくすしき心地する。それもただ雀などのやうに常にある鳥ならば、さもおぼゆまじ。春鳴くゆゑこそはあらめ。「年たちかへる」などおかしきことに、歌にも文にも作るなるは。なほ春のうち鳴かましかば、いかにをかしからまし。人をも、人げなう、世のおぼえあなづらはしうなりそめにたるをばそしりやはする。鳶、烏などのうへは見入れ聞き入れなどする人、世になしかし。されば、いみじかるべきものとなりたればと思ふに、心ゆかぬ心地するなり。

もっとも、これは清少納言独自の視点から鶯を捉えたものであり、例外的なものとして挙げられよう。いや、むしろこのような清少納言の批評は、人々がいかにその鳴き音を気に留めていたかの裏付けともなろう。いずれにしろ鶯はその声こそが人々の心を動かし得るものであった。そして、和歌における取り合わせは、早春に花を咲かせる梅との取り合わせが最も ポピュラーであった。(9)

それでは、このような春の情景として欠かせない〈鶯〉と、今回問題とする〈谷〉がどのように結び付いていくのかを見ていくことにする。

三、明石の御方の手習歌

ここで『源氏物語』に話を戻してみると、この初音巻の手習歌の典拠は従来どのように考えられてきたのだろうか。「引歌の指摘は、時代により、研究者の物語へのアプローチの方法により、また学統により、それぞれの注釈書で異なりを見せている」と言われるように、(10)『紫明抄』には次の和歌二首が挙げられ、

たにのとをとちやはてつる鶯のまつにをとせて春もすきぬる　御堂関白

たかさとのはるのたよりに鶯のかすみにとつるやとをとふらん　紫式部

『河海抄』では次の和歌二首が挙げられている。(11)

鶯のなくねのとかにきこゆ也花のねくらもうこかさらなん　惟成

人しれすまちしもしるく鶯の声めつらしきけふにも有哉　兼盛

これら四首が指摘されてはいるものの、どのような意図をもってこれらの和歌を挙げているのか、その説明はなされない。(12)確かに、歌語の類似性は認められ、鶯の音（便り・来訪）を待つという心情は重なるものの、従来指摘されているこれらの和歌だけでは、いずれの歌意もこの手習歌の趣旨とは十分に合致していないように思われる。これに対し、後世、この初音巻の明石の御方の手習歌を踏まえた和歌として、『詞花和歌集』二五九並びに二六〇番の贈答歌が挙げられる。(13)

いとお《ほ》しくし侍ける童の、大僧正行尊がもとへまかりにければ、いひつかはしける　律師仁祐

うぐひすは木伝ふ花のえだにても谷の古巣をおもひわするな

返し、童に代りて　大僧正行尊

うぐひすは花のみやこも旅なれば谷の古巣をわすれやはする

こちらは物語の場面や明石の御方の心境を解し、その状況を活かした上で、律師仁祐の身上に照らし合わせて詠まれ

ているといえよう。と同時に、この贈答歌から、初音巻の手習歌で明石の御方が自身を「谷の古巣」としていることに着目している姿勢が窺い知れるのだ。これは先にも触れたように、春の御殿を「花のねぐら」と喩えたことに対比しているだけではなく、姫君を「鶯」と見立てていることとも関連付けられる。新潮日本古典集成『源氏物語四』の頭注に「鶯は冬の間、谷に籠っているとされていた。」とあり、新日本古典文学大系『源氏物語二』の脚注にも「鶯は冬、谷に籠っているとされる。」との指摘があるように、鶯が生まれ巣立つ所、冬の間いる場所が「谷（の古巣）」なのである。律師仁祐は大僧正行尊のもとへ和歌を贈るに際し、この構図を受けて〈いとおしくし侍ける童＝鶯〉〈谷の古巣＝自身〉として詠んでいるため、より類似性が際立つのだ。

〈鶯〉の故郷である〈谷〉。明石の御方の実母としての思いが窺い知れるこの語だが、他にはどんな意味がこめられているのか。それでは次に、もっと広い視座から日本における〈鶯〉と〈谷〉の関連性を検討していこう。

四、日本における〈鶯〉と〈谷〉の取り合わせ

『能因歌枕』にも「鶯をば、谷出づと言ふ」と述べられている〈鶯〉と〈谷〉が結びついた和歌として、古くは『万葉集』（歌番号は『新編国歌大観』による）の次の二首が挙げられる。

山部宿禰赤人、春鶯を詠む歌一首（三九三七番歌）

あしひきの　やまたにこえて　のづかさに　いまはなくらむ　うぐひすのこゑ

平群氏女郎、越中守大伴宿禰家持に贈る歌十二首（中の一首、三九六三番歌）

うぐひすの　なくくらたにに　うちはめて　やけはしぬとも　きみをしまたむ

これらの和歌は、冬の間山深くこもっていた鶯が春になると谷から出て鳴く様子を詠んでいるので、先に触れたとおり、鶯は春の訪れを告げる鳥とされてきたことが窺えるが、それ以上の意味は含まれていない。

しかし、『古今和歌集』になると従来から指摘されているとおり[14]、六朝・唐詩やその影響を受けた和詩（国詩）による表現を導入するものが散見される。そこには「詩、特に白楽天的詩語詩句をどのやうに歌に馴化させるか、そこに平安歌人の表現力如何がひそ[15]」み、『古今和歌集』はいわば「延喜の代の見事な古典的完成の背後に、古今序がいうように、神代以来、近江・寧楽朝以来の和歌の伝統があり、古今集が仮名序とともに真名序をもつことが象徴するように、先秦漢魏以来、六朝隋唐以来の大陸の文化的エネルギーがほのかに反映する。こうした内外二重の文化財の蓄積とうけつぎを背景にして、和様に醇熟した妙なるやまとぶりのエスプリをつめこんだ一種の宝石筥といえる[16]」ものであった。こうした時代背景に基づいて〈鶯〉と〈谷〉に関連する和歌を数首挙げてみよう。

まず、『古今和歌集』巻第一・春歌上・一四番歌が挙げられる。

鶯の谷より出づる声なくは春来ることをたれか知らまし　　大江千里

これは、鶯を待望の春の訪れを告げる鳥と解しているもので、迎春の喜びを歌ったものであるが、この和歌に関して『和歌童蒙抄』第二（『日本歌学大系』別巻一所収）には「毛詩伐木篇曰、出レ自二幽谷一遷二于喬木一。」との指摘があり、契沖『古今餘材抄』第二（『契沖全集』第八巻所収）にも「菅万には第四句春はくるとも、六帖には第五句たれかつけましとあり。毛詩ニ云伐ルコトレ木ヲ丁ー丁タリ鳥ノ鳴コト嚶ー嚶タリ出テレ自リ二幽ー谷一遷ルニ二于喬木一ニといへり」と、いずれも『毛詩』伐木篇との関連性を説いている。

また、『宇津保物語』（『新編日本古典文学全集』による）菊の宴には次のような和歌がある。

忠こその阿闍梨、宮あこ君を呼び取りて、かく聞こえたてまつる。

「鶯の谷より出づるはつ声も世に憂きものと思ひぬるかな
　かくは思ほえぬものにこそあなれ」と聞こえたれば、恐ろしとのみ思す。

これは忠こその阿闍梨からあて宮への贈答歌で、鶯の谷から聞こえるその初音は恋に悩む我が身には憂きものに感じられるとの意である。「鶯」が「憂し」に通ずる和歌であるのだが、頭注に、上の句は先の「鶯の谷より出づる声なくは春来ることを誰か知らまし」を踏まえるものと指摘がある。[17]

さらに、〈鶯〉と併せて詠まれているわけではないが、『古今和歌集』巻第一・春歌上・一二番歌

　寛平御時后の宮の歌合の歌　源当純
谷風にとくる氷のひまごとに打ちいづる波や春の初花

も『和歌童蒙抄』第二に「毛詩云、習々谷風。注曰、習々和舒之貌。東風謂㆓之谷風㆒。陰陽和則谷風至云々なれば、…」とあるように、やはり『毛詩』の影響を指摘している。[18]

この他、『古今集』以降、紫式部生存前後に編纂されたものとして、『後撰和歌集』（『新日本古典文学大系』による）巻第一・春上・三四番歌

谷寒みいまだ巣だゝぬ鶯の鳴く声わかみ人のすさめぬ

は、脚注に「鶯が谷から出るというのは漢詩の影響」とあり、『毛詩』小雅・伐木篇の「鳥鳴嚶嚶。出㆑自㆓幽谷㆒」を典拠としているし、また『拾遺和歌集』巻第一・春・六番歌

　天暦御時歌合に　源　順
氷だにとまらぬ春の谷風にまだうちとけぬ鶯の声

は、脚注に「立春になると、春風が吹き、氷を解かすと考えられていた。」とあり、『礼記』月令「孟春之月、…東風

解レ凍」を典拠として挙げている。

そしてまた、和歌に限らず、菅原道真の漢詩にも〈鶯〉と〈谷〉を盛り込んだものが多く見られる。

まず、『菅家文草』（『日本古典文学大系』による。以下同じ）巻第五・三九七は、鶯の鳴き声が人々に愛でられていたことをうかがわせる詩である。

鶯。
自初出谷被人憐　春色尽時自黙然
若有遺音長不絶　明年可奏早梅前

また、『菅家文草』巻第六・四三三

詩友会飲、同賦三鶯声誘引来二花下一。　勒二花車遮賒斜家一。
鳥声人意両嬌奢　処ゝ相尋在ゝ花
身已遷喬来背翼　道如求友趁廻車
風温好被綿蛮喚　景麗宜哉繍羽遮
閑計新巣紅樹近　苦思旧谷白雲賒
千般舌下聞専一　五出顔前見未斜
大底詩情多誘引　毎年春月不居家

この詩の詩題に関しては、補注に『白氏文集』春江「炎涼昏暁苦推遷、不レ覚忠州已二年、閉レ閣只聴朝暮鼓、上レ楼空望往来船、鶯声誘引来二花下一、草色勾留坐二水辺一、唯有二春江看未レ厭、縈レ砂遶レ石緑潺湲」から引用したものとの指摘がある。

さらに、『菅家文草』巻第六・四四五は「鶯」と明示せず「鳥」としているが、次のような漢詩を収載している。

同賦㆔春浅帯㆓軽寒㆒、応㆑製。勒㆓初餘魚虚㆒。

不是吹灰案暦疎　浅春暫謝上陽初
鑽沙草只三分許　跨樹霞纔半段餘
雪未銷通棲谷鳥　氷猶冪得伏泉魚
貞心莫畏軽寒気　恩煦都無一事虚

この漢詩の五句目に関しては『毛詩』小雅・伐木篇の「木を伐ること丁丁たり、鳥の鳴くこと嚶嚶たり、幽き谷より出でて、喬き木に遷る」を踏まえ、「春浅く雪はまだ深くしてきえないので、谷深くにいる鶯をもまだ通わさない。（まだ谷より出で、喬木にうつらない。）」との指摘・解釈が頭注並びに補注でなされている。

以上、道真の、〈谷〉と〈鶯〉が詠み込まれた詩を数篇挙げたが、これらは『白氏文集』や『毛詩』伐木篇の影響を受けていることが看取できる。道真のこのような漢詩の方法に対し、鈴木日出男氏は、「『古今集』時代の和歌の表現方法に照応しあうのと同様に、唐風的であるところから逆に国風的な新風が生み出されるという、転換期の特徴的な現象であったとみられる」と述べられているが[19]、承和期を含む九世紀後半の文学は、承和年間に伝来した『白氏文集』を初めとする六朝・唐代の漢詩が、和詩のみならず和歌にも影響を及ぼし、歌の中に詩語が摂取されるようになる[20]。道真の詠歌、『新古今和歌集』巻十六・雑上、「谷深み春の光の遅ければ雪につつめる鶯の声」などは、漢詩の語が和歌に摂取された例と考えられよう。道真のこうした漢詩的な和歌に関し、鈴木日出男氏が「固有の動態的な詩空間を形象しうるようになるという点で、漢詩とことのほか近似して」おり、「より国風的な王朝和歌が、道真を典型とする九世紀の漢詩によってもたらされたという一面を、看過すべきでない。」と論じられているように[21]、漢詩と王朝和歌はその根底で深く結び付いているのである。先に挙げた和歌が漢詩の影響を受けているとされるのもこうした動向によるものである。

また、道真の詩以外で〈鶯〉と〈谷〉に関連するものとしては『和漢朗詠集』（『日本古典文学大系』による）巻上・六〇谿に帰る歌鶯は　更に孤雲の路に逗留し

林を辞する舞蝶は　還つて一月の花に翩翻たり

帰谿歌鶯　更逗留於孤雲之路　順

辞林舞蝶　還翩翻於一月之花　順

同じく、六一

花は根に帰らむことを悔ゆれども悔ゆるに益なし

鳥は谷に入らむことを期すれども定めて期を延ぶらむ　藤滋藤

花悔帰根無益悔　鳥期入谷定延期

の二つが挙げられる。

六〇の源順の詩は『本朝文粋』巻八・詩序一・時節部の閏三月餞の宮の詩宴「今年また春有り」の詩序であり、六一の方は出典未詳であるのだが、私注には「同詩　清原滋藤」とあり、すなわち六〇と同じ時、同じ場所で詠まれた詩とされる。しかし、ここではこれらの詩が詠まれた時場を俎上に載せるのではなく、鶯の、春の間は人里に出たまだが春が過ぎると再び谷に戻っていくという習性、つまり『毛詩』伐木篇からの影響に注目したい。特に清原滋藤の詩は「鶯」ではなく「鳥」としていることから、『毛詩』の表現をそのまま取り入れている。それでは、『毛詩』伐木篇の「鳥」が「鶯」と解されるようになったのはいつごろからなのか。次に中国における〈鶯〉と〈谷〉について

見ていこう。

五、唐代における〈鶯〉と〈谷〉の解釈

今日では中国における〈鶯〉と日本のそれとは厳密には種類の異なる鳥とされている。[22] 確かに、それぞれの国でそれと捉えられているものは色や体長が異なってはいるが、果たして当時の人々はその違いをどのように把握していたのだろうか。〈鶯〉は古来から、中国においても漢詩に詠まれ、日本においても和歌や漢詩に詠まれている鳥であり、中国では竹に配することが多いが、日本では梅と鶯を配する取り合わせが慣用化されていた。このことから、両者の見ている鶯が正確には異なるためこのような違いが生まれるのかもしれないと言えようが、これらの違いは両国の風土や気候、美意識の違いがもたらしたものとも考えられよう。しかしその一方で、両者に共通した認識があることも見逃せない。それは、両国ともこの〈鶯〉を春告げ鳥として捉えていること、[23] さらには春を告げるために〈谷〉からやってくる鳥であるということである。このことから、むしろ生物学的な異なりを重視するのではなく、たとえ両者が厳密には異なるものであっても、この共通した〈鶯〉に対する認識が、いかに日本の韻文学に影響を与えているのかを考えていくべきなのではないだろうか。したがってここでは、日本の漢詩・和歌に多大な影響を与えている『毛詩』伐木篇の受容・解釈のされ方について、まず見ていくことにする。

伐木

伐木丁丁　鳥鳴嚶嚶

出自幽谷　遷于喬木

嚶其鳴矣　求其友声
相彼鳥矣　猶求友声
矧伊人矣　不求友生
神之聴之　終和且平

この詩は早春の候を主題として詠んだものではない。また、語句を見てもあくまで「鳥」とあって、それが「鶯」と断言されているわけではない。それではどのようにしてこの「鳥」を「鶯」と解するようになったのか。これに関しては、渡辺秀夫氏㉔と津田潔氏㉕が既に詳細に論考されているので、ここでは両氏の論の概略を紹介させていただくことにする。

まず、渡辺氏は、六朝までの『毛詩』伐木篇の解釈について、梁鴻（漢）、阮籍（魏）、陸雲（晋）、劉孝綽（梁）、孫万寿（隋）、沈約（梁）、昭明太子（梁）らの詩・散文を挙げた上で、「概して、六朝までの『毛詩』の解釈は――とりわけて詩にあっては――、〈春鳥・百舌〉それに勿論〈鶯〉をも含めた、いわゆる〈鳥〉一般としての理解とみなすべきであり、鳥＝鶯という解釈はまだ一般的でなかったとみておくのが穏当であろうと思われる。ちなみに、六朝までの詩文を集成、部類した初唐の類書『芸文類聚』は、この『毛詩』の一節を巻九十〔鳥〕の部に収載し、別に掲出する巻九十二の〔倉庚〕（鶯）や〔反舌〕の部には入れないことも、それを反映するものと考えてよいであろう。」と述べておられる。さらに、唐代の『毛詩』伐木篇を踏まえた詩の場合は、「鳥を鶯として表現することがごく一般のこととして行われるようになる。」と、李嶠『百二十詠』、詩中の〈鶯〉の詩、高瑾「晦日重宴」、韋嗣立『千載佳句』春宴、陶翰「柳の陌に早き鶯を聴く」、徐浩「禹廟に謁す」、銭起「暮春、故山の草堂に帰る」といった詩賦を挙げ、そうした詩の中には「『毛詩』の本来の意味を踏まえて、谷を出づる鶯という表現の裏に、次第に地位、能力の向上する意、官位の昇進や進士及第の意味を寓する例もみうけられ」るとし、白居易の『白氏文集』巻一〇の「孟夏思二渭村旧居一寄二舎弟一」、同巻一三の「和下鄭方及第後、秋帰二洛下一閑居上」、同巻五五（『千載佳句』〈慶賀〉にも収載）の「和下楊郎中賀二楊僕射致仕一後、楊侍郎門生合宴席上作上」等を進士及第に関連する詩として挙げている。そしてこれらの現象から「唐詩の世界にあって、幽谷より出て早春の来訪を告げる鶯、〈谷の鶯〉の表現が形成され、さらに、晩唐初に至って〈鶯谷より出づ〉という詩題そのものさえ現れる。」と結論づける一方で、このような解釈の変貌に関し、『尚書故実』にはそれを疑問視する旨が述べられている点を指摘しつつ、このような疑問が出されることで、逆に「『毛詩』の〈鳥〉を〈鶯〉と解する風潮が唐代においてはごく一般的であったということが知られる」と主張される。

津田氏は、渡辺氏の論を補う形で『毛詩』の解釈史を再検討し、『白氏六帖』の「鶯」の部に伐木篇が引用される経緯を論じる。まず、『白氏六帖』の前後に編纂された『芸文類聚』『太平御覧』の二類書と『六帖』との隔たりや、『芸文類聚』『太平御覧』は項目名が「倉庚」であることから、『毛詩』の世界から殆ど出ないのに対し、『六帖』は、『毛詩』からかなり逸脱していること、かなりのズレがあることを特徴として指摘している。そして、『毛詩』伐木篇の「鳥」を鶯と解釈した源を『文選』巻三「東京賦」、同巻一五「帰田賦」に求めるべきと指摘し、「即ち、古代の詩人達にとって「嚶嚶」なる重言には伐木篇の一節が離れがたく結び付いていたのである。…そしてこの方向が継承されたのが梁朝であった。」と論を展開する。さらに、初唐以降の表現の例として、盧照鄰の散文「五悲・悲今日」「宴鳳泉石翁神祠詩序」、駱賓王「同辛簿簡仰酬思玄上人林泉詩四首其三」「上兗州崔長史啓」、王勃「三月上巳祓禊序」、蘇味道「使嶺南聞崔馬二御史並拝台郎詩」、韋元旦「銭唐州高使君赴任詩」、孫愼行「三月三日宴王明府山亭詩序」、高瑾「晦日宴高氏林亭詩」を挙げ、「「鶯谷」は未だ出世出來ぬ沈淪の状態を、「遷鶯」は顕達や及第を示唆する表現として定着するとともに、先の二類書の引用文中に見えた『禮記』月令篇の文から、春の到來を告げる表現としても現われて來るのである。」と指摘される。また、渡辺氏が着目した『尚書故実』に関しては、これと同様、唐代の伐木篇の解釈について疑問を呈した人物として劉禹錫の言葉（『靖康緗素雑記』巻五所収）を挙げ、補足している。そして『文選』が世に出た経緯と進士及第試験に際し必読書となったことを指摘し、「梁朝に兆し、初唐に流行して、盛唐に定着したこの表現の裏には、張衡の二賦を含む『文選』の流行と享受が關係しているのではあるまいか。」と結論づけられている。

　両氏の論をまとめると次の三点になる。

①『文選』の流行と享受から、次第に『毛詩』の「鳥」を〈鶯〉として捉え、それが唐代に入って定着、鶯が谷から出てくることによって春の到来を意味するのが一般的となる。

②谷を出づる鶯という表現に、次第に地位や能力が向上する意味や官位の昇進や進士に及第するという意味を寓するようにもなる。

③それらを踏まえて「鶯谷」という語は不遇の地位を指すようにもなる。

　②に関しては、例えば唐代の羅隠「贈二先輩令狐補闕一詩」に「花迎二綵服一離二鶯谷一、柳榜二東風一触二馬鞭一。」とあるが、「離鶯谷」は谷（不遇の身）を離れることを意味している。また、『尚書故実』には「今謂二進士登第一為二遷鶯一者久矣」とあり、『随園随筆』辨訛類下、鶯遷之訛には「今人称二遷官一曰二鶯遷一、本下詩経二于喬木一之義上、按、伐木章、伐木丁丁、鳥鳴嚶嚶、出レ自二幽谷一、遷二于喬木一、是嚶字不二是鶯字一、嚶乃鳥之鳴声耳、綿蛮黄鳥、当二是鶯一而又無二遷喬字様一、然唐人有二鶯出レ谷詩題一、盧正道碑、有下鴻漸二于盤一、鶯遷二于木一之文上、則以レ嚶為レ鶯、自レ唐已然。」とあるように、鶯還（遷鶯）は、鶯が奥深い谷から出て、高木に移ることだけでなく、進士の試験に合格することや、昇進・

転居を祝する時に用いる語である。しかし、このことは同時に、〈谷〉はあくまでもまだ日の目を見ない、不遇の状態にあることを意味することにもなるのである。

したがって、ここで最も着目したいのは、②の我が身の栄えと③の我が身の不遇を訴える〈鶯〉と〈谷〉を詠み込んだ漢詩は表裏一体の関係にあることである。〈谷〉を出て行く前者と異なり、後者はあくまでも〈谷〉に留まらざるを得ない状況が強いられているのである。平安時代において、最も親しまれた唐代詩人白居易にも『唐詩類苑』儒部（及第）に「和鄭方及第後秋帰洛下閑居」と題した鶯還に関する詩がある。

勤苦成名後　優遊得意間　玉憐同匠琢　桂恨隔年攀
山静豹難隠　谷幽鶯暫還　徴吟詩引歩　銭酌酒開顔
門迥暮臨水　牕深朝対山　雲衢日相待　莫誤許身閑

この詩では、暫く政治の第一線から退き、身を潜めることを「谷幽鶯暫還」としている。

また、『和漢朗詠集』巻上・六三にも[26]

鶏すでに鳴いて忠臣旦を待つ　鶯いまだ出でずして遺賢谷に在り　鳳を王となす賦

鶏既鳴兮忠臣待旦　　鶯未出兮遺賢在谷　　鳳為王賦

とあり、ここでは〈鶯が幽谷にあって鳴かない＝賢者が在野にあって帝に出仕しない〉というように鶯を賢者に喩えている。〈鶯〉と〈谷〉、すなわち〈鶯谷〉が政治と結びつくものとして捉えられていたことがうかがえよう。このように鶯谷は、もともと鶯の住む奥深い谷のことだが、転じて不遇の地位をいうようにもなっていったのである。

六、日本における解釈の受容

このような〈谷にある身＝不遇の身の上〉、〈谷を出る身＝栄えある身の上〉という解釈の構図は、日本でも同様に広まっていく。

まず、『菅家文草』巻第二・八三をみてみよう。

早春、侍㆓内宴㆒、賦㆑聴㆓早鶯㆒、応㆑製。

不怪鶯声早　応縁楽歳華
語偷絃管韻　棲卜綺羅花
愛翫憐風軟　貪聞恨日斜
偏歓初出谷　謝絶旧烟霞

この詩題に関しては、補注に『白氏文集』の「聞㆓早鶯㆒」と題する五言詩に拠るものかとあり、このように指摘されているのは「出谷」は「鶯が幽谷から出て喬木に遷ったことを歓ぶという裏に、作者が内宴に侍することの光栄を歓ぶ意を寓する」からで、これは『文集』のこの詩が潯陽貶謫中の作であることを根拠としている。したがって、この道真の詩はあくまで内宴に侍する晴れがましさを表したものだが、ここで用いられている〈谷〉は華やかさとは無縁の状態を指しているのである。

次に、『菅家文草』巻第六・四五三だが、

早春内宴、侍㆓清涼殿㆒同賦㆓鶯出㆒㆑谷、応㆑製。

鶯児不敢被人聞　出谷来時過妙文
新路如今穿宿雪　旧巣為後属春雲
管絃声裏啼求友　羅綺花間入得群
恰似明王招隠処　荷衣黄壊応玄纁

「玄纁」の語に関しては、頭注に「隠士を招く引出物・黒赤い色の束帛。」とあり、さらに補注では「玄纁」は、後漢書、逸民列伝、法真の伝に「処士法真、体兼二四業一、学窮二典奥一、幽居恬泊、楽以忘レ憂。将踏二老氏之高蹤一、不下為二玄纁一屈上也」とあることから、鶯の出谷を、隠士の出山に喩えるとの指摘がなされている。

やはりこちらも「谷」にいる場合は、世間とは隔絶された状況に置かれていることを示している。ちなみにこの詩は、『日本紀略』醍醐天皇昌泰二（八九九）年正月二十一日乙卯の条に「内宴、題云、鶯出谷」とあり、その席で詠んだものとされる。また、この席の詩題は、先にも触れた唐における進士及第試験の影響が指摘されているので、『文苑英華』巻一八五（『欽定四庫全書』）省試六に掲出されている「鶯出谷」などが受容されていたのかもしれない。(27)

道真の漢詩は内宴でのものが多いため、直接〈鶯谷＝我が身の不遇〉を詠んだものはないが、「出谷」を誉れと捉えていることから、唐代の〈鶯〉と〈谷〉の解釈の影響を受けているといえよう。

次に、『貫之集』（『貫之集全釈』による）巻九・雑・八三六、八三七番歌を見てみよう。

おなじ元夏がもとより

東風に氷解けなば鶯の高きに移る声を《(と)》告げなむ

といへる返し

ゐて《(出で)》伝ふ花にもあは《(ら)》ぬ鶯は谷にのみこそ鳴きわたりけれ

三統元夏の和歌中の「鶯の高きに移る声」は『毛詩』小雅・伐木篇を踏まえており、春になると鶯が谷から出て高木に移るように、除目によって官職に就けると友を激励した和歌である。[28] これに対する貫之の返歌は、自らを春になると谷から出て木伝い鳴く鶯とは異なる鶯、つまり、春になっても昇進できずに不遇の地位にいる者とし、花の咲く季節にも花の咲かぬ谷で泣き続けるしかない我が身を嘆いて詠んだものである。当時の中流貴族にとって任官は重大事であった。このような任官に関する和歌の贈答にも唐代の〈鶯〉と〈谷〉の解釈が摂取されているのである。

また、これと同様、直接〈鶯〉と結びついていなくても、身の不遇を〈谷〉と捉えたものとして『古今和歌集』巻十八・雑下・九七六番歌も挙げられる。[29]

時なりける人の、にはかに時なくなりてなげくを見て、みづからの、なげきもなくよろこびもなきことを思ひてよめる。　清原深養父

光りなき谷には春もよそなれば咲きてとく散る物思ひもなし

深養父はこのように自らを高官とは無縁の「光りなき谷」と称し、閑職に甘んじながらも「時なりける人」と異なり、「物思ひ」の無いことに平穏を見いだしている。我が身の不遇を自嘲しているようでいて実はその状況を受け入れており、ある種卓越した境地が集約された和歌といえよう。

さらに、『蜻蛉日記』（『新編日本古典文学全集』による）中巻・安和二年六月の条には、作者が源高明の妻、愛宮に贈った長歌の中に〈谷〉の語が見える。

あはれいまは　かくいふかひも　なけれども　思ひしことは　春の末　花なむ散ると　騒ぎしを　あはれあはれと　聞きしまに　西のみやまの　鶯は　かぎりの声を　ふりたてて　君が昔の　あたご山　さして入りぬと　聞きしかど　人言しげく　ありしかば　道なきことと　嘆きわび　谷隠れなる　山水の　つひに流ると　騒ぐま

に　世をう月にも　なりしかば　山ほととぎす　たちかはり　君をしのぶの　声絶えず　いづれの里か　なかざりし……

この長歌は、先の安和二年三月の条で、安和の変により高明が左遷されることに触れているのをうけて、親交のあった愛宮を慰めるために贈ったものであるが、実は、高明の左遷という悲運と、夫との不和に基づく自身の悲哀に満ちた生活とを照らし合わせて詠んでいる。やはり、ここでも〈谷〉は不遇な状況を表している。

紫式部と同時代に生きた大江匡衡は、一条天皇の命を受け、「暮春」の題で次の漢詩を詠んでいる。(30)

暮春、応製　勒毫高皐桃毛叨刀陶

四十六年人未識
堙淪墨沼嬾抽毫
幸逢北闕仁心厚
遂使春卿礼秩高　匡衡四十七、初聴昇殿兼侍読。去年再預加階、稽古力也
白雪清歌鶯出谷
青雲栄路鶴帰皐
献君魯水壁中簡　今春以尚書十三巻、十餘日御読了
投我綏山盤上桃
重士軽財恩市骨
好文偃武徳如毛
煙霞得境若応惜

花月有時誰不叨
吏部侍郎思八座　式部大輔為侍読者、必早昇八座
尾州刺史夢三刀　儒官兼刺史、殊常之恩也
寄言天下懐才者
自愛弾冠莫鬱陶

この詩は帝の仰せに従って作ったものであるので、現在の我が身の栄誉を表すために、それまでの境遇を〈谷〉に喩えている。

また、身の不遇を嘆く側の和歌に〈谷〉の語はないが、『拾遺和歌集』巻第一六・雑春（夏）一〇六四、一〇六五番の贈答歌も一連の解釈があてはまろう。

右衛門督公任籠り侍ける頃、四月一日に言ひ遣はしける　　左大臣
谷の戸を閉ぢやはてつる鶯の待つに音せで春も過ぎぬる
返し　　公任朝臣
行きかへる春をも知らず花咲かぬみ山隠れの鶯の声

『小右記』によると、これらは寛弘二年（一〇〇五）四月一日に詠み交わされた贈答歌である。したがって公任の当時の官職は左衛門督が正しい。この和歌は、脚注によると「前年の秋十月頃より、後輩の藤原斉信に官位を越えられたのを不満に思って籠居してしまった藤原公任を、藤原道長が慰めたもの」で、公任は、重出する『三奏本金葉集』では白河、『千載集』では長谷に籠居したと指摘されている。さらに「この事件は赤染衛門が上表文執筆について、夫の大江匡衡に助言したなど、説話集や史書・日記などに数多く伝えられる。」とされるものである。

先に触れたように、初音巻の明石の御方の手習歌の典拠として『紫明抄』がこの道長の和歌を挙げていたが、ここで我が身の不遇や失意の心中を訴えているのは公任のほうであって、道長の和歌は、公任が訪れる（鶯が鳴く）のを待望していたのにも関わらず、訪れなかったことを残念に思い、詠んだものである。したがって『紫明抄』は我が身の不遇という観点からではなく、やはり便りを切望する思いを詠んだ歌として挙げていることになる。

さらに、〈谷〉の語は無いが、『後拾遺和歌集』（『新日本古典文学大系』による）巻第一・春上・二二番歌にも同様の趣旨が窺える。

加階申しけるに、たまはらで、鶯の鳴くを聞きてよみ侍りける　　清原元輔
うぐひすの鳴く音許ぞきこえける春のいたらぬ人の宿にも

詞書に「加階」とあるように、昇進を望むもそれが叶わず、そこへやってきた鶯に自らの不遇を重ねて詠んでいる。ここでは「谷」の代わりに「春のいたらぬ」という語が昇進できない状態を暗示する語となっている。

最後に『金葉和歌集』（『新日本古典文学大系』による）巻第九・雑部上・五一七番歌を見てみると

山家ノ鶯といへる事をよめる　　摂政左大臣
山里もうき世のなかを離れねば谷の鶯ねをのみぞ鳴く

脚注には、この和歌の参考歌として「春立てど花も匂はぬ山里はものうかるねに鶯ぞなく」（『古今集』・春上・在原棟梁）が挙げられている。そのことを考え合わせると、この「谷の鶯」も我が身の不遇を暗示していると捉えられよう。

ここに列挙したものは、ほんの一例に過ぎないが、唐代における〈鶯谷〉や〈鶯還〉の語意解釈は、平安朝の漢詩のみならず和歌にまでも広く摂取されていると言えるだろう。そうだとしたら、『源氏物語』初音巻の明石の御方の手習歌にもこうした解釈が十分反映されていると考えられないだろうか。

七、おわりに

以上に見てきたことを踏まえて、いま一度『源氏物語』初音巻の明石の御方の手習歌を見てみると、この歌は従来の解釈である、娘からの返事をありがたく思い、再び声を聴くことを待ちわびる母としての気持ちだけが込められているとは言い切れないのではないか[31]。明石の御方の詠歌は、「愛情の齟齬など表現伝達の困難な状況や死別や離別など感懐の横溢した場面などに詠まれ、独白やすさび書きといった形をと[32]」った、「詠者自身の封じこめている心内をひそかに開陳する[33]」独詠歌である。明石の御方は后がねとなる源氏の娘を産む栄誉に預かりながら、その一方で忍従を強いられる。明石の御方のもと（谷）で生まれた娘（鶯）は、源氏という当代一の権力者のもとで、これから大きく羽ばたこうとしているのに、我が身はあくまでも「谷」に住むしかない。つまりそこには同時に、実母でありながらその身分の低さ故に娘を手元で養育することが出来ずに、どんなに近くにいても離れて暮らさねばならないという我が身の不遇を嘆く思いが込められてもいるのである。姫君と別れて四年余りの歳月が経ち、自らも六条院に住む身となったものの、やはり姫君とは対面できる見込みはない。つまり「卑姓の生母との絶縁によってこそ、后がねとしての姫君の尊貴は備わり保たれ」、「そうした六条院世界の掟を生きるほかないのが明石の御方の運命であった[34]」のである。

初音巻は六条院が造営されて初めて迎える新春の模様が描かれる巻である。したがって春を告げる鳥〈鶯〉に姫君の初便りを寓するのはごく自然なことであろう。また、鶯は谷から出るという認識から、明石の御方が姫君の生みの親である自らの住まいを〈谷〉とするのも妥当な表現ではある。しかしそこには、鶯の出生を喩えただけではない、漢詩文における「鶯谷」の解釈が受容され、活かされているのである。その一方で、この〈鶯〉の古巣である〈谷〉が、自ら望む地位に着けない状況を寓しているのならば、その状況を逆手にとって、たとえ苦境に甘んじる現状であっても、そしてその身の苦衷に煩悶し不遇を悲嘆していても、やがては〈鶯〉である明石の姫君と共にその苦境から脱しようとする〈鶯遷〉への強い思いが、そこに内包されていると考えられないだろうか。

確かに、これらの語は官位昇進といった、いわば男社会に関わる状況で用いられるものである。したがって一見女である明石の御方とは無縁の語に思われる。しかし、明石の姫君が入内し、国母となることで一族の悲願が達成されるという明石一族の使命と、さらに、初音巻で源氏の来訪を知りつつも姿を隠した上で趣向を凝らした部屋に招き入れ、源氏の情を手繰り寄せる思慮深さと手腕を持つ明石の御方の才能を考え合わせると、まさに明石の御方にこそ似つかわしい言葉に思える。鶯の初音を聴けた、つまり姫君からはじめて和歌が届き、一筋の光明を得たこの時から、明石の御方は不遇を嘆きつつも、やがて得られる栄耀栄華を手中に収めるまではひたすら忍従の日々を送る。

我が身の不遇という解釈に加え、やがては晴れ舞台に立つべき一族の使命を背負った野望ともいうべき思いがこめられたのがこの独詠歌なのであった。

注

（1）以下、『源氏物語』本文は『新編日本古典文学全集』（小学館）による。

（2）鈴木日出男氏は『源氏物語歳時記』（筑摩書房　一九八八年九月発行）において、元日の夜に明石の御方のもとに泊まった源氏が曙の頃に春の町に帰るにつれ、「曙」をまだ「夜深さ」として不満に思うその心境を踏まえた上で、「彼女の内心に秘められている女のしたたかさというべきか。そのような情念が、源氏に対してさりげなく、自らの鶯の手習歌をも読ませたのであろう。」と指摘している。

(3) 清水婦久子「源氏物語の和歌―風景と人物―」(和歌文学論集3『和歌と物語』風間書房 一九九三年発行所収) 清水氏は夕顔巻を例に挙げて論証されているが、その姿勢は物語に一貫するものとの論旨のため、ここで引用させていただいた。

(4) 〈鶯〉の別呼称引用は『歌ことば歌枕大辞典』久保田淳・馬場あき子編(角川書店)による。

(5) 『万葉ことば事典』青木生子・橋本達雄監修(角川書店 二〇〇一年十月発行)による。

(6) 小町谷照彦氏は『古今和歌集と歌ことば表現』(岩波書店 一九九四年十月発行)において、次のように述べられている。

四季の推移を、歳時や景物によって、時間的な流れとしてとらえる時間意識は、『古今集』で確立したと言ってよい。季節の推移は、それを表象する景物によって表現されることが類型化されていた。それは季節の到来の表現に顕著にみられる。春の到来は、鶯で示された。鶯は春を告げる鳥であった。『古今集』の用例は、鶯と春との結びつきを雄弁に物語っている。…鶯の鳴き声によって春とする判断の方が、暦で知った春とする認識よりも優越しているのである。

(7) 史実から鑑みると、この和歌の作者は疑問視されている。『和漢朗詠集』では作者は麗景殿女御となっている。

(8) 『和漢朗詠集』では作者は中務となっているが、『朝忠集』にも『中務集』にもこの歌は見えない。

(9) (5)に同じ。ここでは次のように指摘されている。

「梅」と「うぐひす」の組み合わせの世界で歌われている。この組み合わせは、中国の六朝以降には定着し、「梅花隠処隠嬌鶯」(隋江総「梅花落」『芸文類聚』巻八十八)にも例がある。その世界が、『懐風藻』の「春日翫鶯梅」(葛野王)や、万(=万葉集)に採り入れられ、「花鳥歌」として形成されていったといわれる。

(10) 『源氏物語引歌索引』伊井春樹編(笠間書院 一九七七年発行)

(11) 『紫明抄』は「たにのふるすをとつる鶯」としている。が、『河海抄』ではその件に関して「謬説歟」と注している。河内本は「とつるうぐいす」とし、青表紙本とは本文異同がある。

(12) 清水婦久子氏は「『源氏物語』と和歌―本歌と引歌―」(『王朝和歌を学ぶ人のために』後藤祥子編 世界思想社 一九九七

年八月発行所収）において、次のように述べられている。

多くの注釈書がどのような意識で引歌を挙げたのかを示しておらず、その歌が物語の解釈にどの程度関与しているのかがわかりにくい。また、引歌に限らず、古注の説明は不十分でその解釈自体が明白ではない。したがって、引歌あるいは物語における和歌の関与について明らかにするには、これらの注釈書を参考にして個々の表現や文章を丁寧に読むことと同時に、『源氏物語』の文章表現がどのような和歌をもとにして成り立っているのかを独自に考察する必要がある。

（13）『新日本古典文学大系』による。この和歌の脚注において「谷の古巣」の語は『源氏物語』初音巻の明石の御方の手習歌を初出例と指摘している。

（14）これらの影響を指摘する主な論文として、次のような論文がある。
小西甚一「古今集的表現の成立」（日本文学研究叢書『古今和歌集』有精堂　一九七六年一月発行所収。初出は『日本学士院紀要』七巻三号　一九四九年十一月発行）
漢詩文の影響といえば、頗る宏汎にわたるが、古今集に浸潤したのは、主に六朝詩であったろうと考えられる。周秦漢の古詩には古今集的表現とかようものが見られず、盛唐以後の詩風とも違ったものがある。初唐期の詩風は六朝の延長と視られるので、それをも含め、古今集的表現の裡に六朝詩の俤を認め得ると思うのである。
平安初期に渡来していた六朝詩の集には、昭明太子の『文選』および『古今詩苑英華』と、徐陵の『玉台新詠』とがあり、藤原佐世の『日本国見在書目録』にも、六朝詩を収めていたろうと推定される集が四十部ほどある。殊に『文選』は最も尊重され、誦習せぬ人士とて無かった。藤原冬嗣などは『文選』全体を諳んじていたといわれる。平安初期の文人に六朝詩が弘まったのは、当然の勢であった。
安藤テルヨ「古今集歌風の成立に及ぼせる漢詩文の影響について」（日本文学研究叢書『古今和歌集』有精堂　一九七六年一月発行所収。初出は『文学・語学』第五八号　一九七〇年十二月発行）では「古今集の知巧的表現は主として六朝様式に近似する」ことを論証した上で、唐詩がいかに摂取されたかを考究し、「唐詩中新奇な六朝的表現をもったもののみがとられて古今集表現形成の一助となったというのが恐らく実相であったろう。…しかし六朝詩が字句にのみ凝って内容的意味を失う傾向があったのに対し、唐詩はその詩想に豊かであった。」とし、白詩が古今集の歌風に影響を与えていることを指摘している。
藤原克巳「古今集歌の日本的特質と六朝・唐詩」（『文学』岩波書店　一九八五年十二月号所収）
承和以降の文学的教養を持った中下級官人達のそのような疎外感と閉塞感から、古今集雑歌の憂き世の嘆きや、古今集序にうかがわれる世に在る者としての苦く醒めた意識も生まれて来たのだと、私は考えるのであるが、折りしもかかる承和年間に渡来した白詩は、彼等のそうした思いの表現にも深く浸透しているように思われるのである。

（15）小島憲之『國風暗黒時代の文学　補篇』（塙書房　二〇〇二年二月発行）

（16）川口久雄「古今集への道—和歌達成の背後にあるもの—」（『文学』岩波書店　一九八五年十二月号所収）

（17）鈴木日出男氏は『古代和歌史論』（東京大学出版会　一九九〇年十月発行）において次のように述べられている。
「鶯の谷より出づる初声」の、固有の物象叙述が、「春くることを誰か知らまし」の心情叙述をも含めて一首全体を集約させるべく引いている。春の訪れの歓喜をいう歌がふまえられているからこそ、かえって春の憂愁がきわだってくるのである。特に物象語句に一首全体もが集約されるかたちで既成和歌が引きよせられ、そのような発想の類型を基盤にすえることで和歌制作が多く行われていたことが知られよう。

（18）和歌における〈鶯〉と〈谷風〉の語の結びつきを論証したものとして、増田繁夫氏の『古今集の歌語—山風と谷風—』（和歌文学の世界第七集『論集　古今和歌集』和歌文学会編　笠間書院　一九八一年六月発行所収）がある。

（19）（17）に同じ。

（20）小島憲之氏は「『古今集』への遠い道—九世紀漢風讃美時代の文学—」（『文学』岩波書店　一九八五年十二月号所収）で、その影響を次のように述べている。
白詩圏の「詩」の流行にあわせて、やがて文学形態を異にする「歌」も復活しはじめる。ここにそれらの歌群の中にも白詩語の影が見えつ隠れつすることは注目すべきである。「白詩語」と「歌」との交流、これは九世紀後半以降の平安朝和歌の大きな特色をなす。

(21)（17）に同じ。
(22)青木正児『中華名物考』（平凡社　東洋文庫四七九　一九八八年二月発行「鶯はウグイスに非ず」）
(23)『中国文学歳時記　春〔下〕』（同朋舎出版）では、次のように述べられている。
わが国ばかりでなく、中国古典詩の世界でも春を告げる鳥である。『礼記』月令篇に「仲春の月、倉庚鳴く」とあり、この倉庚が、鸝黄すなわち「うぐいす」である。
(24)『平安朝文学と漢文世界』（勉誠社　一九九一年一月発行）
(25)「『毛詩』伐木篇の「鳥」について―『白氏六帖』鶯門考（上）―」（『漢文學會々報』第三十四輯　國學院大學漢文學會一九八八年十二月発行所収）
(26)頭注に、私注は作者を「賈嵩」に作り、集註は「賈島」に作る。但し、全唐文に賈島の作としては見えない、とある。
(27)ここには次の四賦が掲載されている。

鶯出谷　銭可復

玉律陽和変、時禽羽翮新。載飛初出谷、一囀已驚人。仏柳宜烟暖、銜花覚路春。摶風翻翰疾、向日弄吭頻。求友心何切、遷喬幸有因。華林高玉樹、棲託及芳。

同前　張鷺

弱質随儔匹、遷鶯正及春。乗風音響遠、映日羽毛新。已得辞幽谷、還将脱俗塵。鴛鸞方可慕、鷰雀迥無鄰。遊止知難屈、飜飛在此伸。一枝如借便、終冀託深仁。

同前　劉荘物

幸因辞旧谷、従此及芳晨。欲語如調舌、一作求友初飛似畏人。風調帰影便、日暖吐声頻。翔集知無阻、聯綿貴有因。喜遷喬木近、寧厭対花新。堪念微禽意、関関也愛春。

同前　劉得仁

東風潜啓物、動息意皆新。此鳥従幽谷、依林報早春。出寒雖未久、振羽漸能頻。稍類冲天鶴、多随折桂人。罇前喧集作時有語、花裏書蔵身。向若一作若在穠華処、餘禽不見親。

（28）渡辺秀夫氏は「紀貫之―うたことばの創造―」（和歌文学講座第四巻『古今集』勉誠社　一九九三年十二月発行所収）において、次のように論じている。

『毛詩』（伐木篇）の《遷喬＝任官／出世》の典故をふまえること―『白氏六帖事類集』は「幽谷より出でて喬木に遷る」の句を「挙薦」（推挙・登用）の部門に登録する―や先掲の例なども考えあわせ、おおむね公的な場や男性知識官人との応酬の際にはより顕在的に漢詩文表現趣向が盛り込まれる傾向にあり、……

（29）犬養廉氏は「王朝和歌の世界―伏流の系譜―」（和歌文学講座第五巻『王朝の和歌』勉誠社　一九九三年十二月発行）において、次のように論じている。

現存深養父集にも見える歌だが、詞書はない。撰者らは他の資料か伝聞によって詞書を成したものであろうか。自嘲気味にひそやかな諦念に沈む秀吟であるが、一首の秀逸もさることながら、筆者はそれ以上に撰者らによって附されたこの詞書に惹かれる。この詞書には古今集の他の部分に比して、著しい感情移入の跡が見られはしまいか。花やかな宮廷社会の片隅に身を寄せ、晴れがましい撰集事業に携わりながらも実は危うげな実現に漂う撰者らの、本音の嘆きが代弁されているようである。遠く承和の変（八四二）、近く道真の左遷（九〇一）もあったが、上層権力機構変動には関わりのない、下積みの深養父の、屈折した平安に足らう境地が、この一首とそれを支える詞書にみごとに凝縮されていよう。

（30）『江吏部集』上、四時部所収。本文引用は、『日本漢詩集』（『新編日本古典文学全集』所収による）。この詩は一〇〇四年に詠まれたもので匡衡は当時五三歳であった。

（31）小町谷照彦氏は、『源氏物語の歌ことば表現』（東京大学出版会　一九八四年八月発行）において、次のような解釈をされている。

手習という形をとってはいるが、明石の君の歌やこれらの引歌はいずれも前出の明石の姫君との贈答を受けつぐものとなっている。表面的には明石の君の歌は明石の姫君の返歌に対する感懐を独詠として述べたものとされているが、前出の贈歌が光源氏を意識した語りかけであったとすれば、この歌もひたすら明石の君の内面に沈潜して行くものではなくて、一面では光源氏を志向して外側に開かれたものと見ることができよう。そうすると、この歌の「谷の古巣をとへる鶯」は光源氏の比喩であり、「めづらし」はその稀な訪問に対する明石の君の心情表現ということになる。もしこのような背後に秘められているやや怨めしさをこめた心情がそのまま表面に示されたら、この歌はかなり辛辣な内容のものという印象を与える結果となったであろう。表面はあくまでも明石の姫君の返歌に対する喜びの詠出として、その背後から光源氏に対する訴えかけがどことなく浸出して来る所に、和歌の言葉の重層性を利用した朧化的な表現機能が発揮されて、心情の十分な伝達が果たされているのである。

(32)（31）に同じ。

(33)（17）に同じ。

(34) 秋山虔「源氏物語「初音」巻を読む―六条院の一断面図―」(『平安時代の歴史と文学　文学編』山中裕編　一九八一年十一月発行所収)

日本書道と唐代書法の継承関係
——源泉と支流と新潮流——

李　志　慧（土屋昌明訳）

日本書道は中国書法に源泉をもち、変異をへてカナと漢字を並行させ、日本書道芸術の双方向性を形成した。近代になって、前衛派などの新潮流を生成した。これが先学の帰納した日本書道発展の方向である。しかし、中国の伝統文化がつとに相互浸透的な統一を形成したごとく、日本文化も前後左右の相互浸透関係に恵まれていた。それゆえ、日本書道のこうした方向性も、順々に進んだものではなく、交錯的に進んだのである。その進展において、時時に応じて中国書法と不即不離の関係を保持していた。日本書道と中国書法の関係およびその進展に表れた民族的特徴を研究することは、日本書道の源流を認識することのみならず、中国現代書法の創作状況を再検討するにおいても、重要な参照対象となるであろう。

一

中国書法は、独特な芸術形態として、空間に展開し、表現は静態で、視覚に訴える。中和を追及し、イメージを創造し、人のこころを表出する。その源泉は殷の甲骨文・周の金文にあり、発展して秦の篆書・漢の隷書となり、魏晋の草書・行書・楷書に成熟した。唐代になって、篆書・隷書・楷書の系統と行書・草書の系統を形成した。日本書道の源泉が中国書法にあることは疑問の余地無く、日本の書家はつねづね中国を「本家」といい、中国の書家もそれを誇りとしている。しかし、源泉たる特定の時代性とその時の中国書法の特定の形態によって、日本書道の基本的特徴と変遷の軌跡が導かれることになった。

系統的な漢字と漢文典籍の日本受容は、中国の西晋時代にあたる時期に王仁によって日本にもたらされた。そして中国書法は、隋代において留学生と留学僧の帰国によって日本にもたらされ、唐代になって日本人の気持ちをとらえた。こうした特定の歴史的時期が、日本書道の基本的特徴と先天的な不足を造成した。なぜなら、中国書法芸術の殿堂の二大礎石は碑刻と墨帖であるが、時代的に見ると、碑刻は唐代以前にすでに成熟に向かっていた。書体的に見ると、碑刻は多く篆書・隷書と北魏書で、唐になって楷書が出始めたばかり、行書の碑は極めてめずらしかったが、後の墨帖は行書・草書が多い。つまり、日本書道が法とした隋唐の時期は、あのスケールの大きい荘厳な秦の篆書や漢の隷書・北魏碑などはすでに歴史となっていた。日本には古く石碑を建てる習慣がなかった。したがって長安にやってきた留学生や留学僧らは、そうした古めかしい素朴な秦の篆書や漢の隷書は一顧だにせず、あるいは取り付くしまもなく、また取り付くまでもなかった。彼らの目は当時一世を風靡していた楷書、とくに行書と草書の方に向いていた。

日本人の学習態度はきわめて真面目である。彼らは長安の書風・書体・書法の技術に対して毎日臨模をくりかえし、小手先でものにするようなことはしなかった。平安時代初頭の「三筆」、空海・橘逸勢・嵯峨天皇は、それゆえ日本書道初期の天才とうたわれた。そのうち、空海と橘逸勢は八〇四年に遣唐使の藤原葛野麻呂とともに長安に渡った。翌年、空海（七七四―八三五）は、長安青龍寺の真言宗七祖なる恵果の門下に入った（いま長安青龍寺の遺跡には空海記念堂が建っている）。そして徐浩の再伝の弟子たる韓方明に書を学び、人から「五筆和尚」と称された。いわゆる「五筆」とは、彼が五体の書をほしいままにしたことだとか、口と左右の手に筆を挟んで同時に五行を書いたことだとか言われるが、実は、韓方明の『授筆要訣』でまとめられた執管・族管・撮管・握管・搦管という五種類の筆の執り方であることが、江戸時代の屋代弘賢によって指摘されている。「風信帖」「金剛般若経解題」「崔子玉座右銘」といった作品を見ると、空海が古人の筆法にもとづき、骨力の雄厚さと流動性を追求し、さらにそこに個性を発揮して、自己の人格的力を表出していることがわかる。橘逸勢（?―八四二）は在唐期間に書と琴を学び、卓越した才気によって唐の人々から「橘秀才」と称された（いま実際寺の遺跡に橘逸勢記念碑が建っている）。その真蹟は流伝しておらず、現存の「伊都内親王願文」は後世の臨模作品である。唐人に源泉をもつけれども、楷書・行書・草書の各書体を巧妙に応用し、用筆の軸心を動揺させている。この書法は中国古代の書跡には多く見られないが、現代の書家は「屋漏痕」を追求しようとして故意に筆をふるわせて作る。嵯峨天皇（七八六―八四二）は欧陽詢の影響が最も強い。「李嶠雑詠残巻」では長鋒の鋭角の筆を使い、撥ねが峻厳である。

天皇としては、当然ながら国家の大事に関心があったはずであろう。しかし、嵯峨天皇は政治や軍事を題材とする李白・杜甫の詩を書することに興味がなく、なぜか李嶠の詩を選んで書する対象とした。これは当時の日本人の長安文化受容の心理をよく表している。空海と最澄はともに、唐から持ってきた経典や仏具を記載した備忘録を『請来目録』と名づけている。日本人が「請来」した唐の書法には、篆書や隷書はない。なぜなら、それらは秦漢の人が石碑に刻して祠廟に建てたものである。日本人が「請来」したのは王羲之の書風であった。当時の長安では王羲之・王献之の書風がまさに流行していたからである。また欧陽詢・顔真卿の書を「請来」した。それらは、彼らが長安で目にしたものだったからである。また唐の詩を「請来」した。漢文を習得する困難から、沈鬱な精神的厳しさや天馬空を行く飄逸さを放棄し、みずからの民族的性質あるいは個人の性格に適ったものを選択したのである。

かくして、遣唐使と留学生・学問僧らは晋唐の風韻をたずさえて日本によろこび帰国し、そして「三筆」たちが見事に王羲之や欧陽詢・顔真卿の規範を現前させているとき、中国の大地には秦漢魏晋の碑碣によって打ち立てられた篆書・隷書の宝庫があったなどとは思いもしないことであったろう。したがって日本書道史には篆書・隷書はほとんどなく、楷書もそれほど多くはなく、多いのは行書・草書である。つまり、中国書法は篆書・隷書と行書・草書からなる双方向性だが、日本ではこれが行書・草書の牽引する単方向性に変わったのである。

対比がないところに調和もない。日本におけるもう一つの方向性はどこにあるのか。日本の書家は苦労してそれを探求した。彼らの目はそれでも「本家」からやってきた漢字の行書・草書に向けられていた。こうして源泉からはすでに支流が湧出していたのである。

二

日本からすれば、中国書法ははじめから「請来」したものであり、地元育ちではない。だから当然、日本のその時代の社会・政治・経済・文化・習慣などの制限を受けることになる。まして、実用性がかならず芸術性の前面を行く、というのが芸術の発展における一般的法則であり、書法芸術も例外ではない。

確かに、王仁が『論語』と『千字文』を日本にもたらしたことが、日本文化史の幕をあげることになった。しかし、それらは皇太子が教科書としたのである。早口言葉のような『千字文』の文に彼の頭はぼうっとし、四角く独立した漢字に目がくらんだことであろう。日本人の学習態度はまじめである。日本には自らの言葉はあったが、当時まだ自らの文字システムを持っていなかった。そこで漢字を用いて自らの言葉を記録した。日本で現存最古の歴史書である

『日本書紀』を見ると、古代漢語の運用はすでにたいへん熟練している。しかし漢字は表意文字であり、日本の言葉は表音系である。それで漢字を借りて日本語の発音を示した。平安中期にいたると、カナによって日本語の発音を示した。空海の『伊呂波歌』は漢字の草書の構造を、正しいカナの発音記号に変えるのにはじめて成功した例である。これにつれて、日本書道のもう一つの方向性が出現した。つまり漢字書の外部としてのカナ書である。

書法の視点から見れば、カナ書は中国書法の派生物である。と言うのは、カナ書の構造や書き方はすべて漢字の草書にもとづいているからである。平安中期の「三跡」―小野道風（野跡）・藤原佐理（佐跡）・藤原行成（権跡）の作品において、その端緒がうかがえる。小野道風（八九四―九六六）は漢字の行書・草書から入って、「王羲之の生まれ変わり」とまで言われた。代表作は「屏風土代」「玉泉帖」「智証大師賜号勅書」「三体白楽天詩巻」など。これらは漢字の草書の形式と構造を参照しつつ日本語の発音記号を書いて、カナの新風を創出した。さらにカナ書は、藤原佐理（九四四―九九八）、藤原行成（九七二―一〇二七）の開拓と総括をへて、洗練さ・強さ・スピード感を加えていった。

カナ書は漢字の書法に源泉を持つが、これはその創始者たる「三跡」が漢字書法にしっかりした基礎を持っていたというためだけではなく、カナ書が漢字の草書と形式的構造的な連関を持っていたからでもある。カナ書は漢字書法の支流であり、筆画の簡潔と筆勢の伸びが、形の上での連綿をもたらした。しかし純粋化された線には強い応用力があり、また各種の色紙と配合することができた。これは明らかに中国書法の伝統にはカバーしがたいものである。しかし、先天的な不足が後天的な欠落を造成することにもなった。「三跡」がカナ書道を創始したとき、篆書・隷書ないし楷書から有益な啓示を得ることができず、行書・草書からのみ限られた栄養をくみとったため、重い栄養失調を形成した。試みにカナ書道の連綿を王鐸の行草書に比べてみれば、明らかに王鐸のは沈着であり、雄厚で重々しい。なぜなら王鐸の書に反映されているのは、まさしく篆書の素朴さであり、隷書の雄強さであるからだ。

中国書法は篆書・隷書と行書・草書によって構成される双方向性を持つが、日本はそれを行書・草書を独尊とする単方向性に変えた。平安のカナ書道は、源泉における支流であり、漢字書道とあいまって日本書道の双方向性を形成した。同時にそれは日本の民族的特色をより備え、この国の民族の強い向上心を表している。

三

「どのような書体であろうとも、永遠に隆盛を保持することはできない」と言われるかもしれない。確かにその通りだ。芸術の興廃は世情に左右され、時代に関わるのだから。ところが日本の漢字書道とカナ書道は「始めから終わりまで二本の主線として歴史全体を貫いている」「どんな時代にも、（書道が）真っ二つに断絶されたことはない」と言われる。果たしてそうだろうか。近代になり、社会が多元的な発展をみせると、中国の伝統的な書法芸術は近代芸術の挑戦を受け、日本書道も探索の中から新潮流を出現させた。

中国古代では、ある文体が退潮する場合に、復古を唱えて刷新をはかることが多い。陳子昂は「漢魏の風骨」をさけび、韓愈や柳宗元は「古文運動」を発動した。明代の前後七子たちの唱えた「文は必ず秦漢、詩は必ず盛唐」もそうである。興味深いのは、日本の大正年間、比田井天来も息子の南谷に「もしどうしようもなくなった時には、古典の中へもどりなさい」と教えている（小木太法「略談日本現代書道」、香港『書譜』第六巻第六期）。

どのようにして「古典の中へもどる」のか。人々は高層ビルに住み厭き、町の喧騒を聞き厭きた。ならば、山林の中へ逃れて竹やぶと茅屋を友とするのもよい。だが、「美しい家屋を穴倉にかえ、きれいな車を大八車にもどす」と孫過庭が『書譜』でいうようなことをできるものではない。ましてや原始生活に帰るわけにはいくまい。しかし書法芸術においては、もう一度天地開闢にもどり、文字の創生時代の象形性を回復することができる。中国の書家には、そのように考えて、「日」「月」を書くのに円形に描いたり半月形に描いたり、また「長城」と書くのに、横画をのばして壁がくねっているように描いたり、「青山緑水」と書くのに、山がそびえ水が流れているかのように書いたりする者がいる。しかし、「長城」ではなくて「短垣」を書くのならどう書いてよいかわからないし、「精神」のような抽象的な内容は、どう墨を落としたらよいか見当もつかないであろう。日本書道にもこのような傾向がある。手島右卿の筆になる「崩壊」は、墨色に濃淡を併用し、紙面に沈み込むのと、紙面から浮き出る躍動性を加え、字配りも左右に分裂して画面いっぱいになっている。これが彼の創造した「崩壊」のイメージである。ある外国の文芸批評家は観賞して「物体がぶちこわされて崩れてゆく情景のように感じた」と言っている（小木前掲文）。しかし、では手島氏に同じ手法で「優美」という字を書いてもらったら、どのように「優美」の形象を描き出すのであろうか。漢字が象形を離れて表意となり、書法が篆書の孤立形をすてて隷書の平直に発展したことは、決定的意義を持つ飛躍だったのではなかろうか。漢字を媒介とする書法というものが上古の象形段階にもどるとするなら、それは新潮流ではなく、逆流である。かの象形の鳥虫書などは、つとに淘汰された書法であろう。

このような象形を追求した書法も、やはり書法ではある。しかし、文字の特定の内容を再現前させるために漢字の構造規則を打ち破るのは、一種の退歩である。保田孝三の「斬」は、つくりの「斤」の構造をこわし、へんの「車」も筆の流れがわからず、確かに恐怖の雰囲気がある。上田桑鳩の「幽」は、筆墨の情緒は「幽」とは反対で、明らかに潑墨による山水画である。潑墨で画くのであれば、いさぎよく山水画を画けばよいのであって、なぜ文字を媒介させて、それを書法と称する必要があるのであろうか。

中国書法は高度に成熟した芸術であり、一点一画すべて前代の巨匠たちの練磨を経ている。現代の学書者は、手の出しようもなく、またそれほどの努力もせずに、大量の草篆や草隷の作品を出している。日本人にもそうした現象が見られる。青山杉雨の「愛蓮花」は、篆書と銘うちながら、小篆の円潤さ・流動性・堅実な筆致は見られず、破鋒・焦墨・飛白を使い、筆画も連綿して草書のようである。梅舒適の篆書「我忘吾」は、篆書の筆意があるようで、篆書的な字配りはない。これらはすべて「日展」入選作であるから、日本書道において個別の現象ではないし、偶然の作品でもなく、一種の潮流となっていることを表している。

新潮流がふたたび「新」である場合も、必ずや大河に流動する「潮」であって、雨の後の泥水やどぶ川の水ではない。新潮流の書法が再び新しくなったとしても、それはやはり書法であるべきであり、漢字を媒体とし、毛筆による用筆・結構・章法で人の心を書きあらわし、あるイメージを再現前させるものであるはずだ。毛筆によって形象を創造したいのなら、さっさと絵を画けばよろしい。書法にはこの任務は担われていない。

書法にももちろん刷新が必要である。古人の模倣に明け暮れするわけにはいかない。でなければ書法芸術は生命力を失いかねない。しかし、どう刷新するのか。どうすれば刷新といえるか。中国書法発展史はすでにわれわれに啓示している。秦の篆書にくらべれば漢の隷書は刷新であり、唐の楷書は刷新である。王羲之とくらべれば顔真卿は刷新である。唐人にくらべれば、宋代の蘇軾・黄庭堅・米芾・蔡襄は刷新である。日本書道もわれわれに啓示を与えてくれる。「三筆」は漢字書法において日本人独特の性質と美的追求を体現しており、「三跡」は中国の草書からカナ書道を創出した。これこそ刷新ではないか。

唐の漢字書法に源泉を持ち、支流として日本のカナ書道が現れた。新潮流の書家はこの「源」と「流」を捨て去ってはならない。「新」とは、伝統の書体を捨て去ることではありえない。なぜなら、それはもはや書法ではないから。そして伝統的筆と墨の技巧によって、現代人の美的追及を表現し、現代の芸術的風格を創造し、現代人の時代精神を表現しなければならない。現代書法の活路は、この方向から力を注ぐべきだと私は考える。

文学研究資料としての「古筆切」

——日中両文学の交流を踏まえて——

原　豊二

一、はじめに

「古筆切」とは、奈良時代から室町時代、江戸時代初期までに書写された、和歌集、物語、漢詩集、経典、消息などの一部を切り取ったものである。その切断の作業の多くは、江戸時代になってから行われた。古筆切の鑑賞を推進させた茶道の文化が一般に広まり始めたからである。こうして切断された古筆切は、屏風、掛軸、手鑑（折状の冊子）などに貼られ、鑑賞に適すように加工されていった。しかし、一方でこのことは貴重な古写本を分散させてしまうという結果を生んでしまったのである。

本稿では、新たにその存在を確認できた「古筆切」と「手鑑」から、日中の両文学に関わるものを含めて、資料として掲出し、その受容のあり方と復元の可能性を考えてみたい。

二、伝俊寛筆『古今和歌集』切【写真1】

【翻刻】

〈法勝寺俊寛僧都　印〉

1 古今和歌集巻第四
2 　秋哥上
3 　あき立日よめる
4 　　　　　　　　　　藤原敏行朝臣
5 秋きぬとめにはさやかに見えねとも風の音にそおとろかれぬる
6 秋立日うへのをのことも賀茂のかはらに
7 かはせうえうしけるともにまかりて
8 よめる　　　　　　　貫之
9 河風の涼しくも有か打よする浪とゝもにや秋はたつらん
10 題しらす　　　　　　よみひとしらす

「古筆切」のうち、最も多く残されているのは、おそらく日本で初めての勅撰和歌集である『古今和歌集』であろう。架蔵の当該切は、『古今和歌集』巻四の冒頭部分である。俊寛（?～一一八〇頃）筆とされているが、書風等から

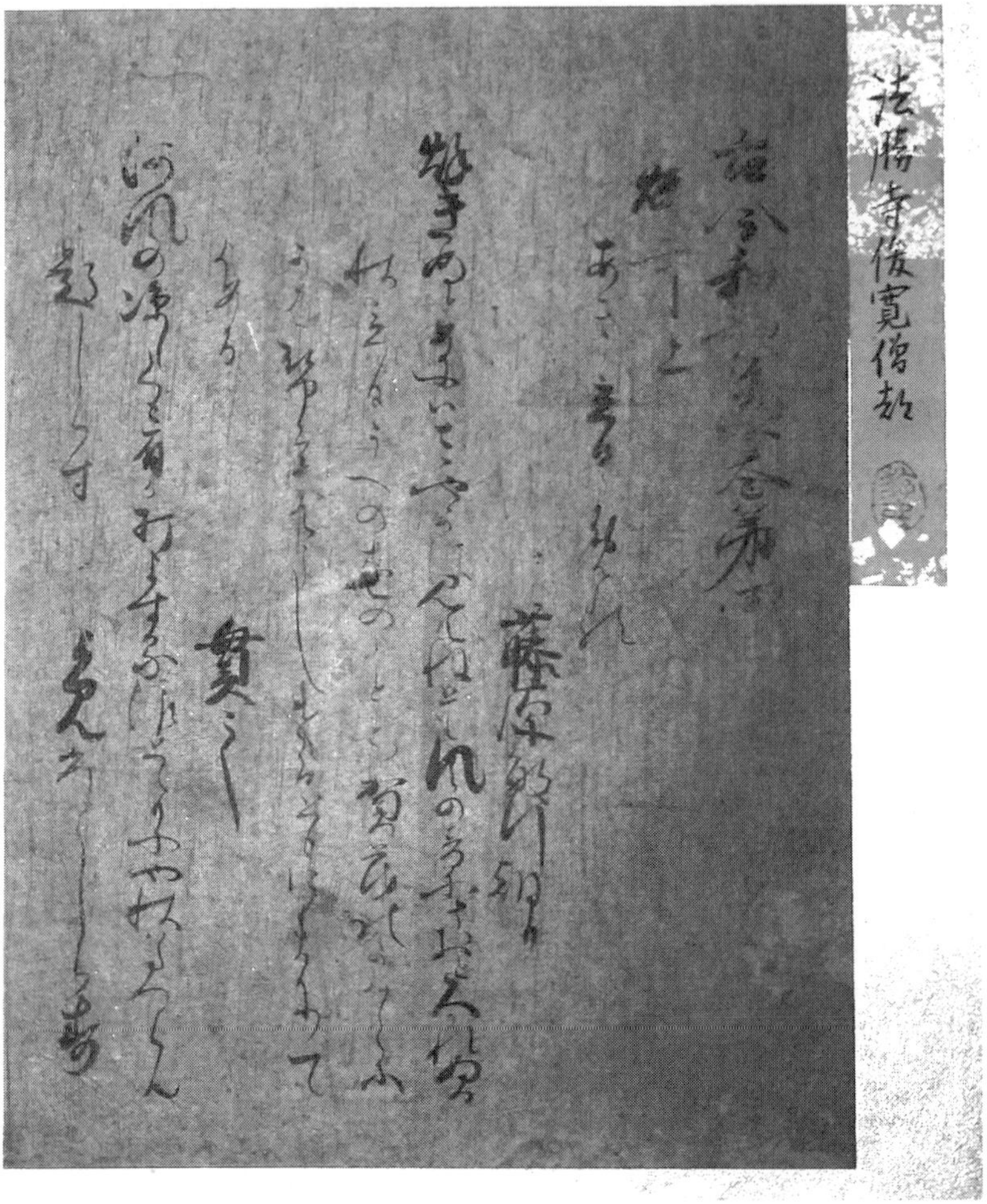

【写真１】

考えると、南北朝時代、十四世紀頃の書写であると思われる。縦二四・〇センチメートル、横一八・〇センチメートルで、元は冊子本であったようだ。極め（鑑定）書きの人物は不詳であるが、比較的時代の下った時期のものと考えられる。

『古筆学大成』第四巻（講談社）には、伝承筆者を俊寛とする『古今和歌集』の切が、三輪切を含め、一五種紹介されている。また、『古筆切研究』第一集（思文閣出版）にも、さらに一種紹介されている。いずれも歌一首一行書きで、鎌倉時代から南北朝時代にかけての書写である。その中に、当該切のつれ（同じ写本から切られた他の断簡）は確認できないが、書写年代、歌一首一行書などの形態的特徴、おおよその書風では合致しており、伝俊寛筆『古今和歌集』切の一群に含められるべきものと判断できる。

伝承筆者の俊寛は、権大僧都寛雅の子であり、法勝寺執行になり、法印、権大僧都になる。後に平氏討伐の謀議を密告され、喜界ヶ島に配流されてしまい、その地で命を絶つ。このことは『平家物語』に印象的に表されている。また、謡曲の「俊寛」はよく知られている。古筆切の伝承筆者には、このような不運な人物や壮絶な最期を遂げた人物を当てることがある。そのことで、その切の文化的、文学的な価値や稀少性は向上した、とも言えるのである。

三、伝承不明・歌枕関連未詳和歌集切【写真2】

【翻刻】

（表）

1 櫻花　　　わか恋にくらふの山の櫻花　　　（是□）

2　まなくちるともかすはまさらし
3ミカノ原　泉川　都いて丶今日みかの原いつみ河　読人（不知）
4衣　古今　川かせさむしころもかせ山
5万　しら鳥の鷺さか山の松かけに
6鷺坂山　やとりてゆかん夜もふけゆく
7但馬国　は丶そ山みねの嵐の風をいたみ　貫之
8杵山　有言　ちることのはをかきそあつむる
9イツミ河　時わかぬなみさへいろにいつみ川　定家
10新古　は丶そのもりに嵐吹なり
11岩田小野　やましろのいはたの小野丶柞原
12柞原　見つ丶や君か山路こゆらん

（裏）
1橋姫　はしひめのかすみの衣ぬきをうすみ　家隆
2　またさむしろの宇治の川風
3朝日山　もみちする山は朝日の色なから　西園寺入（道）
4続古　しくれてくたる宇治の河なみ　太政大（臣）
5槇嶋　宇治川の河瀬も見えぬ夕きりに　藤原光□

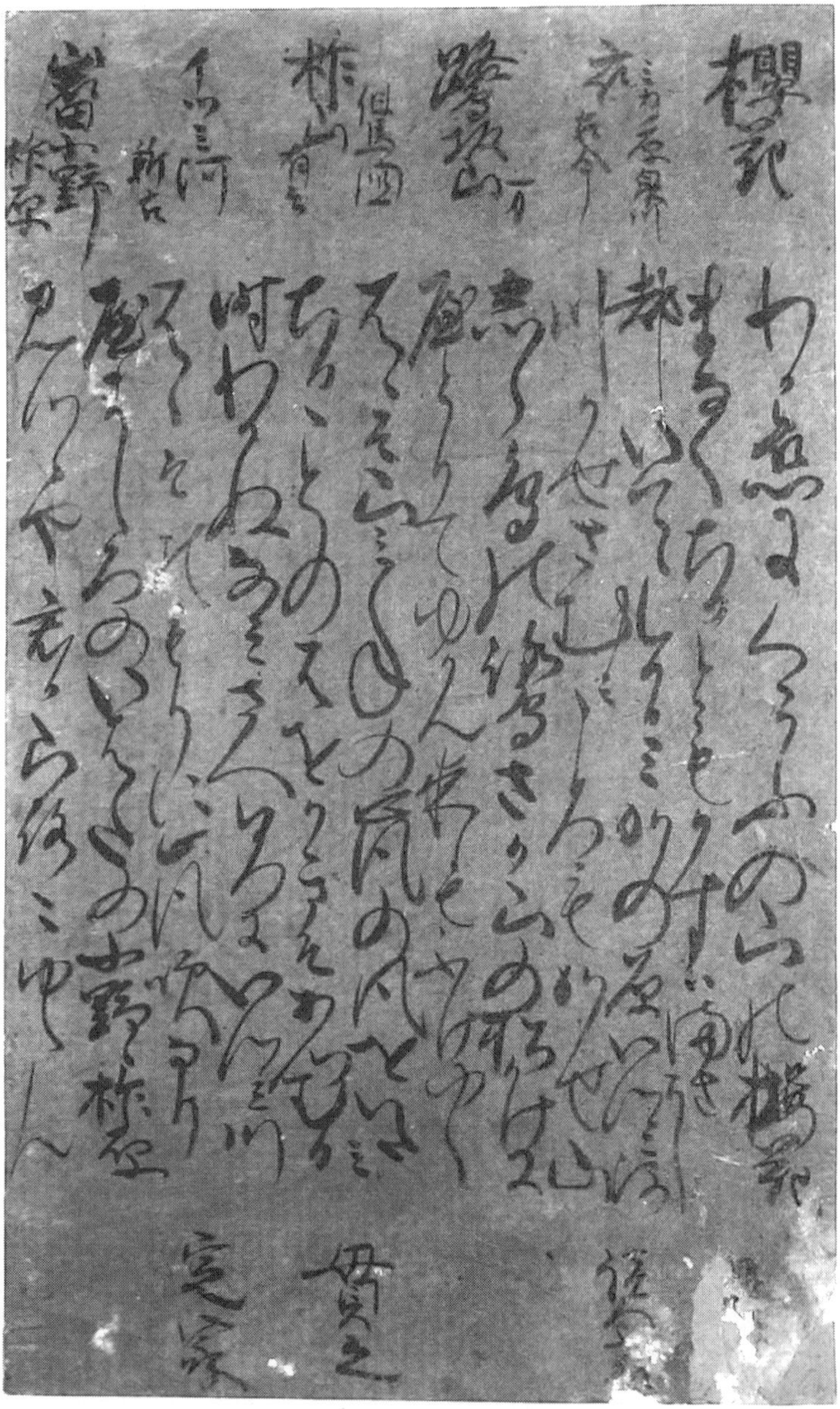

【写真２】（表）

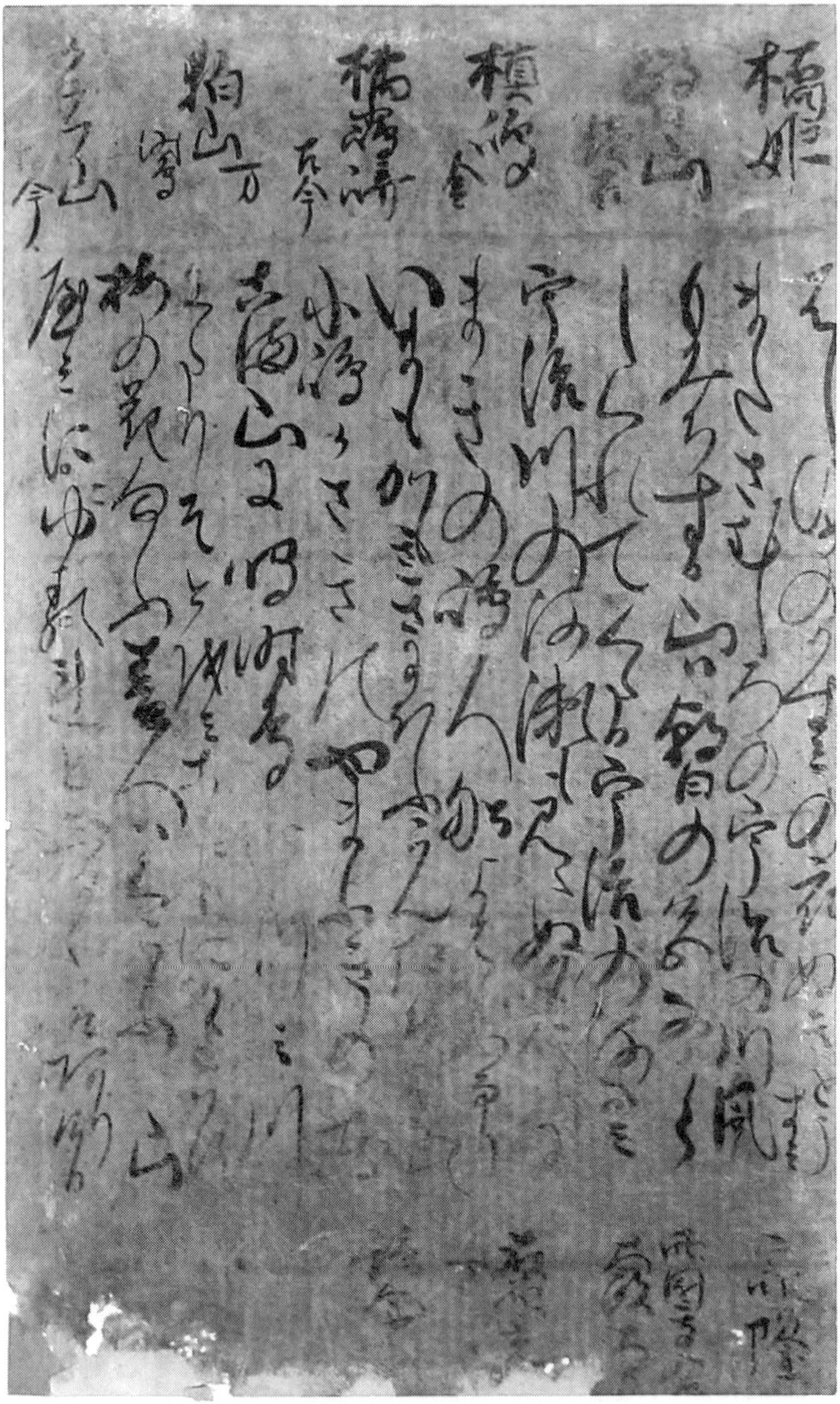

【写真 2】（裏）

6金　　まきの嶋人舩よはふなり
7橘小嶋崎　　いまもかもさきにほふらんたちはなの　読人不□
8古今　　小嶋かさきのやまふきの花
9狛山　万　　こま山に鳴時鳥いつみ川
10時鳥　　わたりそとをみこし《こ》にか（よ）はす
11クラフ山　　梅の花匂ふ春へはくらふ山
12(古)今　　やみにこゆれとしるくそありける

※（　）は文字の部分的に欠落しているもの。□は不明字。○は補入。×は見せ消ち。

架蔵。縦二四・〇センチメートル、横一四・八センチメートル。裏表の両面に書かれている。掲載の歌はすべて『国歌大観』などによって確認できるものであるが、このような配列の和歌集は管見では見当たらない。歌枕に関連する歌集であることは確かであるが、それ以上のことはよくわからない。『歌枕名寄』などの抄出本のようにも思える。

和歌一首を二行書きとし、その上に詞書を、その下に作者名を記す、いわゆる三段形式の本である。似たような形式のものとしては、田中登氏蔵・伝二条持通筆「大四半切（夫木抄）」（『平成新修古筆資料集』第一集・思文閣出版所収）がある。これは『夫木抄』の断簡であり、室町時代中期の書写であるという。同様に、当該切の書写年代も室町時代、十五世紀から十六世紀頃であるように思われる。連歌師風の書風のように見受けられることから、彼らの詠歌の手引書として使われたと推察される。裏表の両面に書かれているので、もとは列帖装であったのだろう。それが屏風に貼られ、裏面は長らく見ることができなかった。これが新出和歌集の断簡だとすれば、大変興味深い資料になる。

四、伝中臣祐茂筆・未詳和歌集切【写真3】

【翻刻】
〈春日社家祐茂　秋はいまはの　印〉
1　　惟宗行冬
2秋はいまはのやまのはに【以下一一音欠】
3のかけもうらめし
4　　藤原宗綱

架蔵。縦一七・五センチメートル、横七・八メートル。手鑑から切り取られている。極札は、朝倉茂入のもので、筆跡からすると二代目の鑑定と思われる。二代朝倉茂入の生没年は不明であるが、古筆了栄（一六〇七〜一六七八）の門人であるので、その活動時期は十七世紀の後半頃と想定される。

当該切は、手鑑の土台になっている紙ごと下半分が失われている。そのため和歌の一一音部分が欠落している。所収の和歌は『国歌大観』等に見受けられないものである。また、惟宗行冬及び藤原宗綱ともに、同名の人物が多く誰なのか判定できない。欠落部分一一音分を考えると、本来、紙の高さは三〇センチ前後であり、巻子状のもの、もしくはかなり大きめの冊子本であったことが推察される。

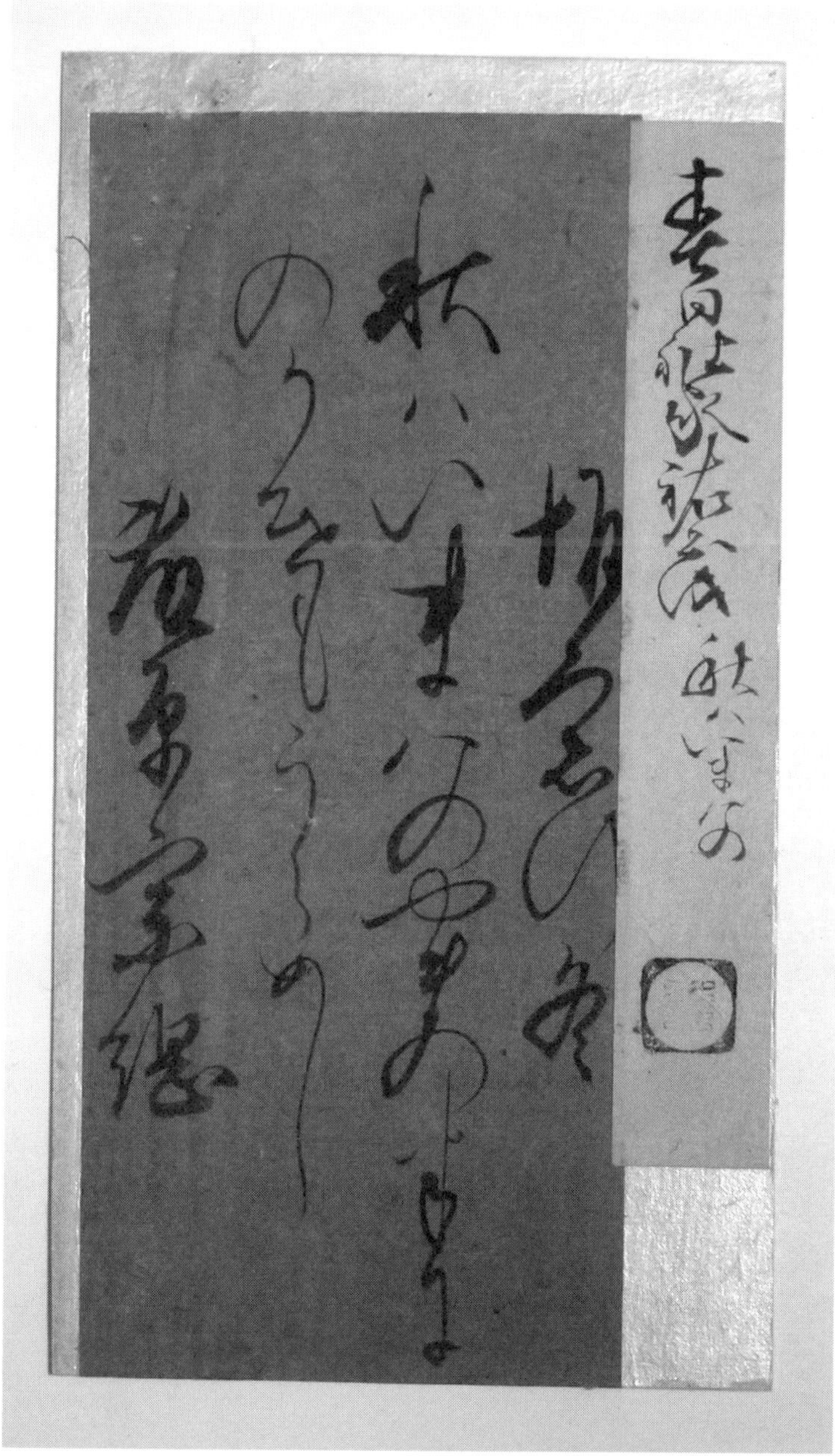

【写真3】

伝承筆者の中臣祐茂は改名後の名であり、もとは中臣祐定（一一九八～一二六九）と言った。春日若宮の神主中臣祐明の子である。二九歳の時、春日若宮の神主になった。祐定の和歌は『続後撰和歌集』以下の勅撰集に五首選ばれている。

祐定の真跡は、『春日懐紙』『春日本万葉集』に残されている。祐定筆の『春日懐紙』と比べてみると、その書風は似ていると言えなくもない。しかしながら、その真筆であると判定することまではできないように思われる。おそらくは鎌倉時代後期以降の書写であって、散逸和歌集か和歌懐紙の一部と思われ、また所収の和歌も新出であるらしく、その意味では大変興味深い切である。

五、伝後鳥羽院筆『和漢朗詠集』切【写真4】

【翻刻】

〈ごとばのゐん〉

1物色自堪傷客意宜将愁字作秋心　野

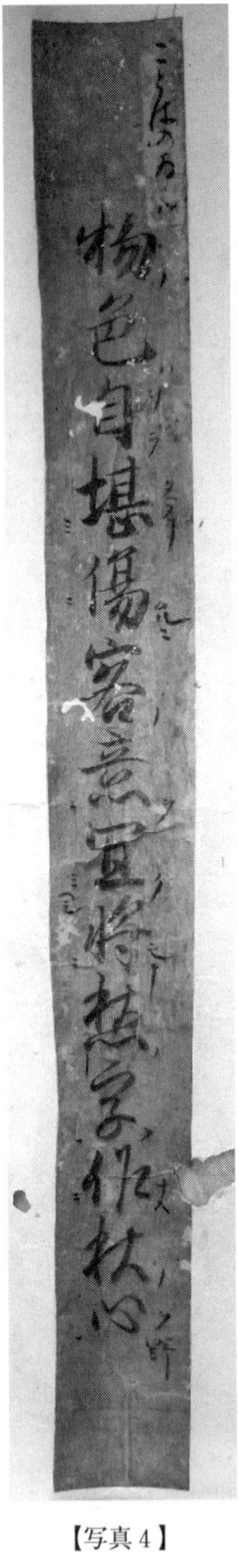

【写真4】

【訓読】

1物の色は自ら客の意を傷ましむるに堪へたり。宜《むべ》なり、愁の字を将《も》つて秋の心を作れること。

架蔵の「巻子本手鑑（一七七七年作成）」所収である。縦三〇・五センチメートル、横三・三センチメートルで、大きさからすると、元は巻子本であったと思われる。後鳥羽院（一一八〇～一二三九）筆とされるが、これは真筆ではなく、あくまで伝承筆者のことである。ただ書写年代は古く、鎌倉時代、十三世紀頃の書写と推定される。藤原公任（九六六～一〇四一）撰『和漢朗詠集』上巻の「秋興」の部で、小野篁（八〇二～八五二）の詩である。訓読のための訓点が施されている。

『和漢朗詠集』の切は、おそらく『古今和歌集』の次に多く残されていると考えられる。それは、中世までに多くの写本が書写されたことを意味している。また、近世における出版の状況を見ても、『和漢朗詠集』がどれだけの人気を博したかは容易に想像ができる。そのことは、前近代において、「和」と「漢」の韻文はともに陳列することが普通のことであったのであり、逆に言えば、現代の漢詩文への興味の衰退は顕著であると言えよう。当該切は、小野篁の詩を後鳥羽院が写したという伝承となっているが、両者ともが、隠岐島に配流された歴史的事実を踏まえてみると、そこには後人による意識的な裁断が含まれていたとも想像できる。

六、伝承不明『和漢朗詠集』切【写真5】

【翻刻】

1　歳暮
2寒流帯月澄如鏡夕吹和霜利似（刀）
3風雲易向人前暮歳月難従老底（還）
4ゆくとしのおしくもあるかなますかゝ（み）
5みるかけさへにくれぬとおもへは
※（　）は文字が部分的に欠落しているもの。

【訓読】
2寒流月を帯びて澄めること鏡のごとし。夕吹《せきすい》に和《か》して利《と》きこと刀に似たり。
3風雲は人の前に暮れ易し。歳月は老の底より還り難し。

架蔵。縦二七・七センチメートル、横一四・〇センチメートルで、大きさから元は巻子本であった可能性もある。室町時代、十五、六世紀頃の書写と思われる。『和漢朗詠集』のうち上巻「冬」の部に当たる。二行目が白居易の詩の一部で『白氏文集』所収。三行目は惟良春道の詩、四行目から五行目が紀貫之の和歌である。唐人の詩、日本人の詩、日本人の和歌の三種の韻文のバランスが、この切の鑑賞的な価値を高めていると言える。その意味においては、切断箇所は妥当であったと考えてよいだろう。なお、根津美術館蔵「戊辰切」もこれと同じ箇所で切断されている。ただ、紙の下部で字を詰めて書かれており、やや稚拙さを感じざるを得ない。この切は屏風から剥がしたもののようである。

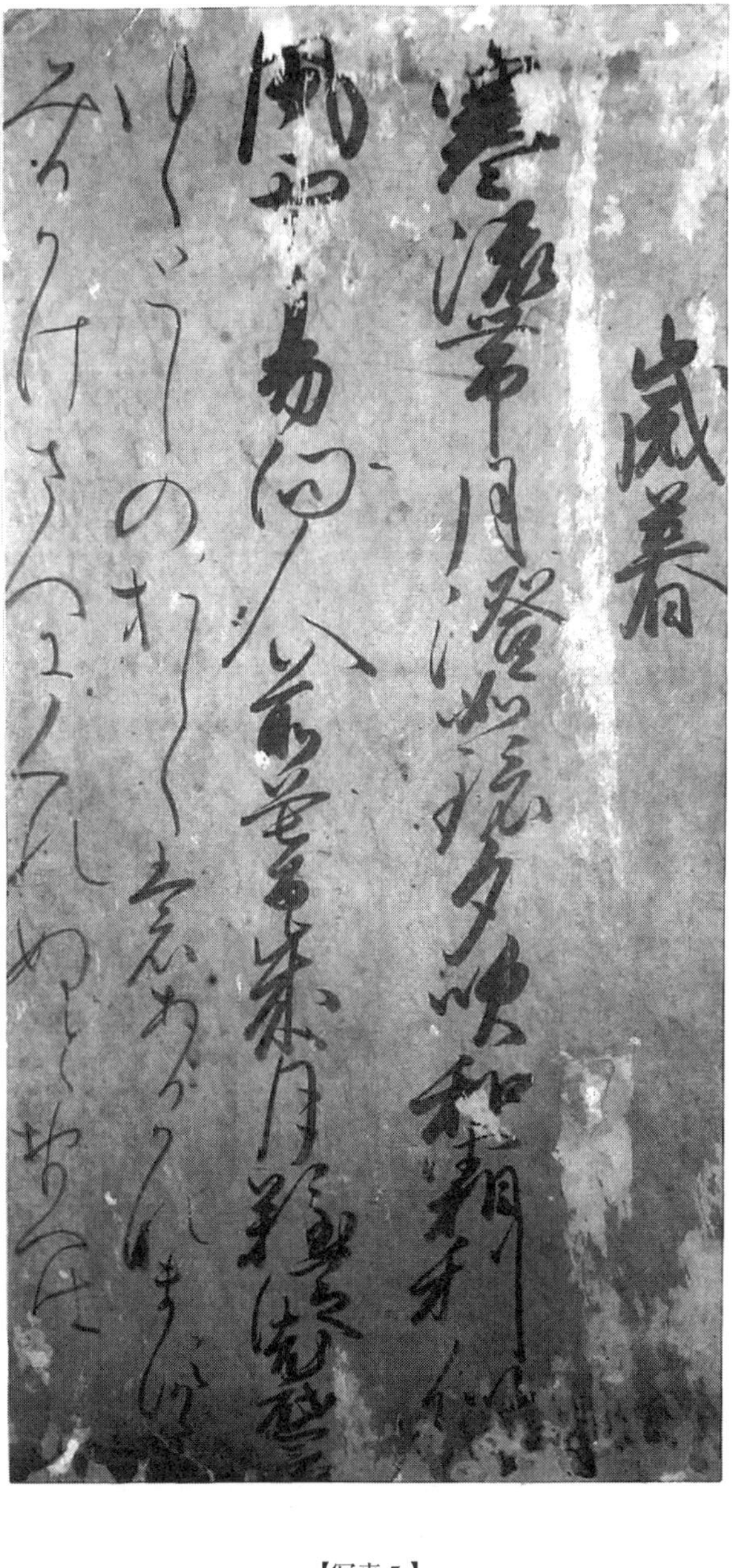

【写真5】

七、伝承不明・杜常唐詩切【写真6】

【翻刻】

1行盡江南数十程
2暁風残月入花清

【写真6】

【訓読】
1行き盡くす　江南数十程
2暁風残月　花清に入る

架蔵。杜常の詩の断簡である。縦二八・〇センチメートル、横一一・六センチメートル。室町時代、十五、六世紀頃以降、あるいは江戸時代前期までの書写であろうか、その年代は不詳である。もちろん日本人による書写である。当該詩は、本来は七言絶句で、ここでは起句と承句が残る。転句は「朝元閣上西風急」、結句は「都入長楊作雨声」である。当該切は『三体詩』の断簡と思われる。『三体詩』は唐代の詩人一六七人の詩を集めたもので、南宋の周弼《しゅうひつ》の編により、淳祐十年（一二五〇）に成立した。日本への伝来は、元弘二年（一三三二）、中巌円月《ちゅうがんえんげつ》の講義の時とされる。中国ではその後読まれることはあまりなかったが、日本では江戸時代中期に『唐詩選』が流行するまで、唐詩の書として広く流布した。後に徂徠派が『唐詩選』を鼓吹して、『三体詩』は排斥されたのであるが、享保九年（一七二四）の服部南郭による『唐詩選』刊行後も、『三体詩』は刊行されており、その人気が衰えることはなかったようだ。

当該切の詩のうち「花清」は、玄宗皇帝と楊貴妃で有名な「華清宮」のことで、唐王朝の時代をよく表わしている。また、これは『三体詩』の冒頭に配置された詩でもある。作者の杜常は北宋時代の人という説もあるが、この詩の鑑賞についてはさほど問題にならないであろう。当該切は、『三体詩』の抜書きを切断したものではないだろうか。それを屏風に貼り、さらに剥がしたようである。

当該詩は『全唐詩』巻七三一に所収されている。承句「風」が、『全唐詩』では「星」になっている。杜常を含めた唐詩の享受のあり方を知る上でも興味深いものである。

八、伝藤原俊成筆・未詳仏書切【写真7】

【翻刻】

〈しゆんせい〉

1府八十種好尊容春花非喩四八端数

【訓読】

1府、八十種好の尊容は春花をもて喩ふるに非ず、四八の端数

架蔵の「巻子本手鑑（一七七七年作成）」所収。縦二五・七センチメートル、横二一・九センチメートル。出典未詳であるが、「八十種好」「四八」と仏教語があるので、仏書などの一節であろうか。六音・四音の構成になっている。日

【写真7】

本人によって作られたものか、中国人によって作られたかも不明。もし中国のものだとすれば、日本に伝わったルートがあるべきである。散逸文献の断簡だとすれば、興味深い。

藤原俊成（一一四一～一二〇四）の筆とされるが、現在に残される俊成の真筆からすると、その書風が違っているため、それらと同様に扱うことはできない。伝承筆者として俊成は多く当てられるので、当該切もそうしたものの一つであると考えられる。おそらくは、鎌倉時代、十三世紀頃の書写であろう。

九、手錢記念館蔵「手鑑」について

「古筆切」の数が増え、その収集が一段落すると、所蔵者は「手鑑」を作成する場合があった。近衛家伝来の『大手鑑』（陽明文庫蔵）、古筆家伝来の『藻塩草』（京都国立博物館蔵）、古筆別家伝来の『翰墨城』（ＭＯＡ美術館蔵）、姫路酒井家旧蔵の『見《み》努《ぬ》世友《よのとも》』（出光美術館蔵）の四大手鑑が特に有名であるが、『古筆手鑑大成』（角川書店）などによって知られるように、他にも多くの手鑑が残されている。

ここで紹介したいのは、島根県出雲市にある手錢記念館に所蔵されている手鑑である。これは既に『山陰中央新報』（二〇〇五年四月六日付）にて、その存在を報告したものであるが、ここではいくらか詳しく記しておきたい。

まず、この手錢記念館蔵「手鑑」に押されている総点数は、一〇七点に及ぶ。非常に多いというわけではないが、少ないわけでもない。一点目から六四点目までが、和歌などの短冊である。とりあえず、六四点目までの筆者（伝承筆者を含む）並べてみたいと思う。なお記述は極札によることとし、点より下は短冊にある署名である。

（一）後柏原院・勝仁（二）後奈良院（三）竹門公（四）陽光院・誠仁（五）後陽成院（六）三条西公条公（七）近衛殿龍山様（八）近衛殿三藐院・信輔（九）徳大寺殿・実淳（一〇）大炊御門殿（一一）山科殿・言国（一二）烏丸殿・光広（一三）柳原殿・資定（一四）日野殿・輝資（一五）中御門殿・宣胤（一六）高倉院・永孝（一七）正親町殿・公叙（一八）滋野井殿・教国（一九）水無瀬宰相・氏成（二〇）水無瀬殿兼成（二一）松木殿・宗綱（二二）持明院殿（二三）上冷泉殿為広卿（二四）飛鳥井殿・重世（二五）飛鳥井殿二楽軒（二六）飛鳥井雅康・雅俊（二七）庭田殿・雅行（二八）庭田殿・重親（二九）高松殿（三〇）竹内殿良恕御筆・正徹（三一）五条殿・為学（三二）東坊城殿・和長（三三）鷲尾殿・隆康（三四）飛鳥井殿・雅教（三五）飛鳥井殿雅庸（三六）仁和寺殿真光院・道永（三七）（筆者未詳）（三八）梶井殿（三九）西室殿公順（四〇）花山院殿右府（四一）烏丸殿・光賢（四二）（筆者未詳）（四三）摺薄屋（四四）曼殊院殿良恕親王（四五）（筆者未詳）（四六）慶福院殿（四七）八幡式部卿（四八）和歌所法印堯孝（四九）徳大寺殿実久公（五〇）青蓮院殿尊鎮（五一）勧修寺殿若年御筆・光豊（五二）備前中納言殿（五三）賀古豊前殿御右筆（五四）（筆者未詳）（五五）連歌師宗長（五六）梶井殿蜻菴様（五七）中川伯耆烏丸殿内蔦木田・経治（五八）堺等恵牡丹花弟子（五九）ナシ・光縁（六〇）（筆者未詳）（六一）（筆者未詳）（六二）（筆者未詳）（六三）おつう（六四）去来

六五点目以降が色紙や詠草、書切、古筆切などとなる。古筆切に関しては、その出典も挙げてみたい。なお、歌番号は通行本による。

（六五）詠草（伝世尊寺経朝筆）【琴山印】

（六六）漢文（伝大徳寺天斎宗眼和尚筆）【琴山印】
（六七）漢文（筆者未詳）
（六八）和歌色紙（伝四辻季継筆）【琴山印】
（六九）和歌色紙（大炊御門筆）【琴山印】
（七〇）和歌色紙（伝飛鳥井殿庶二楽軒筆）【琴山印】
（七一）漢文色紙（伝大徳寺南心渓和尚筆）【琴山印】
（七二）漢文色紙（伝山崎宗鑑筆）【琴山印】
（七三）和歌色紙（伝八幡式部卿筆）【琴山印】
（七四）和歌色紙（伝八幡衆中村久越筆）【琴山印】
（七五）漢文（伝南宗寺一凍和尚筆）【琴山印】
（七六）詠草（伝後花園院筆）【琴山印】
（七七）古今和歌集（伝藤原為氏筆）五四五番〜五四八番【琴山印】
（七八）拾遺和歌集（伝清水谷実秋筆）一四〇番〜一四三番【琴山印】
（七九）経典（伝光明皇后筆）【琴山印】
（八〇）詠草（伝竹内孝治筆）【琴山印】
（八一）消息（伝聖護院道奥筆）【琴山印】
（八二）詠草（伝尊円親王筆）【琴山印】
（八三）詠草（伝六条院有純筆）【琴山印】

（八四）新古今和歌集（伝頓阿筆）一二二一番～一二二三番【琴山印】
（八五）連歌（伝法印行助筆）【琴山印】
（八六）未詳歌集（伝大乗院経覚筆）【琴山印】
（八七）連歌（伝寿慶筆）【琴山印】
（八八）詠草（伝飛鳥井二楽院筆）【琴山印】
（八九）漢文（伝尊円親王筆）【琴山印】
（九〇）古今和歌集（伝慈円筆）九七六番～九七八番【琴山印】
（九一）新古今和歌集（伝定法寺公助）一七三番一七四番【琴山印】
（九二）伊勢物語（伝橋本公夏筆）四五段～四六段【琴山印】
（九三）注釈（伝一条兼良筆）【琴山印】
（九四）万葉集（伝藤原行成筆）三二五四番～三二五五番（『新編国歌大観』番号）
（九五）歌論（伝徳大寺公維筆）【琴山印】
（九六）金葉和歌集・二度本（伝冷泉為相筆）四二七番～四二九番【琴山印】
（九七）漢文色紙（伝舟橋秀賢筆）【琴山印】
（九八）和歌色紙　（九七）と同筆
（九九）拾遺和歌集（伝東常縁筆）八七五番～八七八番【琴山印】
（一〇〇）和歌色紙（伝四辻季継筆）【琴山印】
（一〇一）新後撰和歌集（伝頓阿筆）二九三番～二九六番

（一〇二）漢文（伝妙心寺南化和尚筆）【琴山印】
（一〇三）源氏物語（伝慈円筆）藤袴巻
（一〇四）和歌色紙（筆者未詳）
（一〇五）短冊（筆者未詳）
（一〇六）詠草（筆者未詳）
（一〇七）短冊（筆者未詳）

手錢記念館蔵「手鑑」の特徴の一つとして、短冊の多さが認められる。全体の半数以上が短冊で占められるが、その多くが伝承筆者の真筆である可能性が高く、古典資料として無視はできない。色紙の方も同様である。むろん短冊や色紙は古写本を切った古筆切ではないが、こうしたものの中にも、その内容によっては文学研究の助けとなるものがあるはずである。他には和歌集の古筆切、すなわち『万葉集』、『古今和歌集』、『拾遺和歌集』、『金葉和歌集』、『新古今和歌集』、『新後撰和歌集』と、物語の古筆切『伊勢物語』、『源氏物語』がある。そのうち『源氏物語』の切は、鎌倉時代に書写された写本の断簡であり、『源氏物語』の本文研究に役立つものであるが、これについては別稿にて考察を加えた（拙著『源氏物語と王朝文化誌史』勉誠出版参照）。

極札については、そのほとんどに「琴山」の印が押されている。鑑定書きの書式やその筆跡からすると、古筆家初代了佐（一五七二〜一六六二）のもののように思われる。また、「琴山」の印の欠損箇所がなく、これも了佐の時代の特徴である。仮にこの極札の主が了佐であれば、江戸時代の早い時期に鑑定が終了したことになり、以降、多少の作為が加わったとしても、この手鑑自体は十七世紀の意匠であると推定できることになる。

これが何故に出雲の地に伝えられたかは不明であるが、当初はおそらく京都かその近辺にあったものと推察され、それが出雲の商家であった手銭家に伝来されたのであろう。表紙なども素晴らしい意匠であり、二〇〇五年の春に初公開されたのを拝見することができた。この手鑑に関しては、さらなる調査が必要であろう。

一〇、架蔵「巻子本手鑑」について

架蔵の「巻子本手鑑」は無銘であるが、巻物状であるので、仮にこのように記した。貼付されているのは一八点である。数が少ないので、それを簡単に並べてみる。

（一）短冊（伝徳大寺公維筆）【琴山印】
（二）和漢朗詠集（伝後鳥羽院筆）二一四番
（三）古今和歌集（伝藤原為氏筆）九四八番〜九五〇番
（四）短冊（伝西園寺実晴筆）【琴山印】
（五）仏書（伝藤原俊成筆）
（六）新古今和歌集（筆者未詳）三三〇番〜三三一番
（七）源氏物語梗概本（伝花園院勾当内侍筆）【守村印】橋姫巻
（八）短冊（筆者未詳）
（九）続古今和歌集（筆者未詳）五四一番〜五四三番

（一〇）拾遺和歌集（伝冷泉為相筆）七四〇番
（一一）新古今和歌集（伝鴨長明筆）三二九番
（一二）拾遺愚草（筆者未詳）一五〇四番～一五〇五番
（一三）漢文（筆者未詳）
（一四）古今和歌集（伝三藐院筆）二四三番～二四五番
（一五）千載和歌集（伝蜷川新右衛門筆）一二〇六番～一二〇九番
（一六）短冊（筆者未詳）
（一七）短冊（筆者未詳）
（一八）大般若波羅蜜多経（筆者未詳）第五〇七巻

末尾に「安永六丁酉　吉田守房　主」とあって、この手鑑が安永六年（一七七七年）に作成されたことがわかる。このような小規模の手鑑も多く残されていると思われるが、巻子状のものはあまり多くないようだ。巻物であるため紙が痛みやすい。所収の切のうち、（二）の「和漢朗詠集（伝後鳥羽院筆）」と（五）の「仏書（伝藤原俊成筆）」については本稿で紹介したものである。また、（七）の「源氏物語梗概本（伝花園院勾当内侍筆）」は、新出の『源氏物語』梗概本の断簡であるが、別稿にて詳しく考察した（拙著『源氏物語と王朝文化誌史』勉誠出版社参照）。

一一、文学資料としての「古筆切」

以上、七点の古筆切と二点の手鑑を見てきた。ここでは、文学研究の資料として古筆切がどのような価値を有するかということと、古筆切が持つ文化的な役割を中国の資料研究の状況も踏まえて考察してみたい。

まず古筆切のうち、文学研究において大別しなくてはならないのは、現行の文学テクストに完全に残るものと、現行の文学テクストからは失われたもの、あるいは異質なものの二つである。つまり、前者は、「書」としての価値を考慮に入れないとすれば、文学テクストの作者の真筆を除き、研究の対象には含まれにくい。むろん、享受の問題として考えることはできるが、それは享受の研究であり、テクストの研究ではない。後者は、大変魅力的な古筆切であると考えたい。その後者も何種類かに分けることができる。

まずは、現行のテクストとは違う異文を含むものである。これらはおおよその内容を現行テクストと共有しているが、その一部において相違があるものである。殊に、現行テクストが近い時代の写本を底本にしていたり、誤脱や錯簡の多い写本を底本にしている場合には、その古筆切の書写年代によっては、大変大きな意味が生じてくるに違いない。例えば、伝後光厳院筆『竹取物語』切がそれに当たる。現在、九葉ほどが確認されているが、近世よりも前に書写された古写本がこのテクストにはないので、これらの断簡は『竹取物語』の本文研究の資料として大変意味のあるものになる。しかしながら、『河海抄』の切である「細川切」などのように、最古の書写資料であるにもかかわらず、その本文の状態からそれほど珍重されない場合もあって、状況は複雑である。ともあれ、伝後光厳院筆『竹取物語』切のような古い形態を残した本文を持つ古筆切は、さらに整理され、本文研究に役立たせる必要がある。

次に、現行のテクストと深い関係にあるが、梗概化などの大幅な改変が行われたテクストの古筆切である。一応、改変型古筆切としておくが、それらもやはり重要な位置を占めると言える。逆に、現在残る写本の方が、改変の結果生じたテクストであり、古筆切の方が改変以前の場合もある。改変されたものであったとしても、それらが現在確認できないテクストであれば、それもやはり重要なものである。小林強「源氏物語古筆切資料集成稿」（『本文研究』第六集・和泉書院）によれば、『源氏物語』の梗概本のうち、現在、写本として伝わらず、古筆切にのみ残されるものは、二一種に及ぶ。これらは失われた梗概本の断簡であり、その復元作業が期待される。

最後に、全く失われてしまったテクストを保持する古筆切である。有名な例で言うと、「香紙切」の一群がある。「香紙切」は、平安時代、小大君筆の伝承を持つ、現在は散逸した私撰集『麗花集』の断簡である。伝小野道風筆である「八幡切」とともに、『麗花集』の復元に役立っていることは言うまでもないだろう。しかしながら、散逸したテクストの復元というのはそんなに簡単ではない。この手の古筆切の多くは、その由来がわからず、ほとんど研究が進まないことの方が多いのである。例えば和歌集であるのならば、仮に和歌部分の一首でも残っていれば、それは一応の成果になるのかも知れない。しかし、物語のような散文について言えば、前後の文脈がわからないために、おおよそ未詳としてだけ扱われてしまうのである。物語文学に限って言えば、現在、題名の知れている物語はおおよそ三〇〇編である。そのうち、現存するものは約五〇編であり、圧倒的多数が散逸していると考えてよい。散逸物語二五〇編の中の、写本のたった一葉が出てきたとして、すぐにそれが何であるかわかる方が特別なのである。『古筆学大成』二五巻には、「未詳物語切」として七種が拾遺されている。そのいずれもが、未詳であること以上のことは言えない状況である。それでも、『夜の寝覚』のように、散逸した巻の復元を古筆切で行い、成果をあげているケースもあり、困難さを伴ってはいるけれども、その可能性は開かれていると考えたい。つまりは、こうした散逸テクストの古筆切を、文学研究の資料として扱うに当たっては、単一の断簡だけで考えるのではなく、「つれ」を集積し、一定の数量を保持する「群」として考えるのが有効であるということである。そして、「群」となった散逸テクストの古筆切は、文学史の空白を埋める重要な役割を担うことになるのである。

さて、中国には「古筆切」はないという。つまり、日本のように古写本を切断するようなことはなかったのである。また、日本でいうところの「茶道」は中国では行われていない。つまり、仮に古筆切があったとしても、それを鑑賞すべき時間と空間がなかったとも言える。中国の「文献学」（日本で言うところの「書誌学」）の研究者にとって、日本に残された古筆切は魅力的な資料であると推察される。というのは、中国では散逸してしまった書物が、日本に渡り、古筆切として、そのごく一部ではありながらも残存している可能性があるからだ。今後、そうした資料も発見されるのではないだろうか。

そもそも「古筆切」は文学の研究のために現在ここにあるのではない。基本的には「書」として鑑賞するために存在しているのである。茶道の文化はこれを支える大きな文化的風潮であった。そう考えると、古筆切は本来的な資料ではなく、本来は本一冊で伝存すべきものが、その商品としての流通を促すために切られたのだと言える。権力者によって一部が切断されたという例もあるが、その多くは、商品として販売するに当たって最も効率のよい方法であったからである。写本一本を売るよりも、切断して多くを売った方が、広範な購買層に対処しやすかったのである。加えて、写本一本からどれだけの古筆切が生産できるかを思えば、これにまさる手段はなかったとも言える。江戸時代に入り、少しずつではあるが商業資本の蓄積が行われ、こうした取り引きが盛んに行われるようになった。そして、時代の流行はいくらかあるにせよ、現在においても、この状況と比してさほどの変化はない。つまり、商取り引きの対象として、現在においても古筆切はその資源であり、巷間に出回る古筆切をすべて掌握することは、今の日本の社会システム、経済システムでは不可能なことと言わざるを得ない。研究者は、学術資料として確認されている最低限のものだけをもって、その考察を行っているというのが実情である。最近では、インターネット上においても古筆切は販売されているありさまだから、さらにこうしたものが各地に分散していく可能性もある。どちらにせよ、今後、古筆切のデータベースを作成する機関が必要になるであろう。そうすることによって、日本における文献学や書誌学の発展は見通せるのであり、それは散逸漢籍の問題も絡ませると全東アジア的な課題になるとも言える。各国の国情は様々ではあるが、基本的な資料を共通の財産として活用する方法を、国境を越えた研究者が模索するべき時期に来ているのである。

（付記一）本稿は、第三回専修大学・西北大学国際共同研究会議「文学と宗教から見た長安と朝鮮・日本」（於専修大学生田校舎・二〇〇五年八月二十五日～二十六日）における口頭発表を基にしている。コメンテータを務めていただいた三田村圭子氏、ならびに貴重な御意見をいただいた西北大学の李芳民氏に感謝申し上げたい。

（付記二）ここで、貴重な資料を閲覧させていただいた手錢記念館に、改めて感謝申し上げたい。また、本稿の執筆については、学芸員の佐々木杏里氏作成の資料を参考にしたことを記しておく。

九〇年代中国大陸の唐代文学研究

賈　三　強（土屋昌明訳）

九〇年代における中国大陸の唐代文学研究は異彩を放ち、その収穫も多い。伝統的な方法と新しい学科が並立し、全体として発展傾向にあった。簡単な統計によると、この十年間に出版された唐代文学関連の著作は千種類、論文は一万篇にのぼるという。

一、唐代文学の全体的な研究の成果

1、文献資料の整理・研究

唐代文学の基礎としては、『新編全唐五代詩』と『新編全唐五代文』の編纂が注目に値する。『全唐詩』と『全唐文』は、唐代文学研究の基本ではあるが、遺漏や誤りが多いので、輯逸と校訂において研究者の努力がなされている。『全唐詩』の遺漏問題については、つとに学界で注意されてきた。乾隆年間以来、国内外の学者が補逸をしている。この十年における大陸の研究者の成果はたいへん大きい。陳尚君は十数年をかけて徹底的な調査をし、四部の典籍・仏教道教経典・金石資料・敦煌文書・地方志など五〇〇〇種類以上を閲して『全唐詩補編』（北京中華書局、一九九二）を完成させた。そこでは、一七〇〇人あまりの作者の逸詩六三二七首および一五〇五句を収めている。そのうち九〇〇人あまりは新発見である。また『全唐詩』は誤収と重複もかなりひどい。陶敏・劉再華らは『牟融集』『殷堯藩集』を校訂した（『唐代文学研究』第三輯・第七輯、桂林・広西師範大学出版、一九九二・一九九八）。蔣寅は『戴叔倫集』の誤収あるいは偽作を明らかにしている（『戴叔倫詩集校注』上海古籍出版、一九九三）。佟培基『全唐詩重出誤収考』は六八五八首・句一七八条の重複・誤収を考察し、作家は一〇〇〇人に及ぶ（西安・陝西人民教育出版、一九九六）。陶敏の『全唐詩人名考証』（同前）、呉汝煜・胡可先の『全唐詩人名考』（南京・江蘇教育出版、一九九〇）は『全唐詩』の作者について総括的な著作である。研究者の考察した三四四〇人あまりの唐代詩人を収録し、あらたに三八六〇人あまりの人名を考察、両者をあわせると七三〇〇人あまりとなり、唐代詩人において相当に大きな比重を占めるであろう。楊建国編著の『全唐詩〃一作〃校証集稿』は『全唐詩』中の異文をもっぱら考察している（済南・山東教育出版、一九九七）。目下、『新編全唐五代詩』は杜甫より前の部分の整理がすでに完成し、まもなく上梓される。これは歴史上もっとも完備した唐五代詩の全集だろう。周蒙一・馮宇主編の一〇巻本『全唐詩広選新注集評』（瀋陽・遼寧人民出版、一九九四）、霍松林主編の『万首唐人絶句校注集評』（西安・陝西人民教育出版、一九九二）は洪邁の原著に対して全面的な整理を加えている。二書とも資料が詳細で、注釈も正確、優良な大型唐詩選本といえよう。

『新編全唐五代文』で新たに増えた唐文は一万あまりに達する。すでに編集が終わったものは二千万字、全体の半分ほどである。大部分には作者の紹介と文章の編年が加えられている。天津古籍出版影印の『隋唐五代墓誌彙編』がこの時代の大量の一次資料たる墓誌文を提供してくれている。周紹良主編の『唐代墓誌彙編』（上海古籍出版、一九九二）所載の墓誌は三六〇六篇である。陳尚君『全唐文補編』は各種の文献から一八〇〇人あまり、五八五〇篇あまりの文章を収拾し（残句も含む）、すでに一九九一年に完成し、二〇〇五年に北京中華書局から出版された。呉鋼主編の『全唐文補遺』（西安・三秦出版）は一九九四年以来、すでに八巻出版され、約四五〇〇篇が所載されている。唐文の校訂では、韓理洲の『唐文考辨初編』(陝西人民出版、一九九二)と『新増千家唐文作者考』(三秦出版、一九九五)が重要である。後者は睿宗以前の一二〇〇人あまりの作家と一八〇〇篇あまりの文の編年を考証しようとしている。

唐代小説と唐五代詞の整理は、全体として唐詩唐文より遅れているが、近年になってやっと収穫があがってきた。継厳傑の『唐五代筆記小説選訳』(巴蜀書社、一九九〇)以降、李時人が編集校訂した五巻本『全唐五代小説』(陝西人民出版、一九九八)と上海古籍出版編集の二巻本『唐五代筆記小説大観』(一九九九)が相次いで出て、現存の唐五代小説をまとめている。孔範今主編の『全唐五代詞釈注』は整理本である(陝西人民出版、一九九八)。これらは研究を更に進めるために堅固な基礎を提供してくれる。

唐代の文史資料の収拾と校訂においても大きな成果がおさめられた。『唐才子伝』は元の辛文房が唐代の有名文人の伝記および詩文評論を集めたものであり、史料価値が高い。傅璇琮が主編となり、国内の著名な研究者が多く参加した『唐才子伝校箋』(中華書局、一九九〇・一九九五)は、膨大な引証と正確な考証が行なわれている。周勛初主編の『唐人軼事彙編』(上海古籍出版、一九九五)は、正史に載らない唐人の事跡を収拾しており、唐宋の雑記・小説の類三〇〇種あまりから、隋・唐から五代・宋にかけての二七〇〇人以上を扱い、一七〇万字以上の労作である。郁賢皓・陶敏の『元和姓纂(附四校記)』(中華書局、一九九四)は、岑仲勉先生が一九四八年に出版した『元和姓纂四校記』に大量の補訂をしたもので、当該書の集大成としてたいへん有用である。戴偉華は独力で『唐方鎮文職僚佐考』(天津古籍出版、一九九四)を編纂し、方鎮僚佐二五〇〇人あまりを集録している。陳国燦・劉健明主編の『全唐文職官叢考』(武漢大学出版、一九九七)も別の角度から有用な資料を提供している。傅璇琮の『唐人選唐詩新編』(陝西人民教育出版、一九九六)は唐人が選んだ唐詩の版本一三種類を収めており、唐人が唐詩をみつめる独特なまなざしを見出すことができる。郁賢皓の『唐風館雑稿』(遼寧大学出版、一九九九)と陳尚君の『唐代文学叢考』(北京・中国社会科学出版、一九九七）は読書筆記とも見得るもので、作者は群書を博覧して、待考の問題について詳細な考証を加えている。陳耀東の『唐代文史考辨録』（北京・団結出版）は七〇〇種以上の書籍を閲しており、そのうちの初唐別集要録と全唐詩補遺の部分はきわめて有用な資料である。呉在慶の『唐五代文史叢考』（南昌・江西人民出版、一九九五）は、晩唐から五代の文学における待考の問題を考証している。陳伯海主編の『唐詩論評類編』（済南・山東教育出版、一九九二）と『唐詩彙評』（杭州・浙江教育、一九九五）は、唐詩に対する先人の評論を集めたもの。前者は一〇〇〇種にのぼる典籍から資料をもとめ、「総論」「外部関係論」「流変論」など八編に分類する。後者は、唐から清代にいたる約六〇〇種の総集・合集・別集および詩話の類から五〇〇人あまりの詩人の五〇〇〇首あまりの詩に対する評論を集めている。金啓華の『唐五代詞集序跋彙編』（南京・江蘇教育出版、一九九〇）の資料価値も重要である。

2、工具書の成果

一九九〇年には、周勛初主編『唐詩大辞典』（江蘇教育出版、一九九〇）、王洪・田軍主編『唐詩百科大辞典』（北京・光明日報出版、一九九〇）が出版されている。前者は、大陸で最も優秀な研究者たちを集め、当時の研究の最新成果を吸収しており、一種の百科事典的な工具書である。周祖譔主編『中国文学家大辞典・唐五代巻』（中華書局、一九九二）は、約四〇〇〇人の作家を収めて、その出身や著作などの状況を詳説している。

ほかに、語彙や典故を解釈した辞典もある。張滌華主編『全唐詩大辞典』第一巻（太原・山西人民出版、一九九二）、顧国瑞・陸尊梧『唐代詩詞典故詞典』（北京・社会科学文献出版、一九九二）、葛成民ら主編『唐宋詞典故大詞典』（南寧・広西人民出版、一九九四）、孫寿瑋『唐詩字詞大辞典』（北京・華齢出版、一九九三）など、その成就は一概には言えないが、検索の便宜を提供してくれる。王洪主編の『唐宋詞百科大辞典』（北京・学苑出版、一九九七）は、現有の研究成果について整理と総括をおこなっている。

書目と索引についても少なくない。まず挙げるべきは、目下陸続と出版されている欒貴明ら編『全唐詩索引』（北京・中華書局）である。これは、中華書局一九七九年版の『全唐詩』と一九八二年版『全唐詩外編』をもとに、作者ごとに、あるいは作品数が少ない場合は合冊にして出版している。それぞれ一冊ごとに索引の正文・基本数量・使用頻度・異体字表・画数検索などがあり、すでに三〇数冊が出ている。呉汝煜・胡可先ら編の『唐五代人交往詩索引』（上海古籍出版、一九九三）は独特の角度により価値がある。胡昭『唐五代詞索引』（北京・当代中国出版、一九九六）と方積六・呉冬秀『唐五代五十二種筆記小説人名索引』（北京・中華書局、一九九三）も重要な工具書である。

3、全体的研究

当該時期の唐代文学研究で最も特色を示すのは、全体的な研究である。これはおおよそ三種類に分けられる。第一は、唐代の文学現象のある点について深く研究したもの。第二は、唐代文学と当時の社会・政治・経済・文化の関係について検討したもの。第三は、唐代文学を中国文学史の流れの上で、縦横の軸を決めて位置づけ、その特色を把握するもの。もちろん、多くの著作はこれらを兼ね備えている。

当該時期の研究者には、個別の問題から切り込みつつ広い視野が求められた。まずは傅璇琮『唐詩論学叢稿』（ハルピン・黒龍江出版、一九九二）である。本書は二部から成り、一部は唐詩と詩人の考証であり、二部は序文と書評の文章である。個別研究から文学現象の歴史的連関を明らかにし、さらに社会と歴史の全体的な研究をするという基本姿勢である。これは、文学史を書くにあたり広く意味を持つものと思われる。文学史を書くことは、従来、中国古代文学研究の重要課題であり、唐代文学に対する全体研究の重要な側面でもある。陳玉堂『中国文学史旧版書目提要』

（上海社会科学院文学研究所内部発行、一九八五）の統計によるだけでも、二〇〇種類以上が数えられる。建国後、五〇年代から六〇年代初にかけて、まとめて文学史が書かれた。中でも、游国恩らと中国社会科学院文学研究所編の二つの文学史が優れており、現在でも大学の教科書として使用されている。しかし、左派思想の影響により、階級闘争を歴史叙述の起点としているため、客観性と科学性に若干の影響がある。新時期以後に著された文学史は、おおかた教科書用であったため、大きな突破はなかった。八〇年代末以後、文学史を再構築する動きが絶えず、この十年間にようやく重要な成果が得られた。傅璇琮主編で陶敏・李一飛・呉在慶が執筆にかかわる『唐五代文学編年史』（瀋陽・遼海出版、一九九八）は、考証学者の謹厳さにより唐代文学発展の過程を徹底的に整理している。唐代文学史の研究に一筋の大道を作ったもの。章培恒主編『中国文学史』（上海・復旦大学出版、一九九六）・袁行霈主編『中国文学史』（北京・高等教育出版、一九九九）・郭預衡主編『中国古代文学史長編』（北京師範学院出版、一九九二）の隋唐五代部分、中国社会科学院文学研究所『中国文学史』の喬象鐘・陳鉄民『唐代文学史』上冊（北京・人民文学出版、一九九五）と陳庚舜・董乃斌『唐代文学』下冊（同上）、羅宗強・郝世鋒主編『隋唐五代文学史』（北京・高等教育出版、一九九五）などは、文学史研究として重要な収穫である。これらには、価値観の発見を視点として文学の変遷を再解釈するもの、史料のとりこみを重視するもの、作家作品研究および作家間の相互影響を重視するもの、芸術性の発掘に優れているもの、文学思潮の変遷を重視するものなどがある。この編者たちは、マクロ的な対象として唐代文学の発展をとらえつつ、ミクロ的な点でも客観的な記述を忘れない。「文学のまなざしで文学を研究する」ことを重視するのがこれら文学史の共通の特徴である。李従軍『唐代文学演変史』（北京・人民文学出版、一九九三）は、作家作品の紹介を研究の重心とせず、文学の諸現象の変化発展に注意する。王運熙・楊明『隋唐五代文学批評史』（上海古籍出版、一九九四）は文学思想の変遷に目をむけており、八〇年代の文学批評史研究を継承した重要成果である。資料の校訂および分析とも新たな観点が提示されている。王士菁『唐代文学史略』（長沙・湖南師範大学出版、一九九二）は唐代文学の流れをうまく把握している。鄧小軍『唐代文学的文化精神』（台北・文津出版、一九九三）は学会の高い評価を受けた（郁賢皓・査屏球「在微視考証基礎上建立宏観理論体系的佳作」『杜甫研究学刊』一九九五年三月）。霍然『唐代美学思潮』（長春出版、一九九七）は唐代文学をさらに広い思潮のなかに置きながら唐代各時期の美学と社会歴史の関連を探索している。

文体別の研究も進展を見せた。余恕誠『唐詩風貌』（合肥・安徽大学出版、一九九七）・許総『唐詩史』（南京・江蘇教育出版、一九九四）・張歩雲『唐代詩歌』（合肥・安徽教育出版、一九九〇）は、観点の違いこそあれ、唐代詩歌の全体的方向性と個性の傾向を探ろうという点では共通している。周勛初『唐人筆記小説考索』（南京・江蘇古籍出版、一九九六）二巻は、唐代小説の内的特質・伝播・版本・校訂方法および四作家・七作品に対する考証であり、小説史研究者にとって価値が高い。程毅中『唐代小説史話』（北京・文化芸術出版、一九九〇）は唐代小説史の基本的輪郭を示すとともに、基礎史料を並べている。程国賦『唐代小説嬗変研究』（広州・広東人民出版、一九九七）は作品を孤立的に検討する従来の研究に満足せず、唐代小説を不断に変遷する対象としてみている。また、従来研究されてこなかった駢儷文についても李景祥『唐宋駢文史』（瀋陽・遼寧人民出版、一九九一）といった専著が登場した。

八〇年代以来の西側学術の到来により、研究者の視野は大きく開拓された。九〇年代は、それが消化吸収される時代であった。それは主に美学と芸術の研究にあらわれた。八〇年代の鑑賞ブームは唐詩の普及に役立ったが、そこでは感受性に訴える議論が多く、理論的概括は弱い傾向があった。九〇年代以降、鑑賞にもその根拠を重視するようになった。葛暁音『古詩芸術探微』（石家荘・河北教育出版、一九九二）はそのような深い思索の結果である。宋緒連・趙乃増・董維康『唐詩技巧分類詞典』（北京・中国人民大学出版、一九九六）は鑑賞を科学化しようとする企てである。房日晰は風格の似通った詩人同士を比較研究し、『唐詩比較論』（三秦出版、一九九八）を著しており、近年流行している比較文学研究を積極的に取り入れている。銭志煕は魏晋文学と唐代文学の比較研究を深め、『唐前生命観和文学生命主題』（北京、東方出版、一九九七）を著し、学界に新たな認識をもたらした。李浩『唐詩美学』（西安・陝西人民教育出版、一九九二）は、唐詩の意境・時空観・曖昧性・虚実芸術・心理描写・自然表現・言語技術などという側面から唐詩の美学的特徴を分析し、若手研究者から高く評価されている。傅道彬『晩唐鐘声——中国文化的精神原型』（東方出版、一九九六）はユングの「集合的無意識」を運用して、晩唐文学によく見られるイメージと中華民族の普遍的な精神との関連を探索している。張明非『唐音論藪』（桂林・広西師範大学出版、一九九三）も理論的な深度を持っている。趙昌平の長篇論文『意興・意象・意脈』（『唐代文学研究』第三輯、桂林・広西師範大学出版、一九九二）は、欧米言語学批評と中国伝統詩論を結合させ、唐詩の伝承と特殊状況を探索している。

作詩法あるいは言語学的な視点からの研究にも見るべきものがある。詩格は古代特有の作詩法の著作であるが、張伯偉『全唐五代詩格校考』（陝西人民教育出版、一九九六）は、現存の二八種の詩格文献を校訂し、「解題」を付して、その文献の逸存状況・歴代の著録・作者・版本などを説明している。本作は国内外の成果を吸収し、各種の版本によって校訂、詩格どうしの関係および源流を検討している。さらに四種類の関係文献および引用書目を付録する。伝統的な言語学を運用した研究には、蔣紹愚『唐詩語言研究』（鄭州・中州古籍出版、一九九〇）が言語学と文学の交差点から唐詩を研究し、鮑明偉『唐代詩文韻部研究』（江蘇古籍出版、一九九〇）は古体・近体詩および駢儷文の用韻法を総括している。

唐代の文学現象をさらに長いスパンで考察し、中国文学発展史の座標上に位置づけようとする研究もある。冷成金『中国文学的歴史与審美』（中国人民大学出版、一九九九）は唐代文学を中国文学史の流れに置きつつ、その美学的な達成の高さを論じている。葛暁音『漢唐文学的嬗変』（北京大学出版、一九九〇）は唐代文学を研究対象としながら、上は漢魏、下は北宋におよび、当該時期の詩文発展における諸問題を系統的に論述している。しかも葛氏は散文に対しても目を向けることを忘れず、『唐宋散文』（上海古籍出版、一九九〇）において、唐宋の散文の特質を比較研究している。阮忠『唐宋詩風流別史』（武漢出版、一九九七）は唐宋の詩風の相違を合理的に解釈しようとしている。劉維治の『唐宋詞研究』（瀋陽・遼寧大学出版、一九九六）と鄭福田の同じく『唐宋詞研究』（フフホト・内蒙古大学出版、一九九七）、鄧喬斌『唐宋詞美学』（済南・斉魯書社、一九九三）、呉恵娟『唐宋詞審美観照』（上海・学林出版、一九九九）、楊海明『唐宋詞史』（天津古籍出版、一九九八）、苗菁『唐宋詞体通論』、劉揚忠『唐宋詞流派史』（福州・福建人民出版、一九九九）は唐五代詞の発生・発展・美感・形式と格律・作家構成・風格流派とその宋詞への影響などについて精しく論述する。程毅中『神怪情侠的芸術世界——中国古代小説流派漫話』（北京・中共中央党校出版、一九九四）は、唐代小説を重心の一つとする。董乃斌『中国古典小説的文体独立』（中国社会科学出版、一九九四）は唐代小説を中心とし、唐代以前の小説の文体変遷史を研究して、小説の発展は唐代にいたって独立した文体意識を持つようになったと述べる。

流派の研究としては、楊炳校・胡続偉編著『中国古代文学流派述論』（武漢出版、一九九一）と朱培高編著『中国古代文学流派詞典』（長沙・湖南出版、一九九一）いずれも唐代詩文の流派に力点を置いている。ほかに、遼寧大学出版の『中国古代文学流派』叢書と吉林人民出版の『歴代名家流派詩伝』叢書がある。それら叢書では、唐代の文学流派が半分以上を占めている。唐代を通してみられる二大流派は辺塞詩派と山水田園詩派である。一九八七年の漆緒邦『盛唐辺塞詩評』ののち、李炳海は唐代全体の辺塞詩人に目を向けて『唐代辺塞詩伝』（長春・吉林人民出版、二〇〇〇）で辺塞詩の変遷を描き出した。葛暁音は『山水田園詩派研究』（遼寧大学出版、一九九三）で唐代山水田園詩を古代詩歌の変遷過程に置いて観察し、この流派の発展と特徴を概括している。

文学と外部要素の関係は、戦後以来、研究の重点であった。今でも、大多数の研究者は文学と社会生活は不可分の関係だと考えている。しかし、文学が即ち社会生活の反映であるとか、階級闘争を反映しているといった狭隘な考えを脱して、より広い視野から文学と社会の関係を考えるようになった。かくして文化的な環境が文学に与えた影響について研究者は注目するようになり、傅璇琮主編『大文学史観叢書』（北京・現代出版、一九九〇）が登場した。謝思煒『盛唐気象』（北京師範大学出版、一九九三）は隋唐文学を広い美学的背景から観察し、当時の人々の美的心理との関連に注意している。葛暁音『詩国高潮与盛唐文化』（北京大学出版、一九九八）は盛唐時期の文化的高潮と詩歌の黄金時代の関連を詳細に述べている。尚定『走向盛唐』（中国社会科学出版、一九九四）は南北文化の合流が唐代文学の高潮に作用を及ぼしていると見ている。対して杜暁勤『初盛唐詩歌的文化闡釈』（北京・東方出版、一九九七）は分裂から統一への時代の「歴史—文化」の大きな流れにおいて、作家群の形成と詩歌形式・風格の伝承および変遷を考察している。文学に対する儒学の影響は深刻であり、梁超然『唐詩与儒家文化』（南寧・漓江出版、一九九八）は有名な諸作家の詩歌に現れた儒学思想に注視している。

唐代の政治制度は唐詩の隆盛に対して重要な作用を及ぼした。程千帆『唐代進士行巻与文学』と傅璇琮『唐代科挙与文学』をうけて、陳飛『唐詩与科挙』（漓江出版、一九九六）といった総括的な論著があらわれた。この問題は今もって深まりつつあり、戴偉華の『唐代幕府与文学』（現代出版、一九九〇）と『唐代使府与文学研究』（桂林・広西師範大学出版、一九九八）は中晩唐時の藩鎮幕府制度と文学の関係を研究している。

宗教と文学の関係は研究者が注意するもう一つの焦点である。この研究は以前より相当良好な成就を修めている。陳允吉『唐音仏教辨思録』と孫昌武『唐代文学与仏教』『仏教与中国文学』がそれまで重要な著作であった。九〇年代の研究はさらに進んで、禅宗と道教の唐代文学に与えた影響に注目した。少なからぬ研究者が、禅趣は唐代以降の文人芸術の最高境地だと考えている。張伯偉『禅与詩学』（杭州・浙江人民出版、一九九二）、謝思煒『禅宗与中国文学』

（中国社会科学出版、一九九三）、孫昌武『禅思与詩情』（北京・中華書局、一九九七）、張錫坤ら『禅与中国文学』（長春・林文史出版、一九九二）などは、禅宗の唐代における流布と文学との関係を考察している。八〇年代に注目を浴びた『禅宗与中国文化』のあと、葛兆光はさらに目を道教と文学の関係に向けた。『想像力的世界――道教与唐代文学』（現代出版、一九九〇）では、道教の幻想にみちた神仙世界と快楽的理想が唐代文学において大きく反映していると見ている。黄世中『唐詩与道教』（漓江出版、一九九六）もこの問題に注意している。李白・王維・韓愈・柳宗元・白居易らと宗教の関係も興味深い課題である。

民俗と文学の関係にも注意がむけられるようになった。何立智らは文献の集録整理を行ない、『唐代民俗和民俗詩』（北京・語文出版、一九九三）を著した。程薔・董乃斌夫妻の『唐帝国的精神文明――民俗与文学』（中国社会科学出版、一九九六）は唐代の民俗の状況を全面的に記述し、雅と俗の両面における文人心理に及ぼした作用に注意しており、民俗学と文学史の交差した、開拓的な研究を行なっている。

文学とその他の芸術、例えば音楽・舞踊・絵画・書法などは相通じる。中国舞踏芸術研究会舞踏史研究組編の『全唐詩中的楽舞資料』（北京・人民音楽出版、一九九六）は、唐代楽舞研究に一級資料を大量に提供している。先学である楊蔭瀏・任半塘らの音楽と唐代文学の関係の研究はよく知られている。任半塘氏の高弟である王昆吾が任氏の『隋唐五代燕楽雑言歌辞集』（巴蜀書社、一九九〇）を編集した後、みずから『隋唐五代雑言歌辞研究』（中華書局、一九九六）を完成させ、隋唐五代の長短句の歌詞の特徴と国内外の楽曲との関係に深い洞察を加え、初期の詞の各種疑問点を解決した。また同じく『唐代酒令芸術――関于敦煌舞譜・早期文人詞及其文化背景的研究』（東方出版中心、一九九五）は唐代の酒令から入り、歌伎の演技・文人の唱和・改令博劇・燕楽胡楽などの文化芸術現象を考察、詞の起源・敦煌舞譜と歌伎の地位などの問題をあらたに認識させた。李剣亮『唐宋詞与唐宋歌妓制度』（杭州大学出版、一九九九）は独特の視点から歌妓と詞の関係を探求している。朱易安『唐詩与音楽』(漓江出版、一九九六)、張明非『唐詩与舞踏』(同上)は音楽・舞踏と詩歌の関係について精緻な論述をしている。伝統的な文論には「詩中に画有り、画中に詩有り」というが、研究者はドイツのレッシングのような啓蒙主義以来のこの分野の理論的成果を吸収し、文学と造形芸術との関係をかなり深く研究している。陳華昌『唐代詩与画的相関性的研究』(西安・陝西人民美術出版、一九九三)は唐代の詩論・画論について、形神・色彩・意境・山水花鳥の描写および題画詩の美学的意義などの面について研究している。陶文鵬『唐詩与絵画』(漓江出版、一九九六)は論述の角度こそ違え、詩と画の芸術が相互に特長を持ちつつ通じ合っていると考える点は、陳氏と共通している。

作者の生活の地理的環境が文学の風格の違いを形成するという現象は、『詩経』の時代からして存在しており、歴代の学者も注意してきた。宋の郭茂倩が「艶曲は南朝に興り、胡音は北俗に生ず」と言っているのなどはそれである。李浩『唐代荘園別業考論』(西安・西北大学出版、一九九六)と林継中『唐詩与荘園文化』(漓江出版、一九九六)はいずれも唐代の荘園の史的発展・特徴・文人や隠逸らの嗜好・文学創作との関係などの問題を論じている。李浩『唐代関中士族与文学』(台北・文津出版、一九九九)は地域文化と文学の気風の関係を重視する。賈晋華の論文『蜀文化与陳子昂・李白』(『唐代文学研究』第三輯、広西師範大学出版、一九九二)は、陳子昂と李白の道家を主とする思想や、自由気ままで遊侠を好む行為、漢魏を重んじて斉梁を軽んじる芸術的追求と高らかな詩風を回復しようとする態度は、蜀地の宗教学術の伝統や張儀・司馬相如以来の士風、揚雄ら漢賦の文風と必然的な関連があると見ている。地域文学史が作られるにつれ、こうした研究は次々と世に問われると思われる。

唐代文学研究史の問題についても関心が持たれた。八〇年代末に陳伯海と郭楊の二つの『唐詩学引論』が出版されたが、周裕鍇・黄炳輝らがこの問題を継承し、それぞれ『唐代詩学通論』(巴蜀書社、一九九七)『唐詩学史述論』(アモイ・鷺江出版、一九九六）を出版した。袁行霈『中国詩学通論』（合肥・安徽教育出版、一九九四）は八〇年代の『中国詩歌芸術研究』をうけた力作。さらに理論的な色彩を加えて詩歌学術研究の史的変化を分析しているが、唐代詩学は本書の重点である。董乃斌・薛天緯・石昌渝『中国古代文学学術史』（ウルムチ・新疆人民出版、一九九七）は古代文学学術の流れ全体から唐代文学研究を考えている。目下、こうした研究はいまだ初期的段階にとどまっている。

二、学会活動

大陸の古代文学研究において、研究者とその成果からみて唐代文学は他の時代に比べて最も優れていると言われている。これにはいろいろな原因がある。例えば、唐詩が古代詩歌の頂点であり、古文もやはり極めて高度な出来となっており、宋代以降、古代文学研究の重心だったことが挙げられる。ほかに、唐代以前は資料が限られているのに対し、宋代以降は資料が多すぎる嫌いがあり、個人の研究能力には限界が生じる点もある。こうした点は、董乃斌・趙昌平・陳尚君「史料・視角・方法——関于二十世紀唐代文学研究的対話」（『文学遺産』一九九八年第四期）を参照のこと。しかし、九〇年代の大発展は、唐代文学の諸学会活動と切り離せない。

まず挙げるべきは唐代文学学会である。これは大陸の唐代文学研究における最高の学術組織である。一九八二年から全国二四の大学・研究機関および出版社が連合して発足した。西安で第一回大会を開催、隔年で大会を開催し続け、研究成果を交流させている。これほど組織的継続的な活動は、大陸の諸学術団体でも多くない。これは、外側から研究者の研究を促進するものである。大会を開催するたびに、高いレベルの諸成果が「しぼり」出される、とは唐代文学研究会秘書長・西北大学唐代文学研究室主任の閻琦教授の言葉。学会会長を務めた研究者は、程千帆氏から現任の傅璇琮氏にいたるまで、著作は身の丈に至り、学識人品とも申し分ない一代の大家である。いま唐代文学研究において活躍している若手研究者は、おおかた彼らの導きを受けている。例えば、傅璇琮氏が主編で『唐才子伝校箋』を出版後、陳尚君と陶敏が補正を加えたとき、傅璇琮氏はそれを集成して一冊とし、『唐才子伝校箋』の第五冊として出した。学会の事務局は西北大学と広西師範大学が分担し、大会の準備と『唐代文学研究』『唐代文学研究年鑑』の編集を受け持っている。この年鑑の資料性の高さは学会の称賛するところである。

また著名な詩人の個別の学会も存在し、李白学会・杜甫学会・王維学会・韓愈学会・柳宗元学会・李商隠学会・四川杜甫学会など、諸学術活動を展開し、『中国李白研究』『王維研究』『杜甫研究学刊』『韓愈研究』などの学術雑誌も出版されている。

新世紀の唐代文学研究への展望は、傅璇琮氏が常々言う如く、足元の基礎をつき固めると同時に、上の建物を多様にすること、つまり、原始資料の整理考証と諸方法論によって多元的多視角の研究をすすめることである。その成果は必ずやこれまで以上に豊富で多彩なものとなるであろう。

【訳者付記】原著論文には、第二章として「分期研究と作家作品研究の深まり」と題する部分があり、作家作品の個別研究の紹介であるが、紙幅の関係で割愛した。

韓国における東アジア史研究——唐と朝鮮半島との関係を中心として——

拝 根 興(三浦理一郎訳)

前 言

具体的な叙述に入る前に、幾つかお断りしておきたい。第一に、筆者は二〇〇二年の八月に韓国での留学を終えて中国へ戻って来たため、ごく最近における韓国の東アジア史研究の詳しい情報に疎い、ということである。このためこの数年間の情報については、韓国のインターネットのサイトや、個人的に韓国の学者たちと交流することによってのみ承知しているに過ぎない。先ずこの点をお許しいただきたい。第二に、韓国のいわゆる「東アジア史研究」は、私たち中国の学者が考える概念とは異なっている。具体的に言えば、韓国の学界は、通常「東アジア史研究」を「東洋史研究」と呼んでいるが、その内実は「中国史研究」である。例えば、『東洋史学研究』という有名な雑誌に発表される論文は、何篇かの日本史関係のものを除けば、そのほとんどが中国史研究である。これに対して「韓国史」、特に「中韓交渉史」は、韓国においては「国史」の範疇に含まれる。韓国の幾つかの研究機関には、「国史学科」と呼ばれる学科があるが、この学科は「東洋史学科」、あるいは「史学科」とは区別されている。この点は、ソウル大学校や延世大学校などでも同様である。こうした状況を踏まえ、筆者は本稿において「韓国史」、特に「中韓交渉史」

についても紹介を試みることとした。これは上記の二分野が、中国の学者たちの考える「東アジア史研究」の内容だからでもある。第三に、韓国における中国の魏晋南北朝以降の歴史研究については、韓国の学者が短期あるいは長期に亘って中国へ来て研究をしたり、逆に中国の学者が韓国に行って講義や学会に参加したりしているため、多くの方々がその実情を詳しくご存知であると思われる。そこで本稿では、この方面に関してごく簡単に触れるだけにした。第四に、九〇年代半ば以前の中国においては、韓国の「韓国史研究」、特に「中韓交渉史研究」の様子について、若干の学者の代表作を知っているにすぎなかった。また、中国で出版された「中韓交渉史」の研究書に附された参考文献でも、韓国の学者の研究成果はあまり詳しく取り上げられていなかった。以上のことに鑑みて筆者は、本稿で韓国のこの分野の動向や情況を詳しく紹介することとした。第五に、筆者の専門は韓国史、特に唐と新羅との関係を中心とした中韓交渉史であり、韓国で取得した博士の学位論文も、そのテーマは七世紀半ばのわずか四、五十年を対象としたものであった。このため本稿でも、韓国における唐と新羅との交渉の研究を重点的に説明する。なお、筆者は韓国の学者の日本史研究や古代の韓日交渉史の研究については、詳しい情報を持ち合わせていない。したがって、この方面の紹介が簡単なものになってしまう点もお許しいただきたい。

一、研究の概要

本節では叙述の都合上、「中国史」と「韓国史および中韓交渉史」の二つに大別したのち、さらに「組織」と「研究者」の二方面から紹介したい。

1．中国史

〔組織〕

「韓国中国学会」は一九六二年に創設された。会員の多くが、韓国の各大学校で中国の歴史や文学、または哲学を講義している教員である。機関誌として、『中国学報』と『国際中国学研究』という二種類の雑誌を刊行しているが、前者は現在までに四九輯以上、後者は一〇輯以上が出版されている。

韓国には、一九七〇年代の中期に設立された「東洋史学会」という学会もある。学会の本部はソウル大学校東洋史学科に置かれ、ここで雑誌『東洋史学研究』を発行している。この雑誌は、今までに九〇輯以上公刊されていて、掲載論文には日本史方面のものもあるが、そのほとんどは中国史関係である。なおこの雑誌は、韓国東洋史学界で最も影響力を持っており、韓国学術振興財団からの資金援助を受けている。

中国史研究の方面ではさらに、一九九五年に創建された「中国史学会」という学会がある。この学会の本部は、韓国第三の都市大邱の慶北大学校にあり、会長も、ソウル以外の地方にキャンパスを持つ大学校の教授の中から選出される。例えば過去の会長には、慶北大学校、嶺南大学校、釜山大学校の著名な教授が就任している。本学会の機関誌は『中国史研究』であり、すでに二八輯以上発刊されている。この『中国史研究』も、韓国学術振興財団から資金を援助してもらっている。

このほか「韓国歴史学会」（後述）の下に、「秦漢史学会」、「魏晋隋唐史学会」、「宋元史学会」、「明清史学会」などの専門の学会がある。これらの専門学会は会員数こそ少ないが、盛んに不定期の雑誌を刊行し、多くの学者に研究成果発表の機会を与えている。

〔研究者〕

中国史研究の著名な学者には、故人の閔斗基教授（ソウル大学校東洋史学科）、定年退職した曹永禄教授（東国大学校）・李炳柱教授（嶺南大学校）・金漢植教授（慶北大学校）・金曄教授などがいる。また現在も研究の第一線で活躍している学者には、ソウル大学校の朴漢済教授（魏晋隋唐史）と李成圭教授（秦漢史）、成均館大学校の金裕哲教授（魏晋隋唐史）、高麗大学校の金鐸敏教授（隋唐史）、安東大学校の李潤和教授（中国史学史）、東国大学校の鄭炳俊教授（唐代史）、慶北大学校の李玠奭教授（元朝史および中国史学史）と任大熙教授（唐代史）、そして尹在碩教授（秦漢史）、東義大学校の李陽之教授（中国近現代史）、延世大学校の河元洙教授（唐代史）、嶺南大学校の権五重教授、韓南大学校の李周鉉教授、忠南大学校の張寅成教授、東亜大学校の辛太甲教授、木浦大学校の柳元迪教授などがいる。

以上の学者たちのほとんどが、台湾や中国大陸に留学したり、中国大陸で在外研究の経験があったりするので、中国語を理解することができる。そしてこの中国語に通じているということが、彼らの研究に深みを与えている。

2・韓国史および中韓交渉史

〔組織〕

一九五二年、「韓国歴史学会」が発足した。この学会は機関誌として、『歴史学報』と『韓国史研究』の二種類の雑誌を発行しているが、前者は現在までに一五〇期以上、後者は一〇〇期以上が出版されている。またこの学会は、かつて高名な韓中交渉史の研究者に論文の執筆を依頼し、一九八七年に『古代韓中交渉史研究』を公刊した。言うまでもなくこの著作は、当時の韓国における韓中交渉史研究の最高水準であった。

また、一九五七年には「韓国史学会」が創設され、翌年の五八年から雑誌『史学研究』が創刊された。この機関誌は今までに、七〇期以上出版されている。

一九六〇年代の末に、忠南大学校は「百済研究所」を開設した。なぜ忠南大学校がこの研究所を設けたのかと言うと、大学校のある大田広域市が、いにしえの百済国の中心地帯であったからである。「百済研究所」では、毎年定期的に百済史関連の国際学会を開催するほかに、現在まで四〇輯以上に及ぶ『百済研究』という雑誌を刊行し、かつ『百済研究叢書』と名付けるシリーズ物をも出版している。こうしたことから「百済研究所」は、今では百済や新羅の歴史を研究する重要な拠点となっている。なお、東国大学校慶州分校の国史学科には「新羅研究所」があり、年刊雑誌の『新羅文化』を発行している。この雑誌は現在までに二〇輯以上刊行されているが、ここに収録する論文は、主に新羅史や新羅と中国の唐朝、または日本との関係を研究したものである。

一九六六年、当時の多くの著名な学者を会員として設立されたのが、「白山学会」である。四十年近くの歴史において、この学会は間断なく発展を続けてきたため、韓国では相当な影響力を持っている。機関誌の『白山学報』は、現在までに六八期以上出版されており、高句麗と新羅の歴史、および中韓関係方面の論文を多数掲載している。

一九八七年になると、「韓国古代史学会」が創設された。この学会の歴史はまだ浅いが、今までに七九回以上の定例研究会と一八回にのぼる合同研究討論会を催すなど、その活動は盛んである。会員は、始めは大邱や嶺南地域の古代史研究者が主であったが、のちに全国へと広がっていった。ちなみに二〇〇四年現在、会長は、慶北大学校の李文基教授である。学会誌として『韓国古代史研究』を刊行しているが、この雑誌は一九八八年に年刊として発足し、韓国学術振興財団の資金援助を得た一九九九年以降は、季刊の連続出版物となっている。この雑誌は今までに、三五輯以上発行されている。

当然のことだが、上記の学会や研究所以外の国公私立の大学校でも、独自に雑誌を発行している。例えば、ソウル大学校国史学科の『韓国史論』、東国大学校ソウル分校史学科の『東国史学』、慶北大学校の『慶北史学』、釜山大学校の『釜山史学』などが有名である。なお、上掲の学術団体が刊行する雑誌以外に、企業が創刊した『韓国学報』という雑誌もある。そしてこの雑誌も、学界において段々と影響力を持ち始めている。

〔研究者〕

上述の学会や大学校の組織の下に、多くの著名な「韓国史」および「中韓交渉史」の研究者が生まれた。例えば前世紀の六、七〇年代に活躍した学者には、李丙燾（『韓国史』一九五九、『韓国古代史研究』一九七六）、金庠基（『東方文物交流史論考』一九四八）、全海宗（『韓中交渉史論集』一九七〇、二〇〇〇）、李龍範（『韓満交流史研究』一九八九）、盧啓鉉（『韓国外交史研究』一九六八）、李基白（『韓国史新論』二〇〇〇）などがいる。

また、すでに定年を迎えたが依然として研究に従事している学者に、金文経（『唐高句麗遺民と新羅の僑民』一九八六、『張保皐と東アジア』二〇〇〇）、崔在錫（『統一新羅・渤海と日本との関係』一九九三）、卞麟錫（『白村江の戦いと百済・倭との関係』一九九四、『唐長安の新羅史跡』二〇〇〇）、文璟鉉（『増補新羅史研究』二〇〇二）、林基中（『朝天録』と『燕行録』の研究）などがいる。

なお、金善昱（『隋唐時期の中韓関係の研究』）、申瀅植（『韓国古代史の新研究』一九八四、『三国史記研究』一九八五）、李昊栄（『新羅の三国統合と高句麗・百済滅亡原因の研究』二〇〇一）、権徳永（『古代韓中外交史―遣唐使研究』一九九七）、金翰奎（『古代中国の世界秩序の研究』一九八二、『韓中交渉史』上下冊一九九九）、徐栄洙（『訳本二十五史朝鮮伝』）、徐栄教（『新羅唐朝戦争史の研究』二〇〇一）などは、今現在、学会で盛んに活躍している学者である。

さらに、韓国の学界で注目を浴びた中韓交渉史の論文の筆者には、次のような人々がいる（括弧内は所属）。朴漢済

（ソウル大学校）、金瑛河（成均館大学校）、金福順（東国大学校）、金賢淑（慶北大学校）、盧重国（啓明大学校）、李仁哲（漢陽大学校）、金寿泰（忠南大学校）、張学根（軍事研究院）、尹明喆、李基東、盧泰暾、宋基豪、朴性風、朱甫暾、李文基、李道学。

二、関心を集める問題と韓国学界の観点

古代の中国と朝鮮半島との関係については、韓国の学界でも盛んに議論され、一見複雑な様相を呈している。しかし、仔細に検討を加えれば、韓国の学者がどの点に注目しているのかがよく分かる。さらに、韓国の学者たちは民族主義の大前提の下で研究を進めるので、彼らの観点もはっきりとしている。本節では管見の範囲内で、韓国古代史と中韓交渉史の論著から六つの問題を取り上げ、韓国の学者の関心と観点とを紹介かつ分析したい。六つの問題とは次の通りである。1・新羅による半島統一の正当性。2・「白村江の戦い」。3・高句麗および百済遺民の去就（含む高仙芝・李正己・張保皐）。4・唐と新羅・渤海との関係。5・新羅と日本そして渤海の、唐における席次争い。6・唐王朝と新羅の属国および朝貢、冊封関係。なお、日韓交渉史の範疇に入る「任那日本府」と「高句麗の南征」、および「広開土王（好太王）碑の問題」に関しては、言及すべき点が多々あるため、本稿ではこれを割愛することとした。

以下、具体的に上記六つの問題について述べていく。

1・新羅による半島統一の正当性

この問題について論著を発表している韓国の学者には、盧啓鉉・李瑄根・李龍範・李丙燾・李箕永・李鉉淙・辺太燮・申瀅植・金相鉉・李宇泰・李昊栄・文璟鉉・申采浩・李鐘学・李基白・卞麟錫などの諸氏がいる。(1)ただし、彼らの多くは民族史の角度からこの問題を考察している。この現象は、前世紀の韓国の学界が「民族主義史学」を遵守する潮流にあったことと関係する。より具体的に言えば、六〇年代以前の韓国の学界では、「三国統一」の学説を否定する意見が主流を占めていた、ということである。この動きは主に、民族主義の立場を取る学者たちの研究に論拠を求めている。例えば申采浩氏は、新羅が中国の唐と連合して百済と高句麗とを滅ぼした点について、「(これは)異民族を招き寄せて同族を滅ぼしたのであり、あたかも強盗を手招きして兄弟を惨殺させることと何ら変わらない。」と述べている。(2)当時の韓国の学界では、こうした見解こそが主流であった。

一方、七〇年代以降になると、「三国統一」を認める立場が学界で優勢になっていった。中でも、上述の申瀅植・李昊栄・李鐘学三氏の論著や、李基白氏の論点が注目を集めている。例えば李昊栄氏は、次のように述べている。「(三国統一の見方は)国家の利己的本質を忘れて、三国時期に及ぼした感傷的な民族主義であり無理だ。もしも三国相互の抗争を単純な同一民族間の問題と捉えるならば、これを当時の国際社会の範疇で考えるべきではない。たとえ当時の三国間に同一民族という共通の認識があったとしても、そうした民族意識は国家の観念よりもはるかに小さいにちがいない。また、それぞれの国が重視する争いの勝敗の方が、争いの方法や同一民族とする共通の認識よりも大きいだろう。(3)」また李鐘学氏は、「これ(＝『三国統一』の立場)は、多くの民族国家意識の中から生まれた近代的な概念である。韓民族の共同体意識は、新羅による『三国統一』以降に形成されたと言える。これを評価の基準にすれば、ほぼ誤たずにすむだろう。」と論じている。(4)さらに卞麟錫教授も「三国統一」の問題について、詳細な分析を行なっている。

この問題に関して筆者は、次のように考える。新羅による「三国統一」は、韓国の歴史の流れの中で考察すべきである。つまり、当時の歴史的な情況を考慮せずに、千五百年後の現代人の好悪を基準にして昔の人を評価する、言い換えれば、なぜ昔の人たちは私たち現代人のような意識で行動しなかったのか、という観点からこの問題に検討を加えるという立場は、昔の人に酷である。ちなみに、「三国統一」に関する北朝鮮の立場は、南北の分断と政治的な要因によって、韓国とは全く異なっている。この点については、朝鮮人民共和国社会科学院が編纂した『朝鮮全史』や、中瀅植氏の紹介文を参照されたい。

2・「白村江の戦い」

この問題では、卞麟錫教授の「七世紀中葉の『白村江の戦い』研究史に対する検討」という論文が重要である。当該論文において卞氏は、積極的に韓国と日本との研究成果を紹介している。氏の見解をまとめれば、以下の三点に集約できるであろう。①この戦いの呼称が韓国と日本とで異なっている原因は、いわゆる「白村江」という地域の境線の認定の違いに淵源があること。②「周留城」、「任存城」など百済復興軍の主要拠点の比定とその考古学的発掘に関する研究が必要であること。(5) ③『日本書紀』の記述に訂正と批判を加えるべきこと。

3・高句麗および百済遺民の去就（含む高仙芝・李正己・張保皐）

高句麗と百済の遺民に関する代表的な論文には、盧泰敦「高句麗遺民史の研究――遼東、唐内地と突厥方面の集団を中心として――」（『韓佑劤博士停年記念史学論叢』一九八一）、金文経『唐の高句麗遺民と新羅僑民』（日新社、一九八六）、金賢淑「中国居住の高句麗遺民の動向」（『韓国古代史研究』二三、二〇〇一）などがある。なお九〇年代以降に、中国で在唐の高句麗や百済の遺民たちの墓誌銘が公開されると、韓国の学者たちもこれらを重視して盛んに論文を発表した[6]。本項を終えるにあたり、韓国における高仙芝と李正己、それに張保皐の研究状況について簡単に触れておきたい。高仙芝に対しては以前から盛んに研究が行われているが、その担い手は、主に中国史研究の学者たちである。また李正己については、「唐代の藩鎮との関係」という視点から研究されている。特に成均館大学校の池培善教授が、この視点に基づいて多くの論文を発表しているほかに、東国大学校の鄭炳俊教授は、韓国の学術基金会からの研究費を受けて集中的に研究を進めている。なお張保皐に対する研究は、ここ最近の韓国における一大潮流と言えよう。中でも地方の財団から経済的な援助を受けている「張保皐基金会」は、潤沢な資金を背景に韓国の西岸部、そして中国の山東半島や江蘇省沿岸部などへ出掛けて、数度のフィールドワークを行い、その成果を資料集や論著の形で刊行している。この「張保皐基金会」の一連の研究活動は、韓国の学術団体から多くの反響を呼んでいる。

4・唐と新羅・渤海との関係

この問題に対する関心は、主に韓国古代史を研究する学者のうち、渤海史や新羅と唐との交渉史を専攻する人たちの著作に端的に現れている。中でも権悳永氏の『古代韓中外交史』は、この分野の代表的な研究書である。ところで韓国の学界では、渤海史を韓国史の一部分として認識し、渤海と新羅とが並存した時代を〝南北国時代〟と呼んでいる。この考え方は韓国では広く認められており、小学校から大学に至るまでの教科書にも〝南北国時代〟として記載されている。つまり韓国では、「渤海」を韓国の歴史の一部分として捉えているのである。こうした韓国の学説は、中国の学界の見解と全く異なっている。韓国が〝南北国時代〟説を提唱する根拠は、唐に留学した崔致遠の「謝不許北国居上表」と『三国史記』中の二ヵ所にわたる記載である。これに対して中国の王健群教授（故人）は、崔致遠の

「表」中に見られる「北国」の呼称を巡り、「南北国時代論糾繆」（『東北亜歴史与文化』一九九五年第二期）という専論を著して論難した。[7] 一方、北京大学教授で『盛唐時代与東北亜政局』主編の王小甫氏は、この問題に対して新たな視点から考察を加え、「実際のところ、（崔致遠が『渤海』と）国名を使わず（『北国』と）方位を表わす言葉で呼んだのは、蔑視の現われである。これは新羅が自らを『南国』と言わず、また日本の歴史書にも『渤海』・『靺鞨』・『高麗』としか記載されていない、つまり方位を表わす言葉を使っていない点からも、明らかである。」と述べた。また王小甫氏は、日本の学者の観点を導入し、『三国史記』が記す「新羅はかつて『北国』に使節を派遣した」という記事を細かく分析して、自説を展開した。

以上のように、韓国の史学界と中国の史学界とでは、「渤海」に関する見解が全く異なっている。見解の相違は、新・旧『唐書』の関連記事の解釈をめぐり、渤海を建国した大祚栄はどの民族出身なのか、果たして渤海は高句麗の継承者なのか、崔致遠の「謝不許北国居上表」中の「北国」をどのように理解するか、の三点に集約される。これらの問題について筆者は、もしも政治とその他の要素の介入を排除し、純粋に学術研究の立場から討論を繰り返せば、両国の見解の相違も解消されるに違いないと考えている。

5・新羅と日本そして渤海の、唐における席次争い

新羅と日本とが唐の都長安で席次を争った事件は、天宝十二載（七五三）の元日に行われた慶賀の儀式の時に起こった（史料は、『続日本紀』と『東大寺要録』巻一に引く『延暦僧録』）。この問題に対する韓国側の代表的な研究者は、卞麟錫教授である。卞氏は「中国唐代と新羅との関係」、および「唐代外国使節の紛争の事例から、再び古麻呂の抗議を論ず――『続日本紀』関連史料への批判を主として――」の二論文で、[8] 主に日本の歴史書の記載について訂正しかつ

検討を加えた。この卞氏の見解に対し、池田温氏を始めとする日本の学者たちは、専論を発表して私見を述べている。また中国の王小甫氏も、この問題を深く掘り下げて研究している。

なお新羅と渤海との席次争いは、乾寧四年（八九四）の新年慶祝の際に起こったものであり、この事件は李氏朝鮮時代後期の安鼎福が編纂した『東史綱目』巻五下に記載されている。

6・唐王朝と新羅の属国および朝貢、冊封関係

この問題に対する韓国の学者の研究では、先ず始めに、韓中交渉史の大家全海宗教授の『韓中交渉史研究』を挙げなければならない。全氏は本書において、歴史上の韓中関係を総括して「朝貢関係」と定義した。そして、朝貢関係の制度と性質を分類し、統計学の手法を用いて、以下のようにその特徴を大きく四つの時期に区分した。①朝貢関係成立の前段階（紀元八年の前漢の滅亡～紀元三一六年の西晋の滅亡）。②初期朝貢関係の成立期（紀元三一七年の東晋の建国～紀元六六八年の朝鮮半島における高句麗の滅亡〔＝半島における古代三国時代の後半期〕）。③朝貢関係の発展期（紀元六六九年の朝鮮半島における統一新羅の台頭～紀元一二七九年の元の建国）。なお、紀元九一八年から紀元一三六八年の元の滅亡に至るまでの時期を朝貢貿易の変質期と考える。④典型的朝貢関係の成立期（紀元一三六八年の明の建国～一九一一年の清の滅亡）。また全氏は、三国および統一新羅時期になると、朝貢制度の下で政治、軍事、文化、経済、そして儀礼などが整えられたが、時代が降るにつれてこれらも段々と形式化し、閉鎖的な色彩を帯びるようになった、と指摘している。この全氏の見解に対して金庠基氏は、「古代の貿易形態と新羅末期の海上の発展――清海鎮大使の張保皐を中心に――」（『震檀学報』巻一）という論文の中で、唐と新羅との朝貢関係は双方の経済的利益の方面に限定されるもので、複雑かつ多彩な政治や文化において「このような朝貢は伝統的な中華思想と王道思想にみられる対外政策モデル

によって理解すべきであり、そこには先進文化に対する吸収とそれに付随する経済的意味が含まれる」と述べた。もっとも金氏の見解は、もっぱら張保皐の海上貿易を論じたことから導き出されたものであろう。この他に申瀅植氏は、『三国史記研究』（ソウル　一潮閣、一九八五）において、三国時代の韓中関係に考察を加え、朝貢関係の時期を①唐以前の中国の王朝に対する三国の朝貢、②唐朝に対する三国の朝貢、③統一新羅の唐朝に対する朝貢、④唐の新羅に対する交渉、の四段階に分けた。また徐栄洙氏も、次のような独自の解釈を加えている。「朝貢関係は、その時代の中国が物理的な力を伴った統一帝国でなかったゆえ、国家の基本理念と実際とがかなり乖離していた場合が多く、その時代や相手への依拠によって、その性格や強度は一元的固定的ではないのである。もちろん、三国時代の後半になると、朝貢関係は史料的に見て次第に制度化の様相を示してくる。それによって韓国と中国の関係において朝貢関係が占める比重はかなり高くなっていくことがわかる。一般的な関係であっても、文献上は朝貢的な表現をするような現象も多く、それゆえ一般的な関係と朝貢関係を区分するのは容易ではない。しかしこうした情況では、その関係の性格や内容の変化にかかわらず、中国史の一貫した流れにおける華夷観に帰因しているところが多い」。さらに盧重国氏は、「高句麗対外交渉史研究の現状と課題」（『東方学誌』総第四九輯、一九八五）で、こうした朝貢関係を概括して「力学関係」とし、「当時の各国内部の矛盾や国際社会における利害関係によって、対立と抗争があるとともに、和平関係を維持する局面もある。つまり形勢の変化に伴い、各国は適宜相応する政策を採用し、決して唯一の交渉原則を墨守したわけではないのである。したがって、各国の外交政策の出発点は、国際社会における存続あるいは勢力の均衡、そして自国の利益の追求という実利的な欲求が根底にあった。だからこそ、その対外政策は猫の目のように変わることを旨とするのである」と述べた。また、韓中交渉史を専攻する金翰奎氏は、「韓中交渉史」（大宇学術叢書　第四二一、一九九九）の上冊（第九～一三頁）で、歴代の韓中関係の真相をはっきりさせるには、中国の東北地域、言い換えれば遼東地方を中国大陸と朝鮮半島とから切り離し、独立した歴史的地理概念、すなわち「第三歴史共同体」として並存させるべきだと主張した。なお金氏は上記の著書において、宗主国と藩属国の概念や、東アジア史上の「冊封朝貢体制」の実質についても論及している。

三、韓国の東アジア史研究に対する評価

韓国における東アジア史研究には、「独自な韓国史を再構築する」という風潮がある。何故このようなことになっているかと言うと、十九世紀末に日本の学界が朝鮮半島を侵略する意図の下に学者を集め、大規模に韓国史研究を行なったからである。具体的には、津田左右吉・池内宏・今西龍・末松保和・三品彰英などの学者が、韓国古代史の研究に先鞭を付けたことによって、韓国史の研究体系が出来上がったのである。(9)

上記の前提を踏まえ、本節では、三つの点から韓国の東アジア研究を論評してみたい。

先ず始めに、韓国では日本の占領を脱した後、これまで日本人が築いてきた研究の成果を基礎に、李丙燾・李相柏・金庠基などの大家と、彼らの弟子筋に当たる李基白・金哲俊・辺太燮・申瀅植・李基東・崔在錫などが、情熱を傾けて韓国独自の歴史体系を作り上げた。彼らの体系の特徴は、日本のいわゆる「皇国史観」を批判し、韓国の歴史書である『三国史記』と『三国遺事』を再評価する、という点にある。特に崔在錫教授は、『韓国古代社会史の方法論』(一志社、一九九〇)・『日本古代史の真実』(一志社、一九九八)・『古代韓日仏教関係史』(一志社、一九九八)・『古代韓国と日本列島』(一志社、二〇〇〇)などの一連の著作の中で、日本の史書の記載に対して多くの疑問点を提示した上で、自己の見解を述べている。一方、卞麟錫教授は、中国の史書に見られる「中華主義」の観点を批判している。こうし

た韓国の学者の研究は、心情的には理解できるし、尊敬すべきものだとも思う。しかし、行き過ぎると自らが「夜郎自大」に陥ってしまうので、注意すべきであろう。

次に、周知のごとく、韓国の歴史上における「事大主義」や一千余年に及ぶ韓国の東アジアにおける従属的な地位、さらには日本の帝国主義による植民地支配のために、前世紀の二〇年代以来、韓国の学界は「民族主義史学」の観点を原則に掲げている。そして、韓民族と周辺諸民族国家との関係を研究する際には、強烈な自意識が顔をのぞかせる。こうした自意識は、民族の自尊心と団結力とを高めるためには大きな意義を持っているだろう。しかし、この考え方が極端になると別の問題が起こってくる。例えば、韓国の一部の学者、特にいわゆる「在野の研究者」たちの著作には、自意識に基づく歴史の曲解が見受けられる。こうした一部の人たちの誤った研究が世に出ることにより、ひいては韓国の学界の威信に影響を与えている。この点は慎重であるべきであろう。もっとも韓国の学者たちの中にも、この問題に気が付いて論著の中で警鐘を鳴らしている人もいる。

三番目として、韓国の学者の研究方法は微視的で細かい、という点が指摘できる。これは、日本の学者の取り組み方と非常に似ていると言えよう。

小結

以上、韓国における東アジア史研究の情況を述べてきたが、ここで簡単にまとめておきたい。学会などの組織の面では、韓国の東アジア史研究は長い歴史を持っており、かつ発展し続けていると言える。このことは、様々な学会が定期的に大会を挙行したり、盛んに国際学会を催している点からも窺える。そして、こうした行事こそが、韓国の東アジア史研究をより発展させ、かつ深化させる原動力となっている。専門雑誌の出版について言えば、種類が多く、内容が多岐に亘っている点が注目される。このお陰で、学者たちは存分に研究の成果を発表する機会を与えられ、その結果として研究を深化させたり、一般に普及させたりできるわけである。研究者の情況に目を転じると、韓国の大学では通常、六五歳が定年であるが、定年後も研究に従事する人が多い。また現職の学者たちも、職場での教学や事務に忙殺されながらも、こつこつと真面目に研究を続けている。さらに、学位の取得を目指している若い人たちも、不安定な生活に負けることなく、高水準の成果を挙げている。このように韓国の東アジア史研究は、各世代の学者が緊密に結びついた研究実体を形成し、比較的自由な学術的空気の中で、固有の文化資源にもとづきつつ、大きなグループ式の共同研究を行ない、顕著な成果をあげている。

関心を集める問題の面から言えば、韓国史や韓中交渉史と密接に関連する問題が主であるが、現実の問題に関連するような操作的で現実主義的な側面もあり、韓国の東アジア史学界における研究の傾向や実力を遺憾なく発揮している。

最後になるが、韓国の学界が不断な努力を重ね、国際的な学術交流を頻繁に行なえば、韓国の東アジア史研究は必ずや更なる発展を遂げ、世界的にも注目されるであろうことを指摘しておきたい。

注

（1）　末尾の四氏の論著は後述する。その他の各氏の論文は、次の通りである。盧啓鉉「新羅の統一外交政策に関する研究」（『国際法学会論叢』九巻一号　一九六四）、李瑄根・李龍範・李丙燾・李箕永・李鉉淙五氏の論文は、それぞれ『国土統一』第一一期（一九七三）、辺太燮「三国統一の民族史的意味――『一統三韓』意識を論ず――」（『新羅文化』総第二期、一九八五）、同「三国鼎立と新羅統一の民族史的意味」(『韓国市民講座』総第五輯　一九八九)、申瀅植「三国統一前後における新羅の対外関係」(『新羅文化』総第二期、一九八五)、同「三国統一の歴史的性格」(『韓国史研究』総第六一・六二合集、一九八八)、金相鉉「新羅による三国統一の歴史的意義」(『新羅文化』総第二期、一九八五)、李宇泰「新羅による三国統一の一要因」(『韓国古代史研究』総第五輯、一九九二)、李昊栄「新羅の統一意識と『一統三韓』意識の成長」(『東洋学』総第二六輯、一九九六)、卞麟錫「唐の立場から見た新羅の三国統一」(『史学研究』総第五〇輯、一九九五)、文璟鉉「新羅の三国統一に関する研究」(『増補新羅史研究』新図書、二〇〇〇)。

(2)　申采浩著『丹斎申采浩全集・読史新論』(蛍雪出版社、一九七九)。

(3)　李昊栄著『新羅の三国統一と高句麗、百済の滅亡原因に関する研究』(書景文化社、二〇〇一)。なお申瀅植氏の見解は、『新羅史』(梨花女子大学出版部、一九八五)を参照されたい。

(4)　李鍾学「新羅による三国統一の軍事史的研究」(『軍史』総第八期、一九八四)。

(5)　この問題については、忠南大学校百済研究所の沈正輔教授に、以下の専門的な論考がある。「百済復興軍の主要拠点に関する研究」(『百済研究』総第一四輯、一九八三)、「百済周留城考」(『百済研究』総第二八輯、一九九〇)。

(6)　代表的なものに、以下の三篇がある。李文基「百済『黒歯常之』父子の墓誌銘に対する検討」(『韓国学報』六四、一九九一)、同「高句麗遺民『高足酉墓誌銘』に関する研究」(『慶北史学』二三、二〇〇一)、宋基豪「高句麗遺民『高玄墓誌銘』」(『ソウル大学校博物館年報』一〇、一九九九)。

(7)　この王氏の見解に対して韓国の鄭鎮憲氏は、「王健群『南北国時代論糾繆』に対する分析と批判」(ソウル『高句麗研究』総第九期、二〇〇〇)という一文で反駁している。ちなみに韓国の学者の中にも、「南北国時代論」を疑問視している人がいる。詳しくは、文安植「『南北国時代論』の虚像―新羅と渤海相互を奇異とみる認識を中心として―」(韓国古代史学会編『韓国古代史研究』総第一九輯、二〇〇〇)を参照。

(8)　両論文とも台湾で発表されたものなので、中国語である。前者は『大陸雑誌』三二巻第九期(一九六六)に、後者は『第一届国際唐代学術会議』(楽学書局、一九八九)に収載されている。

(9)　日本人研究者の代表作は以下のとおりである。津田左右吉『朝鮮歴史地理』(南満州鉄道株式会社、大正二〔一九一三〕)。

池内宏『満鮮史研究』上世編（祖国社、昭和二六〔一九五一〕）、『同』上世編第二冊（吉川弘文館、昭和三五〔一九六〇〕）、『同』中世編第一冊・第二冊（荻原星文館、昭和一八〔一九四三〕第二冊は座右宝刊行会発行）、『同』中世編第三冊（吉川弘文館　昭和三八〔一九六三〕）、『同』近世篇（中央公論美術出版、昭和四七〔一九七二〕）。今西龍『今西龍著作集』全四巻（国書刊行会、昭和六三〔一九八八〕）。末松保和『末松保和朝鮮史著作集』全六巻（吉川弘文館、平成七〜九〔一九九五〜九七〕）。三品彰英『新羅花郎の研究』（『三品彰英論文集』六、平凡社、昭和四九〔一九七四〕）、同『日本書紀朝鮮関係記事考証』上（吉川弘文館、昭和三七〔一九六二〕）。

『隋唐文化研究基礎資料庫』の学術的価値

韓　理　洲（土屋昌明訳）

隋唐は中国古代史において輝かしい文化が創造された社会の最盛期であった。この貴重な文化遺産を深く研究するために、西北大学国際唐代文化研究センターは、隋唐の古都であった地の利を生かして、一九九〇年九月より、教授陣・院生・学生ら四〇数名を動員して六年の月日をかけ、五百種あまりの文献を調査閲読し、一〇万枚に上るカードを作成して、『隋唐五代散文研究基礎資料』『隋唐碑刻墓誌研究基礎資料』『新出土隋唐碑刻研究基礎資料』『唐代文化研究基礎資料』を作り上げた。これらを総称して『隋唐文化研究基礎資料庫』という。一九九六年九月、西安における国際唐代文学学術検討会の席上、私はコンピュータによる紹介を行った。この二年ほどは、国内外の研究者の三千回にもおよぶ質疑への回答をおこない、検索の労を少なくしてもらい、研究における困惑を除去しようと努めてきた。さらにこの『隋唐文化研究基礎資料庫』を完全にするために、本稿でその内容と学術的価値を紹介し、研究者各位のご教示を賜りたい。

『隋唐五代散文研究基礎資料庫』は「隋代散文資料」と「全唐五代散文資料」の二つの部分を備えている。前者は私が編纂している『全隋文補遺』と結合してすすめられており、後者は私が参与している国家重点プロジェクト『新編全唐五代文』と結合してすすめられている。清の厳可均編『全上古三代秦漢三国六朝文』のなかの『全隋文』は、録文の下に出所を示してあるが、清の董誥・戴衢亨・曹振鏞・阮元・徐松・孫星衍ら百余名の翰林学士が編纂した

『全唐文』は録文の出所を示していない。そこで我々がふたたび編纂するときに、二万を超える数の散文に対して、清の編纂時に生じた作者の誤り・宋元時代の作家作品の誤入・録文の不完全・文字の誤りなどの問題をただすのは、難しいのみならず、どこから手を入れてよいかわからない。研究における問題点を解決しようと、いろいろな工夫をこらし、六年の歳月をかけて、一〇万にのぼるカードを作成し、それをデータベースにのせた。この資料は、篇名・作者・出所・制作年の四項目を内容とする。たとえば、

篇名　請与星官考校黄道游儀疏

作者　僧一行

作年　開元十年（七二二）

文章出所　『旧唐書』三五巻、一二九四頁、『新唐書』三一巻、八〇六頁、『玉海』三冊(1)、『唐文拾遺』四九巻、一〇九三三頁

データベースをインストール後は、任意の一項目で検索する。僧一行が何の文章を書いたか、「作者」の項目で検索する。僧一行の「請与星官考校黄道游儀疏」の出所を検索するには、「出所」の項目を検索する。すると中華書局点校本『旧唐書』巻三五の頁一二九四、同じく『新唐書』巻三一の頁八〇六、『玉海』第三冊第一巻、『唐文拾遺』巻四九の頁一〇九三三にその文があることがわかる。開元元年（七一三）に何の散文があったかを検索するには「作年」で検索する。

『隋唐五代散文研究基礎資料庫』の立ち上げ過程において、われわれは『新出土隋唐碑刻研究基礎資料』も立ち上げた。『全隋文』『全唐文』ともに、碑刻墓誌が多く収録されているが、これらの出土年代はすべて清代嘉慶年間以前である。陸心源父子が『唐文拾遺』『唐文続拾』を編集したとき、嘉慶から光緒年間に出土した碑刻墓誌を収録した。

二十世紀、とくに一九五〇年以降、大陸では土木事業がすすみ、隋代の碑刻墓誌では四百件以上が新たに出土し、唐五代では六千件以上にわたる。検索の便宜のために、われわれは逐一、資料カードを作り、その全ての情報をデータベースにした。内容としては、碑（墓）主、篇名、撰者、制作年の四項目である。次のような形である。

墓主　李寂

篇名　唐故朝議大夫守武州別駕上柱国李公墓誌

撰者　陳貞節

作時　開元十二年（七二四）十月二十三日

インストール後、やはり任意の一項目により検索できる。新出土の李寂の碑文あるいは墓誌があるかどうかを検索するには、「碑主」の項をクリックする。石刻研究の便宜のため、われわれは『全隋文』『全唐文』に収録された碑刻墓誌にも資料カードをつくり、コンピュータにインストールした。内容は新出土碑刻墓誌資料カードと同じであり、任意の検索も可能である。たとえば李白・顔真卿・韓愈・柳宗元・白居易らが書いた碑刻墓誌の文章を知りたければ、「作者」の項目で彼らの名前を入力すれば速やかに検索できる。

唐代の文化は内容的に非常に広くかつ豊かである。全方位的多面的研究に対応するため、われわれはさらに『唐代文化研究基礎資料庫』を立ち上げた。それでは音楽・書道・絵画・舞踊・服飾・飲食・建築・動物・植物などの専門テーマがある。それぞれのテーマでは、さらに状況に応じて若干の部門に分類してある。たとえば音楽のテーマには、楽器・歌曲・音楽家、書道には書法理論・書法作品・書法家の分類がある。四万枚あまりのカードを作った。その内容および形式は次のようである。

書法家　顔真卿

各書論述出所　『唐文拾遺』19／22B『全唐詩』3／152／1582『唐詩紀事』上／24／366
『元和姓纂』4／21A『唐登科記考』8／4A、6／14A、9／3A
『唐方鎮年表』4／15A、5／2B、5／34B

専門テーマが多く、調査閲読する量も莫大なので、不断に改善する必要があり、二〇〇四年段階ではすべてをインストールするには至っていない。

『全隋文』『全唐文』は隋唐文化の百科全書であり、隋唐時代の経済・政治・法律・外交・教育・文学・史学・科学技術・芸術・宗教・金石・風俗などなど多方面の第一次文献である。われわれが資料庫を『全隋文』『全唐文』に対して立ち上げたのは、多くの学科に対して貢献する性質・機能を持っているからであった。次に、研究の実践において見込まれる点をまとめてみたい。

一、校勘作業に対して多種類の文献索引を提供する

『全隋文』『全唐文』に収録の二万三千あまりの散文には共通点が三つある。第一に、すべて単篇散文であること。第二に、九〇パーセントの散文は伝世の別集に載せられていない。第三に、それらは隋をくだること千年後、十九世紀清代の学者がその時代に見られた文献から集録編纂したものである。こうした状況がわれわれに根本的にして重要な問題をつきつける。すなわち清代の学者たちは、万を以て数える隋唐の散文を編纂したときに、一つ一つの文章に対してまともに校勘しただろうか？　もししたとして、どのような文献に由ったのか、出所は何か？　複数の文献に同一の散文があった場合、文字には出入がなかったのか？　現在の研究動向では『全唐文』『唐会要』『冊府元亀』

『旧唐書』『新唐書』『資治通鑑』『唐大詔令集』などに依拠するが、唐人の原文はほんとうにそうだったのか？　誤りはないのだろうか？　本資料庫の資料には各篇の下に該当する諸出所の文献名と巻数・頁数を引いている（出所が七、八種になるものもある）。研究者はこの索引にもとづいて該当文献を調査し、詳細な校勘を加え、是非を決定できる。

たとえば、顔師古の「安置突厥議」に対して資料索引の示す出所は『全唐文』巻一四七の頁一四九六・『資治通鑑』巻一九三の頁六〇七五・商務印書館校点本『唐会要』巻七三の頁一三一二が示してある。これにもとづき互いに校勘を加えると、『全唐文』と『資治通鑑』の文は完全に一致して、全文は七句三八字だけであるが、『唐会要』の文は三七句一九四字で、かつそのうち四句が『全唐文』および『資治通鑑』と同一で、文字に転倒や誤りがあることがわかる。このように大きな懸隔がある原因はおそらく次のようであろう。司馬光は歴史家であり、『資治通鑑』は記事を主とするので、著名人の文章を引証する場合、しばしば節録あるいは要点の概括を載録する方法をとる。清人が『全唐文』のこの文章を編纂するとき、『唐会要』を検索せず、『資治通鑑』によって収録したのであろう。厳格に言えば、この文章は顔師古の原作と言うより、司馬光による縮小・改作である。

もう一つ例を挙げれば、唐の太宗の貞観九年「水潦大赦詔」は、『冊府元亀』巻八四の頁九八八・『唐大詔令集』巻八三の頁四七七・『全唐文』巻五の頁六五・『文館詞林』巻六六七に載せられている。『隋唐五代散文基礎研究資料庫』によってこれらを検索して相互に校勘すれば、前三者の録文は完全に一致し、凡そ二〇〇字である。しかし唐の太宗の朝廷における要員であった許敬宗が編纂した『文館詞林』では一二句六三字多い。『全唐文』が依拠したのは、明らかに宋人編纂の『冊府元亀』『唐大詔令集』であり、しかもその時すでに大きな脱漏がおこっていた。当然ながら清人は、北宋初に散逸して日本に流伝した『文館詞林』を見られないわけで、宋人の誤りを踏襲してしまった。この誤りは八百年間引き継がれたが、資料庫が提供する索引によりたちまち校正できる。

『全唐文』巻一五四の頁一五七二には、唐初の歴史家李延壽の名のもとに「関朗伝」という文がみえる。それを同じく巻一六一の頁一六四七にある王福畤「录関子明事」という文、および『中説』巻一〇付録（『四部備要』は明の世徳堂刊本による）の王福畤の同じ文と校勘してみると、驚きを禁じ得ない。もともといわゆる李延寿の「関朗伝」は、冒頭の第一句「府君曰、先生説卦、皆持両端」より篇末の「天命人事、其同帰矣」にいたるまで、すべて王福畤「录関子明事」という文の節録にかかるものであった。これまた数百年間誰も指摘しないまま流伝した誤謬であり、資料索引が提供する多種の文献によって新たな正しい結論にいたるのである。

上述のような重大な誤りをただすことができるだけでなく、片言節句においても同様である。『全唐文』巻三〇五の頁三一〇四および王昶『金石萃編』巻七五に収録されている、著名な宦官高力士の養父である高延福の墓誌文がある。この二書の録文にはともに「府君幼而晦明、長而蔵用」とある。ここの「晦明」は理解に苦しむ。先年、西安で出土した「高延福墓誌」の拓本と比較するに、唐代麗正殿修撰学士校書郎なる孫翌（字は季良）がこの文を書いたものの字は「晦名」であった。この二字でこそ文意が通じる。つまり、高延福は若くして姓名を隠し、人の上に立とうとする欲望がなかった、と書いて、のちに宦官となることの伏線を埋めていることが理解できるのである。かくして『全唐文』と『金石萃編』が「明」に作るのは同音による誤りであることがわかる。

『全唐文』巻一四九の頁一五一五に載せる褚遂良「故漢太史司馬公侍妾随清娯墓誌銘」に「永徽二年九月、余判同州」とあるが、ここの「判」字もやはり理解に苦しむ。「資料庫」の索引で示された江蘇省博物館蔵のこの墓誌銘の拓本を見るに、原文は「剌」に作る。さらに『旧唐書』「褚遂良伝」を検索すると、「永徽元年十一月、坐事出為同州剌史」とあり、史伝と墓誌が一致する。したがって『全唐文』が「判」に作るのは形の相似による誤りであることがわかる。

二、偽作および重出の判定

真偽と重出の弁別は古代文化研究において至って重要な問題であり、隋唐の文史哲学研究における重大問題でもある。資料索引により『全唐文』の原始資料の偽作と重出を解決できる。

『全唐文』巻四の頁四九に唐の太宗「賜真人孫思邈頌」を載せており、唐代の偉大な医学者たる孫思邈を研究する書物や論文でいつも引用される。しかし資料索引によって王昶『金石萃編』巻四七・楊鴻墀『全唐文紀事』・清人労格『読全唐文札記』・岑仲勉『唐人行第録』「付録」を調査すれば、先学がすでに証拠を挙げつつ、当該文は孫思邈の故郷たる華原（陝西省耀県）にいた元代の秀才が唐の太宗の名に仮託して作ったものだと論証されていることを知るのである。

知名度の高い歴史人物たる楊貴妃について、『旧唐書』『新唐書』はともに祖籍を弘農の華陽（陝西省華陰市）とし、のちに蒲州の永楽（山西省永済県）に転居し、父親の楊玄琰が蜀で官吏となったため、導江（四川省灌県）に生まれたとする。しかし、『全唐文』巻四〇三所載の許子真「容州普寧県楊妃碑記」という文では、楊貴妃は容州普寧県（江西省容県）雲凌里の生まれ、父の名は楊維、母は葉氏、ともに庶民であったが、比類なく美麗だったことから、当地の都督なる楊康と長史の楊玄琰に前後して養われ、さらに宮中に入って玄宗の妃となった、とする。許氏の「楊妃碑記」は唐宋人の著述には毫も痕跡を残していない。最も古くは『元一統志』巻一〇に見え、ついで『永楽大典』巻二三三四「梧」字条・『七修類稿』巻二六・『嶺南鎖記』巻下・『明一統志』巻八四・『江西通志』巻一四および巻九〇・『梧州府志』巻四・『容県県志』巻四に収録されている。明清の学者はつとに許氏の当該碑記が偽作にかかることを指摘している。しかしこれまで長期間、この偽作の文に依拠して、楊貴妃を江西容県の人だという者がいた。資料索引によって上述の文献をおさえておけば、偽作によって立論しないようになるだろう。

資料索引は作品の真偽に関する先学の成果にあたる助けとなるだけでなく、新たに是非を糺す助けともなる。『全唐文』巻一三五の頁一三六七に唐初の大臣たる崔敦礼の「種松賦」があるが、『四庫全書』に南宋紹興年間の崔敦礼『宮教集』が収録されており、その巻一にも「種松賦」がある。二種の「種松賦」は文字が全く同一である。二人の生活をつきあわせ、賦にこめられた感情や気持ちを細読すると、「種松賦」は南宋の崔敦礼の作品と断定することができる。『全唐文』を編纂するときに、その賦を唐代の同姓同名の崔敦礼に編入してしまったとは、誤謬もはなはだしい。

重出は、巻数の膨大な総集にはありがちである。峻別せずに盲目的に引用すると、研究の結論に重大な誤りを犯すことになる。『全唐文』における重出は二〇〇篇余りにのぼり、ひどいものは三回にわたって重出している。若干例をあげると、『全唐文』巻一三九の頁一四一三に魏徴「韋宏質妄議宰相疏」があるが、同じく巻九六七の頁一〇〇四五には「無名氏」の文として収録されている。しかし『旧唐書』「武宗本紀」・『会昌一品集』によれば、この文は李徳裕の作である。『全唐文』巻一六四の頁一六七九に劉允済の文として収録される「天行健賦」は、同じく巻九五九の頁九五九五では翟楚賢の文とする。後唐の明宗「令人戸供田数教」は、同じく巻一〇六の頁一〇七九に収録されているが、巻一〇七の頁一〇九五に題名を「令保戸自供手状詔」と変えて収録され、さらに『唐文拾遺』では題名を「夏苗人戸供手状教」と変えて収録されている。凡そこのような例は枚挙に暇ない。『全唐文』『唐文拾遺』『唐文続拾』の録文は二二八九六篇にのぼり、研究者が重出を見きわめるのは困難であった。われわれが編纂した資料カードでは一々注記してあるので、一目瞭然である。

三、作品の制作年の分析

「其の詩を誦し、其の書を読むに、其の人を知らざるは可ならんか」とは孟子の言葉であるが、人生を論じて研究を深めるならば、必ずや作品の年代をはっきりさせなければならない。『全隋文』『全唐文』に収録の単篇散文には制作年がまったく注記されておらず、研究者の閲読資料が足りなければそれを解決できない。資料索引には同一の文章に何種類もの出所を列挙してあるので、その中には該当する文にあたっただけでその制作年がはっきり書いてあるものがある。われわれはこの点を重視し、「作時」の項目を一つ立ててそれをはっきり記録したのである。たとえば、『全唐文』巻九五の頁九八四にみえる武則天「答王方慶諫孟春講武手制」には制作年が書かれていない。資料索引によれば、この文は『旧唐書』『新唐書』「王方慶伝」・『冊府元亀』巻五三二および節録が『唐会要』巻二六に収載されており、当該文が武則天の聖暦二年（六九九）一月の作であることが標記してある。もちろん各種文献に記された制作年がしばしば相互に矛盾する場合があるが、索引に記録してあるので、研究者がさらに検討して判定することができる。

四、『全隋文』『全唐文』に未収録の作を補充

前述のように『全隋文』『全唐文』『唐文拾遺』『唐文続拾』は清代嘉慶から光緒年間の学者が編纂したものであるが、現在出土した数千にものぼる隋唐碑刻墓誌はまだ出土していなかったし、隋唐の文を多く保存した『敦煌宝蔵』

も整理されていなかったので、彼らが参照できなかったのは当然である。当時すでに流伝していた古代文献、たとえば『唐大詔令集』などにしても、編集の過程において粗漏があり、参照されていない文章がある。われわれは『隋唐文化研究基礎資料庫』をたちあげるに際して、こうした文章、隋文七六〇篇余、唐文一万篇余を新たに増補した。そのうち二十世紀に出土した碑文墓誌が六千篇余あり、かくして研究の視野を大きく広げ、史書や文学史の空白・失誤を補充することを可能にした。たとえば、唐初の功臣左衛大将軍・荊州都督周護、右威衛大将軍李孟常、礼部尚書張允、濮陽郡開国公・洪州都督呉黒闥らは、史書が立伝しておらず、平生の詳細は不明で、隋末唐初の歴史の全貌を理解するのに障害となっていた。二十世紀五〇年代から九〇年代に新出土の墓誌によりいずれも補充が可能である。隋唐の事務官および文人学士の人々、楊素・虞世基・薛道衡・上官儀・崔融・狄仁傑・薛稷・盧蔵用・張九齢・富嘉謨・呉少微・賀知章・李邕・李華・蕭穎士・梁粛・独孤及・韋応物・李逢吉・崔群・柳仲郢・李徳裕らは、資料索引から彼らが撰した碑文墓誌が新たに出土していることを知ることができる。こうした新たな文献によって、史書の錯誤を糺すことも可能である。たとえば李正卿撰の北海太守李邕の子「李翘墓誌」にもとづき、『新唐書』巻七二「宰相世系表」頁二五九七が「李翘」を李邕の曾孫に列するのは誤謬であることを証明することができる。

五、文・史・哲の総合研究

文・史・哲が道をわかたないのこそ漢学の伝統であり、古代の優秀な作家・学者はみな文・史・哲の広範な教養を培っていた。したがって現代の研究がその一分野にのみ目をやって他を脇に置いてしまったら、乗り越えられない障害に出会うことしばしばであり、そこで無理を通しても一面的皮相的との誹りを免れない。『隋唐文化研究基礎資料庫』は『全隋文』『全唐文』という百科全書に対して作ったものであり、一つの学科に貢献できるばかりか、複数の学科の総合研究にも貢献できる。コンピュータにインストールすれば、マクロ的な把握をするのに便利である。たとえば「作時」の項から、唐代のある一時期の文章を検索し、研究者がその一時期の文章に対して複眼的総合分析をすすめて研究を深めることを可能にする。

学力や経済的な制限により、われわれが立ち上げた『隋唐文化研究基礎資料庫』には、まだ多くの問題が存在し、未完の仕事が多く残されている。学界の諸氏の御示教を賜れば幸いであり、また現在及び未来の研究に基礎となるこの事業に賛同し協力いただけることを切に希望する次第である。

あとがき

本書は平成十五年以来、三回にわたっておこなわれた中国・西安の西北大学（専修大学国際交流提携校）文学院との共同国際学術会議の成果にもとづいている。

本書所載の各論文の直接的な起源は、共同会議第二回にあたる日中国際学術シンポジウム「長安都市文化と朝鮮・日本」（中国名：中日「長安都市文化与朝鮮・日本」国際学術研討会）での議論である。この会議は、専修大学研究助成の共同研究「唐代長安における宗教と文学」グループ（土屋昌明・松原朗・廣瀬玲子）が中心となり、専修大学教員と専修大学に縁のある研究者が日本側、西北大学教員と西北大学に縁のある研究者が中国側となり、両者の共同によって開催された。日本側にとって、その学術的な目的は次のようであった。

「唐代長安の都市文化は、中国文化史における黄金時代の核心である。その後の文化史の基礎となったのみならず、朝鮮・日本の古代文化に直接的な影響を与えた。そこで、中国における長安の都市文化研究のメッカである西安の西北大学の研究者と直接討論の機会を作り、現地における最新の研究成果を受け入れつつ、東アジア古代史研究の進展をはかる。また、従来の唐代文学と宗教の研究では、都市社会史の研究成果が反映されることが少なかった。この点を打開するためには、研究分野を超えて社会史学や歴史地理学との討論が必要である。」（平成十六年四月一日付け日本側趣意書より）

この趣意に中国側も賛同して会議の準備がすすめられた。円滑な討論のために、事前に参加者がそれぞれ発表内容を日本語あるいは中国語で作成して交換した。会議は平成十六年八月二十七日に西北大学内の会議場で開催、日本側参加者は矢野建一教授を参加団代表として西北大学に赴き、中国側とともに研究発表をして討議した。研究発表の時間は一五分、言語は日本語あるいは中国語を使用した。

会議の次第・発表者・題目はつぎのようであった（以下、敬称略。中国側タイトルは日本語訳で示す）。

開会宣言（李浩）／西北大学あいさつ（恵泱河副校長）／日本側代表あいさつ（矢野建一）／中国側代表あいさつ（胡戟）

第一セッション（司会：前川亨・王維坤）

亀井明德「唐三彩陶からみた日唐交流史の研究」（訳　鉄曼）

李志慧「源泉と支流と新潮流―日本書道と唐代書法の継承関係について」（訳　土屋）

皆川雅樹「鸚鵡の贈答―日本古代対外関係史研究の一齣」（訳　鞠娟）

第二セッション（司会：亀井明德・李志慧）

普慧「慧能とその碑銘の三人の作者王維・柳宗元・劉禹錫」（訳　前川亨）

小山利彦「男踏歌考―中国・日本そして源氏物語における」（訳　鞠娟）

傅光「『全唐詩』底本（銭李稿本『唐詩』）説略」（訳　瀧川裕美）

高野菊代「唐代における漢詩解釈の日本での受容―『源氏物語』初音巻における明石の御方の手習歌と漢詩文との関連性」（訳　邢霊君）

第三セッション（司会：小山利彦・普慧）

李健超「空海と長安」（訳　土屋）

矢野建一「日本古代の郊祀と諶廟の礼」（訳　邢霊君）
張新科「日本における『史記』の受容」（訳　瀧川裕美）
李利安「空海長安求法期間における言語学と文芸の追求と成就」（訳　姜天喜）
第四セッション（司会：皆川雅樹・張新科）
原豊二「源氏物語と儒学者―林羅山、熊沢蕃山をめぐって」（訳　邢霊君）
韓理洲「読『全隋文』札記」（訳　土屋）
厳基珠「朝鮮本『薛仁貴伝』の形成様相」（訳　鉄曼）
閉幕式（司会：王静波・矢野建一）
日本側あいさつ（小山利彦・訳　前川亨）／中国側あいさつ（方光華・訳　姜天喜）／姉妹校陝西師範大学あいさつ（李西建・訳　鉄曼）／閉会の辞（李浩・訳　姜天喜）

本会議には専修大学と西北大学のほか、陝西師範大学・西安交通大学・西安外国語大学など周辺の大学からも研究者・院生など五〇名あまりが参加した。会議に参与した方々のうち、本書の執筆者を除いた方々の所属と職名を示す（当時）。

胡戟（陝西師範大学歴史文化学部教授）・前川亨（専修大学法学部専任講師）・王維坤（西北大学文博学院教授）・鉄曼（西北大学外国語学部助教授）・鞠娟（西北大学外国語学部助教授）・小山利彦（専修大学文学部教授）・傅光（西北大学漢学研究センター研究員）・瀧川裕美（西北大学外国語学部外籍教師）・邢霊君（西北大学外国語学部助教授）・張新科（陝西師範大学文学部教授）・李利安（西北大学中東研究所教授）・姜天喜（西北大学外国語学部教授）・王静波（西北大学文学部副研究員・党総支書

記）・方光華（西北大学文博学院教授）・李西建（陝西師範大学文学部教授・院長）・周紅怡（西北大学教務課）・森瑞枝（茨城大学非常勤講師）

会議終了後、現地調査の機会に訪れた西北大学博物館で、新発見の遣唐使墓誌（「井真成墓誌」）について調査および共同研究がすすめられたことは望外の成果であった。

その後、この会議での討議をもとに、双方で論文を批評しあい、本書の一七名の論文をまとめて論文集にするよう編集作業をすすめ、いまここに上梓することができた。同じ論文を中心として、さらに他の論文も加えた中国語の論文集が西安の三秦出版社から本書とほぼ同時に上梓される予定である。

本書が出版までに時間を要した経緯を説明したい。まず、中国側が論文をまとめ、それを日本語に翻訳するのに二段階の時間が必要であったこと。つぎに、本会議の過程において、新発見「井真成墓誌」が西北大学との共同研究の対象となったことである。当該墓誌に対する共同研究を深化させるために、専修大学では遣唐使墓誌の共同研究プロジェクトをたちあげた。そして本会議の翌年一月末に西北大学から方光華教授・王維坤教授・王建新教授・賈麦明副館長を招き、日本の古代史・日中交渉史・中国史の研究者とともにシンポジウムと専門家談話会および一般向け講演会をおこなった。この成果はすぐに朝日選書『遣唐使の見た中国と日本』としてまとめられて六月に出版された。本書の編集はこうした活動の合間を縫っておこなわれたのである。時間を要した理由のもう一つは、本会議の翌年に日本を舞台として同様の会議を開催したこと。本書の編集はその準備と実施に並行しておこなわれた。それゆえ、本書には平成十七年夏日本での会議の成果も若干含まれている。つぎに、この会議について紹介したい。

この共同会議（つまり第三回会議）は、平成十七年八月二十五・二十六日に専修大学生田校舎でおこなわれた。テーマは「文学と宗教からみた長安と朝鮮・日本」、方法は前年と同じく、事前に論文を交換し、相互に翻訳を準備した。発表時間は三五分（発表二〇分、コメント五分、質疑一〇分）、コメントは発表者の使用言語と異なる日本語あるいは中国語を使用した。次第・発表者・題目はつぎのようであった。

第一セッション（司会：小山利彦・劉衛平）
日本側あいさつ（荒木敏夫）／中国側あいさつ（普慧）
西條勉「日本神話における天命思想の受容—天子受命と皇孫降臨—」
　コメンテータ　方蘊華
賈三強「清・雍正『陝西通志・経籍部』所収前漢別集考」
　コメンテータ　三浦理一郎
原豊二「「古筆切」資料から見る日中両文学の交流」
　コメンテータ　三田村圭子
第二セッション（司会：亀井明徳・李芳民）
高野菊代「『源氏物語』の死と中国漢詩—白居易を軸として—」
　コメンテータ　瀧川裕美
劉衛平「『詩経』「彤管」諸解辨義」
　コメンテータ　前川亨
第三セッション（司会：前川亨・張文利）

土屋昌明　「長安の道教の内道場と詩人たち」
　コメンテータ　李芳民
普慧　「東晋南朝文学集団と仏教」
　コメンテータ　石村貴博
李芳民「故事の来源・情景・意味―唐人小説における佛寺の機能と文化的意義」
　コメンテータ　赤井益久
第四セッション（司会：西條勉・賈三強）
皆川雅樹　「「唐猫」論覚書―九～十一世紀、「内」「外」の狭間で―」
　コメンテータ　劉衛平
方蘊華　「司馬相如「賦心」説の美的期待観と時代精神」
　コメンテータ　鈴木崇義
厳基珠　「韓国における中国小説の受容―『剪燈新話』の場合―」
　コメンテータ　廣瀬玲子
三枝壽勝「韓国における中国詩の受容について―杜詩と『杜詩諺解』」
　コメンテータ　松原朗
第五セッション（司会：原豊二・方蘊華）
山田智「墓誌形成史上における長安の位置付け」
　コメンテータ　賈三強

松原朗　「「杜甫厳武反目説話」の消長」

　コメンテータ　普慧

張文利　「蘇軾の鳳翔における詩作の体裁と題材」

　コメンテータ　鈴木健郎

おわりのあいさつ（松原朗・張文利）

この会議に参与した方々のうち、本書執筆者および第二回会議参与者を除いた方々の所属と職名を示す（当時）。

劉衛平（西北大学文学院助教授）・荒木敏夫（専修大学文学部教授・文学部長）・西條勉（専修大学文学部教授）・赤井益久（國學院大学文学部教授）・廣瀬玲子（専修大学文学部教授）・三枝壽勝（専修大学非常勤講師）・山田智（渋谷中学高等学校講師）・松原朗（専修大学文学部教授）・鈴木健郎（専修大学非常勤講師）。

会議当日のフロアーには五〇人を越える各分野の研究者が集った。御協力いただいた方々にお礼を申し上げたい。とくにつぎの方々は記して謝意を表する。

大形徹（大阪府立大学総合科学部教授）・河野貴美子（早稲田大学文学学術院専任講師）・内山精也（早稲田大学教育学部教授）・張海鷗（中山大学教授）・張渭濤（専修大学非常勤講師）・高橋亨（専修大学名誉教授）。

本書がもとづく平成十六年夏の会議は、その前年におこなった会議が基礎となっているので、この場を借りてそれについても紹介しておきたい。

この共同会議（つまり第一回会議）は、専修大学教員と西北大学教員が平成十五年八月十七日に西北大学でおこなったものである。参加者は、日本側が厳基珠・前川亨・土屋・森瑞枝（茨城大学非常勤講師）、中国側が李浩・李健超・閻琦（西北大学文学部教授）・韓傑応（西北大学文学部教授）・龐永紅（西北大学文学部教授）・李芳民・賈二強（陝西師範大学歴史文化学部教授）・王維坤・呂卓民（西北大学西北歴史研究所教授）・黄留珠（西北大学周秦漢唐研究センター主任）・韓理洲・樊光春（陝西省社会科学院宗教研究所副所長）・拝根興・呉言生（陝西師範大学文学部教授）ほか約二十名。この会議の成果は、勉誠出版『アジア遊学』六〇号に特集「長安の都市空間と詩人たち」として、植木久行（弘前大学人文学部教授）・松原・厳・土屋、李健超（山田智訳）・李芳民（阿純章訳）・樊光春（石田志穂訳）・李浩（石村貴博訳）が論文を発表した。なお、李浩教授はこの年秋に来日し、平成十五年十月七日に専修大学生田校舎で講演会をおこなった。

以上のような、日中の学術交流の蓄積から本書は生まれた。異なる言語文化の研究者がいろいろな専攻の研究者と討論をしてきたわけだが、単に参加者が多様で複数の専攻というだけではない。それに、中国の研究者との共同研究というだけなら日本の諸大学で少なからずおこなわれてきた。本共同研究のキーポイントは西安という場所にある。これについて若干私見を述べたい。

西安はかつて長安であった。時間の彼方の長安という空間は、われわれが研究対象とする当時の東アジア文化のほとんどすべてに関係し、物質文化と精神文化が集積されていた。われわれはそれらを諸専攻に分断して研究する。しかし、それらは長安という一つの都市に生起した現象であるから、長安という空間を考える視点を持つことにより、あたかもその都市が縦横に走る街路で構成されていたように、諸専攻に分断されていた議論に通路を結ぶことができる。その場合の「長安」は、ある種の概念であり、われわれが分断して研究する対象を包摂した、その最上位にあることになる。

ところで西安在住の研究者は、みずからが生活する場所から長安の文化を想像し、研究する。西安の学術はそうした地域性を強く持っているのである。その特長はつぎのように列挙できるのではなかろうか。

第一に、西安の学術研究は、歴史上の文化現象を地上にいる生身の人間の行為として考えようとする点。人のあらゆる活動・現象は自然環境や都市環境の中でおこり、人と環境は相互に影響し合っている。ところがわれわれが文化現象を考える場合、生活環境から遊離した抽象的な人間の営みとして検討しがちである。このことを反省する場合、西安における「長安」の研究は大きな可能性を持つ。「長安」は中国文化史の大きな部分を占め、その研究を深めることを可能にする多くの史料を伝えている。すでにその研究の蓄積も少なくない。地形や気候・風土などの自然環境については、例えば史念海教授の一連の研究『河山集』が基礎を打ち立てている。都市環境、とくに長安の都市復元については、清代の著作である『唐両京城坊考』に李健超教授が増補している研究などたいへん参考になる。これらの研究は西安における歴史地理学の伝統を築いた。それを承けて李浩教授は、唐代の詩人が文学活動をした長安の別荘の所在と機能について研究している。こうした方法論は、李芳民教授や張文利教授の論文からも窺える。

第二に、長安は人工の首都であったゆえに、国家の安寧を願う宗教信仰の核であり象徴として建設・運営された。したがって第一の問題を検討する場合に、必ず仏教・道教・国家祭祀などの宗教的問題を考慮することになる。このような考慮は従来の学科に分かれた研究では強調されてこなかった。たとえば唐代文学の研究について言えば、仏教や道教との関連を追及した研究は多くない。しかもそうした問題を、第一の点によって空間的地理的視点から検討することになる。

第三に、西安における研究では、新出土の資料を多用できる。出土資料は一次資料であることが多く、従来の研究結果を再考させるような発見につながる。この点については、前述の「井真成墓誌」の発見を例示すれば十分であろう。

第四に、以上のような西安の研究は、長安を出発点とする文化交流の影響を受けた朝鮮と日本の文化現象・歴史を研究する者に強い学術的刺激を与えずにはおかない。これはおのずと比較文学や文化変容の問題を検討する示唆となる。そして、日本および韓国の研究者のこうした問題意識を持った研究が逆に中国に紹介されることで、中国の学術にも新鮮な視野を提供することを期待できる。

本書は両大学間の提携関係を起点とする国際交流の成果である。最後になったが、この国際交流活動および学術活動に関わってくださった多くの方々に感謝を表したい。西北大学国際交流学院の李長安院長には当初から御協力賜った。また、本書の編集・出版において忍耐強くご協力くださった汲古書院の坂本前社長にも感謝申し上げる。

交流の過程で多くの人々がそれぞれ専門の研究を越えた知的経験を得た。それは今後の成果へと結実し、また別の人々へと波及していくであろう。本書が斯学に多少の貢献を果たせることを祈るとともに、そうした知的経験が、学術研究だけでなく、教育活動や東アジアの国際理解にも貢献するであろうことを信じるものである。（土屋昌明・普慧）

附記：本書で二つの論文の翻訳を担当し、第三回会議で通訳・コメンテータとして活躍して下さった三浦理一郎氏は、本書の校正終了後、上海でご病気のために不帰の人となられた。その夭折を哀念しつつ、ご冥福をお祈り申し上げたい。

執筆者略歴（執筆順・二〇〇七年二月）

氏名

生年

最終学歴

現職

主要論文一点

李浩

一九六〇年生

上海復旦大学博士課程、陝西師範大学文学博士

西北大学文学院院長・教授

『唐代園林別業考録』上海古籍出版社、二〇〇五年。

三田村圭子

一九六五年生

大正大学大学院博士課程宗教学専攻東洋哲学コース単位取得退学

明海大学非常勤講師

「杜光庭の道教経典注釈書とその後の展開」『東方学の新視点』五曜書房、二〇〇三年十月。

方蘊華

一九六六年生

西北大学文学修士

西北大学講師

「陰陽在宗教祭祀中的動態功能」西安『人文雑誌』二〇〇六年第四期。

鈴木崇義

一九八〇年生

國學院大學大学院博士課程後期在籍中

「張衡「帰田賦」小考」『國學院中國學會報』第五十一輯、二〇〇五年十一月。

李芳民

一九六三年生

西北大学文学修士

西北大学副教授

『唐五代仏寺輯考』北京商務印書館、二〇〇六年。

普慧（本名：張弘）

一九五九年生

南開大学博士課程・四川大学博士課程・山東大学文学博士

西北大学文学院副院長・教授

『南朝仏教与文学』北京中華書局、二〇〇二年。

石村貴博

一九七六年生

國學院大學大学院文学研究科博士課程後期満期退学

「唐代弔文小考—陳子昂と張説を軸として—」『國學院中國學會報』第五十輯、二〇〇四年。

土屋昌明

一九六〇年生

國學院大学大学院文学研究科博士課程後期単位取得退学

専修大学経済学部教授

『神仙幻想—道教的生活』春秋社、二〇〇二年。

李健超

一九三三年生

西北大学地理学学士

西北大学教授

『増訂唐両京城坊考』三秦出版社、一九九六・二〇〇六年。

張文利
一九六八年生
中国社会科学院博士課程、陝西師範大学文学博士
西北大学副教授
『理禅融会与宋詩研究』中国社会科学出版社、二〇〇四年。

三浦理一郎
一九六五年生
復旦大学古籍整理研究所博士課程修了、文学博士
専修大学法学部非常勤講師
「中国国家図書館所蔵『隠湖倡和詩』述略」『文献』二〇〇一年第二期、北京図書館出版社。

厳基珠
一九六〇年生
韓国成均館大学大学院博士課程、文学博士
専修大学ネットワーク情報学部助教授
「近世の韓・日儒教教訓書」『比較文学研究』七〇

矢野建一
一九四九年生
立教大学大学院
専修大学文学部教授
『律令制祭祀論考』（共著）塙書房、一九九一年。

亀井明徳
一九三九年生
九州大学大学院文学研究科、文学博士
『日本貿易陶磁史の研究』同朋舎出版（京都）、一九八六年。

皆川雅樹
一九七八年生

専修大学大学院文学研究科歴史学専攻博士課程後期在学中
法政大学第二高等学校特別教諭
「古代「対外関係」史研究の行方―「交通」「ネットワーク」「対話」―」『歴史評論』六六七、二〇〇五年。

高野菊代

一九七〇年生
専修大学大学院文学研究科日本語日本文学専攻博士後期課程学位取得修了、博士（文学）
横浜山手女子高等学校非常勤講師
『紫の上の終焉』竹林舎、二〇〇四年。

李志慧

一九四八年生
西北大学本科
西北大学教授
『史記文学論稿』三秦出版、一九九五年。

原豊二

一九七二年生
専修大学大学院博士後期課程単位取得退学、博士（文学）
米子工業高等専門学校准教授
『源氏物語と王朝文化誌史』勉誠出版、二〇〇六年。

賈三強

一九五四年生
西北大学文学修士
西北大学教授
「析『紅楼夢』的宿命結構」北京『中国古代近代文学研究』二〇〇三年第五期。

拝根興

一九六四年生

韓国国立慶北大学校韓国史博士
陝西師範大学教授
『七世紀中葉唐与新羅関係研究』中国社会科学出版社、二〇〇三年。

韓理洲
一九四三年生
西北大学文学修士
西北大学教授
『全隋文補遺』三秦出版社、二〇〇五年。

長安都市文化と朝鮮・日本

二〇〇七年九月　発行

編　者　矢野建一
　　　　李　　浩

発行者　石坂叡志

整版印刷　富士リプロ

発行所　汲古書院
〒102-0072東京都千代田区飯田橋二-五-四
電　話　〇三（三二六五）九七六四
FAX　〇三（三二二二）一八四五

ISBN978-4-7629-2817-8　C3022